www.ingramcontent.com/pod-product-compliance
Lightning Source LLC
Chambersburg PA
CBHW070644290526
45790CB00001B/181
9781502566997

معهد القدس لأبحاث اسرائيل

تأسيس صندوق تشارلز ريفسون، نيويورك

مركز شاشا للأبحاث الاستراتيجية

الجامعة العبرية ـ القدس

الحرب والسلام والعلاقات الدولية في الإسلام المعاصر: فتاوى في موضوع السلام مع إسرائيل

إسحاق رايتر

2014

معهد القدس لأبحاث اسرائيل, بحث رقم 434

الحرب والسلام والعلاقات الدولية في الإسلام المعاصر:
فتاوى في موضوع السلام مع إسرائيل

إسحاق رايتر

ساعدت في إعداد الدراسة: جاليت حزان

أشرفت على الطباعة: حموطال إبل

صدر هذا الكتاب بدعم من صندوق "غاس"،

بيت حاي إلياشار
شارع رداق - القدس 92186

The Hay Elyachar House
Radak St., 92186 Jerusalem 20
http://www.jiis.org.il
E–mail:machon@jiis.org.il

شكر وتقدير

وضع هذا الكتاب في نسخته الأصلية باللغة العبرية، وهو موجه بالأساس إلى الجمهور اليهودي الإسرائيلي. وفيما بعد جرت ترجمته إلى اللغة الإنجليزية، وها هو الآن يرى النور باللغة العربية.

أتقدم بخالص الشكر من معهد القدس للدراسات الإسرائيلية على التشجيع الذي أحاطوني به، وعلى الدعم وسعة الصدر في عملية إعداد هذه الدراسة.

كما أتقم بشكرى من السيدة جاليت حزان التي ساعدتني في إنجاز هذا العمل، فقد كان نهجها المستفيض، وملاحظاتها التي ساهمت في تسليط الضوء وزيادة مساحة المعرفة، خير معين، إذ أسهمت كثيرا في بلورة المنتج النهائي، لهذا كله أقدم لها شكري وامتناني الصادقين.

قام بمراجعة المسودة الأولى، التي كانت أكثر اقتضابا، وقدم الملاحظات البناءة بشأنها، كل من: البروفيسور يعقوب بار- سيمان طوف رحمه الله، البروفيسورة إيلاة لنداو- طسرون، البروفيسور إلعاي ألون، والبروفيسورة مريم هكستر.

كما أود أن أشكر أيضا كلا من: البروفيسور بنيامين زئيف كيدار، البروفيسور يعقوب ليف والبروفيسور رؤوفين عميتاي، على إرشادهم لي إلى مصادر المعاهدات التي أبرمت بين المماليك والصليبيين. كما أشكر السيدين حايم غال، مركز المعلومات في مركز ديان، وأمنون بن- آريه من المكتبة التابعة لمعهد طرومن، فقد ساعداني في إيجاد أعداد الصحف العربية التي كنت بحاجة إليها خلال إعداد دراستي.

شكري موصول أيضا للقيمين على مكتبة أكاديمية القاسمي في باقة الغربية على المساعدة وحفاوة الضيافة.

ساهم في عملية ترجمة الكتاب إلى اللغتين، الإنجليزية والعربية، مركز "شاشا" للأبحاث الاستراتيجية في الجامعة العبرية، بإدارة إفرايم هليفي، الذي ترأس المركز في حينه. للقيّمين عليه جزيل الشكر على جهودهم. ولحموطال إبل التي أشرفت على طباعة الكتاب بمهارة كبيرة خالص الشكر والامتنان.

قامت بترجمة الفصلين، الأول والثاني، السيدة رنا سعيد، أما الفصل الثالث فقد ترجمه السيد مؤيد غنايم، وعملت على ترجمة باقي أجزاء الكتاب المحامية تغريد شبيطة. أشكرهم جميعا، كما أتقدم بالشكر من الأستاذ عمر واكد نصار، الذي نقّح المادة وراجعها لغويا.

المؤلف

محتويات الكتاب

مقدمة

يتناول هذا الكتاب الذي بين أيديكم مسألة الفقه الإسلامي الذي يسعى إلى ملاءمة أحكام الشريعة الإسلامية للواقع السياسي المحكوم بالعلاقات الدولية في العصر الحديث. يخوض الكتاب بشكل خاص في مواقف الفقهاء وعلماء الشريعة الإسلامية حيال اتفاقيات السلام مع إسرائيل. تتجلى هذه المواقف من خلال بحث الفتاوى الشرعية وتحليلها، ومن خلال الاطلاع على الكتب الفقهية التي تسلط الضوء على مواضع الخلافات الفكرية- الدينية في المجتمعات الإسلامية المعاصرة. يتيح بحث هذه المصادر، والخوض في مجال العلاقات مع العالم غير الإسلامي، سبر أغوار ظواهر يتميز بها العالم الإسلامي المعاصر، كتطوير الشريعة وملاءمتها للظروف السياسية المتغيرة، ومكانة الشريعة الإسلامية بشكل عام، ومكانة الفتوى فيما يتعلق بمواضيع الساعة بشكل خاص، والاختلاف بين التيارين الفكريين المركزيين- الأصولي المتشدد، والواقعي- في آليات التفسير التي يستخدمها كل منهما، وتعامل العالم الإسلامي مع التوتر القائم بين التقاليد والحداثة، والعلاقة بين الفتاوى وتفسيراتها الشرعية من جهة وبين التحديات الآيديولوجية، والسياسية والعسكرية من جهة أخرى، ودور الفتوى كأداة إعلامية وكوسيلة لتثقيف الجمهور الواسع في عصر الإعلام الجماهيري، والتباين الواضح بين طريقة تعامل المفتين المقربين من الحكام، وطريقة تعامل المفتين المستقلين، أو نظرائهم ممن ينتمون إلى صفوف المعارضين لمواقف أنظمة الحكم في بلادهم في نفس السياق.

يفتح التمعن في الفتاوى السياسية أمامنا نافذة على التباينات في المواقف المختلفة من العلاقات بين العالمين الإسلامي وغير الإسلامي، لنرى أن تلك التباينات تتراوح بين عقيدة الجهاد بمفهومه التقليدي، والتوجه العملي الواقعي الذي ينكب على ملاءمة تفسير الأحكام الشرعية لنموذج العلاقات الدولية الحديث. إلى جانب ذلك، سيجد القارئ في هذا المؤلف بحثا للاختلافات في وجهات نظر المستشرقين الإسرائيليين حيال الطريقة التي يجب أن تُفسر على أساسها الفتاوى التي أيدت السلام مع إسرائيل (باعتمادهم على سابقة الحديبية التي سنتناولها بإسهاب لاحقا). يشكل هذا النقاش إلى حد ما انعكاسا للنقاش الدائر في العالم الإسلامي، بل يمكن القول إن الدافع من ورائه يكمن، على ما يبدو، في المواقف الآيديولوجية للمفسرين والمحللين أنفسهم (حتى إن كاتب هذه السطور ليس واثقا في أنه نجح في سعيه إلى الموضوعية العلمية، وللقراء الحكم على ذلك).

يظهر موضوع دراستنا بشكل متواتر في الخطاب السياسي في منطقة الشرق الأوسط. الخطاب السياسي والجماهيري في أوساط الجماهير العربية المسلمة الواسعة مشبع بالمصطلحات الدينية الإسلامية المرتبطة بتعامل العالم الإسلامي مع الحلبتين الإقليمية والدولية. من الناحية الأولى يتراوح موقف الأطراف المتشددة الداعية إلى المواجهة مع

إسرائيل بين الجهاد والمقاومة من جهة، والهدنة والتهدئة من جهة أخرى. ومن الناحية الأخرى تؤيد المؤسسات السياسية العربية المساعي المبذولة من أجل التوصل إلى سلام دائم مع إسرائيل بشروط معينة. هكذا نرى، مثلا، كيف وافق اجتماع وزراء الخارجية العرب، الذي انعقد في بيروت، في تاريخ 28 آذار من عام 2002، ضمن الدورة الرابعة عشرة للجامعة العربية، على "مبادرة السلام العربية"، التي عُرفت في صيغتها السابقة باسم "مبادرة السلام السعودية".[1] تتضمن هذه المبادرة اقتراحا بإنشاء علاقات طبيعية بين الدول العربية وإسرائيل، واستعدادا للإعلان عن **انتهاء النزاع** العربي- الإسرائيلي، مقابل انسحاب إسرائيل إلى حدود الرابع من حزيران 1967، وإقامة دولة فلسطينية عاصمتها القدس الشرقية، والتوصل إلى حل عادل لمشكلة اللاجئين الفلسطينيين **يُتفق عليه** وفقا للقرار رقم 194، الصادر عن الجمعية العامة للأمم المتحدة. في شهر آذار من عام 2007 صادقت قمة الجامعة العربية، التي انعقدت في الرياض، في المملكة العربية السعودية، على مبادرة السلام العربية. ومما جاء في بيانها الختامي: **"يؤكد القادة مجددا قراراتهم السابقة المتعلقة بتمسكهم بالسلام العادل والشامل، كهدف وخيار استراتيجيين".**[2] يتناقض هذا الخيار تناقضا ظاهريا مع قواعد الشريعة الإسلامية التي تقضي بأنه ينبغي على الإسلام مواصلة العمل على توسيع رقعة سيطرته وانتشاره في العالم عن طريق الجهاد، وأن التوقف عن القتال جائز لفترات زمنية قصيرة ومحدودة من أجل حشد القوة، ومن ثم معاودة القتال.

كيف السبيل، إذن، إلى تفسير استعداد الدول الإسلامية، التي يعتمد بعضها على الشريعة كمصدر تشريع أساسي، للخروج عن هذه القاعدة الإسلامية والتوقيع على معاهدة سلام دائم مع إسرائيل – معاهدة تنطوي على الاعتراف بدولة يهودية تسيطر على جزء من الأراضي التي تعتبر، من وجهة نظرها، *دار الإسلام*؟ كيف يتعامل فقهاء الشريعة المسلمون مع هذه القضية حين يرغبون في تسويغ دعمهم للخطوات السياسية التي تتخذها دولهم؟ وما هي التحديات التي يضعها الفقهاء الذين ينتمون إلى المعارضة الإسلامية أمام الحكام في الدول العربية المختلفة؟

نستعرض في هذه الدراسة فتاوى وأحكاما شرعية صدرت عن فقهاء ومفتين تابعين لمؤسسة الحكم، وغيرهم ممن لا ينتمون إلى النظام الحاكم، حيث يفسر المفتون من خلالها مواقف الشريعة الإسلامية من مواضيع الحرب والسلام، ومن الإمكانية الآنية والمستقبلية لإبرام معاهدة سلام بين الدول العربية وإسرائيل. وسوف تتضمن فصول الدراسة المختلفة تحليلا لفتاوى شرعية تتضمن مواقف تؤيد السلام مع إسرائيل، وأخرى تعارضه، وتسوق تبريرات كل منها لهذه المواقف.

يُعرض في هذا الكتاب التفسير الإسلامي الواقعي أيضا، المتوافق مع ظروف الزمان ومع أجواء العلاقات الدولية العصرية. تجد المواقف الواقعية مرجعيات لها في الشريعة

تدعم التوجه الذي يقول إن الحالة الطبيعية بين الإسلام وبين العالم غير الإسلامي هي حالة السلام، وهذه تشمل السلام الدائم مع دولة إسرائيل المتضمن لتبادل العلاقات الدبلوماسية معها.

يبدو لي أن من أهم المستندات التفسيرية في هذا الموضوع، الفتوى الشرعية التي أصدرها مفتي الديار المصرية – جاد الحق على جاد الحق- الذي دعم معاهدة السلام الموقعة في شهر آذار من عام 1979 بين مصر وإسرائيل. تكمن أهمية الفتوى التي دونها جاد الحق في صلاحياته الكبيرة كفقيه وعالم من علماء الشريعة، وفي كونه يقف على رأس أهم مؤسسة جامعية\ ثقافية إسلامية في العالم الإسلامي هي الأزهر الشريف في القاهرة، ومن منطلق موقعه كمفتي الديار المصرية في حينه. ولكن في هذه المكانة الرفيعة التي تحلى بها جاد الحق تكمن أسباب ضعف تأثير المستند الصادر عنه، فالمفتون الرسميون يُعتبرون، من وجهة نظر الجمهور، أتباعا لأنظمة الحكم في بلدانهم وأبواقا للحكام، أو مذدنبين لهم، ولذا فإن فتاواهم تعتبر فتاوى "حسب الطلب"، وعليه لا تحظى أحكامهم الشرعية في القضايا السياسة، مهما كانت رشيدة، بالتأييد الشعبي الواسع. أضف إلى ذلك أن جاد الحق نفسه، وبعد أن أنهى ولايته كمفتٍ حكومي ورُقي ليشغل منصب رئيس مؤسسة الأزهر (الذي يعتبر هو الآخر منصبا حكوميا ولكنه يتيح لمن يشغله اتخاذ مواقف أكثر استقلالية) وعلى خلفية الانتفاضة وتعاظم حدة النزاع الإسرائيلي- الفلسطيني، عبر عن مواقف مختلفة. ولكن على الرغم من ذلك فإن لفتوى جاد الحق أهمية، وبخاصة بسبب كونها مستندا مستفيضا وشاملا يعتمد على مصادر القرآن والسنة (الحديث النبوي الشريف)[3] بحيث لا يمكن تجاهلها بجرة قلم، ناهيك عن أن هذا المستند شكل، خلال الجدل بين الأطراف الرسمية غير المتطرفة، والأطراف الإسلامية الأصولية المتشددة، تحديا سياسيا في وجه المتطرفين.

الفتوى

قبل أن نخوض في مدى تأثير الفتاوى، يجدر بنا التعرف إلى كنهها. الفتوى هي رأي شرعي يكتبه عالم دين فقيه يدعى "المفتي". لا تعتبر الفتوى التي يضعها المفتي حكما شرعيا بمعنى كون المستند الذي يتضمنها ذا طابع قانوني فقهي ملزم، بل تستمد شرعيتها من مكانة المفتي الذي أصدرها وصلاحيته لا أكثر. تتكون الفتوى من سؤال يوجه إلى المفتي ومن إجابته عنه. تعتبر الفتاوى أداة أساسية تساهم في تطوير أحكام الشريعة الإسلامية وملاءمتها للظروف الاجتماعية المتغيرة وفقا لروح الزمان والمكان، ولذلك جمعت الأحكام الشرعية في مجلدات أعدها علماء دين مختلفون. شرع المفتون في القرن العشرين في كتابة الفتاوى السياسية (كالفتاوى المعاصرة التي وضعها الشيخ الدكتور يوسف القرضاوي)[4]. وقد اندمجت هذه الفتاوى في الخطاب السياسي الآيديولوجي بشأن قضايا السياسات الداخلية

والخارجية التي تشغل العالم العربي والإسلامي. بالإضافة إلى دور الفتوى في ما يتعلق بتقديم الإجابات حول القضايا الفقهية، فهي تعتبر أحيانا أداة للترويج لأفكار سياسية معينة، وتوظف في بعض الأحيان في تحقيق النفوذ السياسي، وتُستصدر في أحيان أخرى خدمة لأهداف إعلامية دعائية.

إن الصلاحيات الدينية والشعبية التي يتمتع بها المفتون، تكسب فتاواهم، في الكثير من الحالات، القدرة على التأثير على الرأي العام في القضايا المطروحة على الساحة السياسية. وقد ساهمت في هذا التطور ثورة وسائل الإعلام الجماهيرية التي أتاحت نشر آراء المفتين الثقات بشكل واسع وسريع. يمكن أن نجد اليوم المئات من الفتاوى الجديدة التي تنشر صباح مساء في العشرات من المواقع الإلكترونية وتقدم ما يسمى بـ "فتاوى الشبكة العنكبوتية". هنالك مفتون بارزون يديرون مواقع إلكترونية خاصة بهم، وهناك، أيضا، مواقع ذات طابع عام يعمل فيها مفتون مناوبون وتقوم أحيانا بتوفير طاقم يشكل مجلسا للإفتاء يصوغ الإجابات عن الأسئلة والقضايا ذات الأهمية الاجتماعية.

جرى التمييز، منذ العصور الوسطى، بين المفتين الرسميين، موظفي النظام الحاكم، والمفتين المستقلين. ينتظم الأوائل ويتوزعون ضمن نظام هرمي على أساس المناطق والألوية، بحيث يقف على رأسهم مفتي الديار. من البدهي أن نجد مفتي الدولة الرسميين ينحازون بشكل عام، في القضايا السياسية، إلى سياسات الحكام ويدعمونها، في حين يقوم المفتون المستقلون بتحدي السياسة الرسمية. يقوم المفتون الذين ينتمون إلى الحركات الإسلامية الأصولية اليوم بإصدار فتاوى تعارض، بل تهاجم، المفتين الرسميين. يُنعت هؤلاء، بشكل تهكمي أحيانا، بـ"مفتي السلطان" وذلك يعني أن المفتين هم أتباع الحكام.[5] ومع ذلك، عادة ما يكون المفتون الرسميون أكثر علما، فهم يُنهون تعليمهم العالي في مؤسسة الأزهر في القاهرة، أو في مؤسسات مرموقة أخرى، ويملكون خبرة فقهية وقانونية أوسع. قليلون هم المفتون المستقلون الذين يبلغون المستوى العلمي الذي يتحلى به المفتون الرسميون. تختلف مكانة المفتين الرسميين من دولة إسلامية إلى أخرى. ففي سوريا مثلا، يعتبر المفتي محكوما بيد الرئيس، أما في لبنان فيتمتع المفتي بقدرة سياسية مستقلة وتعتبر فتاواه الشرعية مستقلة أيضا. أما في مصر فيرتبط المفتي بمصالح السلطة ولكن فتاواه وآراءه المستفيضة والغنية بالمعرفة تثير نقاشا عاما في القضايا المبدئية. يحترم الجمهور المصري الواسع، وخاصة من لا ينتمون إلى "الإخوان المسلمين"، الفتاوى التي يصدرها مفتي الديار المصرية ويتبنون مضامينها، على الرغم من تماهي واضعها مع السلطة.[6]

يتمثّل دَور الفتوى، التي تخوض في المجال السياسي، في كونها توفر الغطاء الشرعي لنشاطات النظام الحاكم (المفتون الرسميون) أو تسلبها إياه (علماء الدين المسلمون الذين ينتمون إلى جماعات المعارضة). من المنطقي أن يقوم النظام بتشجيع المفتين الرسميين، وهم موظفون في سلك الدولة، على إصدار فتاوى تتوافق مع تحركاته السياسية، وعليه فمن الواضح أن ترتبط الفتوى في هذا المجال دائما وأبدا بالسياق السياسي، ويمكن لكل مفسر

البحث عن المصادر الشرعية التي يمكن الاعتماد عليها لتدعيم رأيه، سواء كان مؤيدا أو معارضا لتحركات النظام الحاكم. ما من حاكم يعجز عن إيجاد من يقدم له فتوى تضفي الشرعية الدينية على سياسته، من بين المفتين الذين يتلقون رواتبهم من خزينة الدولة.

مبنى الكتاب

يُستهَل الكتاب بعرض المذهب التقليدي للشريعة الإسلامية في قضايا الحرب والسلام، وذلك كخلفية تساعد على فهم الفتاوى التي ستقدم وتحلل لاحقا. أما الفصل الثاني فيقدم وصفا لممارسة التوقيع على المعاهدات على مدى التاريخ الإسلامي، وللجهود الفقهية الإسلامية التي بذلت للتجسير على الفجوة بين واقع العلاقات الدولية في العصر الحديث والنظرية الإسلامية التقليدية في ما يخص العلاقات مع الكفار من الأمم. خُصص الفصل الثالث للخوض في "صلح الحديبية"- وهي معاهدة وقف القتال التي أبرمها النبي محمد (صلعم) مع أعدائه من قبيلة قريش في مكة عام 6 هجرية/628 ميلادية. أبرمت هذه المعاهدة لمدة عشر سنوات، وقد صارت عمليا النموذج المحتذى عند توقيع المعاهدات في الإسلام بين المسلمين وغير المسلمين. إنها السابقة التي تعتبر المرجعية والركيزة، وتشكل نقطة خلافية يثور الجدل بين المفسرين المسلمين حول مفهومها، وحول الأحكام التي يمكن استدلالها منها، ومن الحدث التاريخي الذي أدى إلى إبرامها، والإسقاطات التي تترتب على ذلك في موضوع التعامل مع إسرائيل. بما أن كبار المفتين الذين أيدوا توقيع معاهدة السلام مع إسرائيل استخدموا هذه السابقة كواحدة من الركائز التي اعتمدوا عليها، فقد أثار الأمر جدلا بين الفقهاء والخبراء في مجالات الدين الإسلامي، والشرق الأوسط، حول صدق نوايا مستخدميها. كان هناك من فسر الأمر على أنه حيلة، وهذا يعني أن الاتفاقية المعقودة تتضمن أصولا شرعية لخرقها قبل أن تنتهي مدتها الرسمية المتفق عليها، حين تسنح الفرصة للطرف الإسلامي لفعل ذلك. نقوم في هذا الفصل بتحليل المواقف المختلفة بشأن هذه القضية ونقدم في نهايته خلاصة الأمر التي تتلخص في كون السياق السياسي هو العامل الحاسم الذي ينبغي أن يستخدم كأساس للفصل بين النهجين التفسيريين.

خصصت الفصول 4-8 للفتاوى التي تناولت قضية السلام مع إسرائيل، على أساس الترتيب الزمني: الفتاوى الأولى (الفصل الرابع) صدرت في شهر كانون الثاني من عام 1956، في أوج أزمة إغلاق مضائق تيران أمام حركة الملاحة إلى إسرائيل، ويتضمن رد علماء الأزهر من عام 1956، والذي تكرر نشره عام 1970. تُعرض فيما بعد، في الفصل الخامس، الفتوى التي أصدرها مفتي الديار المصرية، جاد الحق، والتي ورد ذكرها آنفا. يشتمل هذا الفصل على خلفية تاريخية موسعة، وعلى تحليل الأمور الواردة فيه. يتناول الفصل السادس الجدل بين اثنين من أهم علماء الدين الفقهاء في الشريعة الإسلامية حول اتفاقيات أوسلو، التي وقعت بين إسرائيل ومنظمة التحرير الفلسطينية. دار هذا الجدل بين

المفتي السعودي عبد العزيز بن باز وعالم الدين، الفقيه الذي يحظى بشعبية كبيرة، الدكتور يوسف القرضاوي. يخوض الفصل السابع في ما إذا كانت هنالك إمكانية لموافقة "حماس" على اتفاقية الهدنة مع إسرائيل، ويقدم مسودة لوثيقة بُحثت بين مقربين من إسماعيل هنية ومندوبي الاتحاد الأوروبي. الحقيقة أن الحديث هنا لا يدور عن فتوى، ولكن يمكننا من خلال هذه الوثيقة أن نفهم ما قد يكون عليه موقف "حماس" حين تعود وتُطرح إمكانية مشابهة في المستقبل، وهنا تكمن أهميتها. في الفصل الثامن نقدم مقالة كتبها على شكل يشبه الفتوى أحد كبار علماء الدين في السعودية، وهي تتناول موضوع حرب تموز 2006 (حرب لبنان الثانية حسب التسمية الإسرائيلية)، وموقف "حزب الله" من إسرائيل.

يختتم الفصل التاسع الكتاب ويقدم حالة للمقارنة: الاتفاقيات التي وقعها الزعيم الجزائري السابق، عبد القادر، مع الفرنسيين في سنوات الثلاثينيات من القرن التاسع عشر. كان عبد القادر الجزائري شخصية إسلامية دينية، والاتفاقيات التي وقعها منحت فرنسا الشرعية لبسط سلطتها على القطاع الساحلي الجزائري، على الرغم من كونه إقليما إسلاميا احتلته فرنسا وهي طرف غير إسلامي.

الفصل الأول: المفهوم التقليدي للحرب والسلام في الإسلام

ما بين المفهوم التقليدي والمعاصر في الإسلام

ثارت ثائرة بعض المثقفين المسلمين في القرن العشرين على الاستشراق الغربي، ولا سيما على مؤرخي الشرق الأوسط الذين يميلون إلى تحليل الإسلام، استنادا إلى مصادره القديمة التقليدية، على أنه متشدد وغير ليّن، ويصورون الإسلام على أنه شيطاني، وعليه فإنهم يفسرون الإسلام كدين يحث على الحرب الدينية بلا هوادة[7]. واجه مفكرون في علم الشريعة والدين (بمن فيهم فقهاء ومفتون) المستشرقين بادعاءين محوريّين: الأول، هو التوجه غير التاريخي الذي يعتمد النظر إلى الإسلام على أنه يفتقر إلى العراقة، وهو توجه ينظر إلى الإسلام، في كل الأوقات، ويفسره بموجب مصدريه الأولين: القرآن الكريم والحديث الشريف. تتجاهل هذه النظرة التطورات التاريخية والتغيرات الحاصلة في الإسلام، وفي الفقه الإسلامي، على مرّ الأجيال، بما يتناسب مع ظروف الزمان والمكان. أما الادعاء الثاني الصارخ في وجه الاستشراق الغربي فقد رأى أن هذا الاستشراق يتجاهل التعددية في الإسلام ولا يأخذ بالحسبان وجود آراء مختلفة ومتنوعة بين الفقهاء، بين مذاهب الشريعة المختلفة، بل وفي داخل هذه المذاهب ذاتها، كما يتجاهل المستشرقون عملية التحليل المتجددة – الاجتهاد – التي خولت علماء الإسلام ومكنتهم من التجديد – الاجتهاد - في الشريعة من أجل إيجاد الحلول للمسائل المختلفة على مر الأجيال.

يذكر أن انتقاد المستشرقين لم يكن خاليا من الشوائب أيضا، إذ إنه يعاني بدوره من التعميم الواسع. وللحقيقة نقول، إن الباحِثين في موضوع الشرق الأوسط في الغرب ميزوا **فعلا** بين الاختلافات والتغيرات التي طرأت في العالم الإسلامي، إلا أن بعض الباحثين ادعى أن النهج التقليدي في الإسلام لا يزال حيا ينضب يسير المسلمون على هديه إلى اليوم، فعلا وقولا، حسب رأيهم، لكن يُحظر القول إن هذا النهج لم يَعُد صالحا، بل العكس، هو النهج الصحيح. بإمكاننا الاستشهاد بمثال يبين الجدل التحليلي المذكور إذا نظرنا إلى استخدام المرحوم ياسر عرفات للمصطلح المستنبط من التاريخ الإسلامي القديم، حين ألقى خطابه الشهير في مسجد جوهانسبرج لتبرير اتفاقية السلام التي عقدها مع دولة إسرائيل في أيلول (سبتمبر) عام 1993، حيث اعتمد عرفات حينها الموازاة بين اتفاقيات أوسلو للسلام وبين صُلح الحديبية الذي أبرمه النبي محمد (صلعم) في العام 628 مع سكان مكة عبدة الأوثان. أدت هذه الموازاة التي قام بها عرفات، بمجرد ذكره لصلح الحديبية، إلى ارتفاع أصوات المستشرقين الإسرائيليين، وغيرهم ممن قاموا باستقراء النوايا المستترة وراء ذكر عرفات لصلح الحديبية، بشكل يوضح للمستشرقين ويتيح لهم طرقا مختلفة لفهم الإسلام بمفهومه التقليدي وبمفهومه الآخر، المعاصر. لقد قمت بتحليل هذه المسألة في الفصل الثالث ولا أنفي أنها ساعدتني بما يتعلق بكيفية طرح النزاعات التفسيرية الداخلية في

الإسلام والنزاعات بين مؤرخي الشرق الأوسط. سواء تبنينا هذه النظرة أو غيرها، نرى أن المصطلحات المستنبطة من الإسلام بمفهومه التقليدي تتبوأ منزلة مهمة في الخطاب العربي والإسلامي الحديث.

تكمن الصعوبة الأساسية المتعلقة بمحاولة ترسيخ الظروف السياسية الحديثة في تحليل مصادر الشريعة الإسلامية، بالمفهوم التقليدي، في حقيقة أن أحكام السلام والحرب في الإسلام تبلورت وأخذت طابعها الأخير وفقا للواقع السياسي والاجتماعي الذي كان سائدا في القرن السابع. بعبارة أخرى، استكملت هذه الأحكام في عصر النبي محمد (صلعم) وفي عصر الخلفاء الراشدين من بعده. العلاقات التي كانت سائدة بين الجماعات في عصر النبي محمد (صلعم) كانت مرهونة بالعلاقات ما بين القبائل. إذ إن من بين مصادر معيشة القبائل الغنائم التي كانت تحصل عليها نتيجة السطو على القوافل التابعة لقبائل أخرى. وكانت بعض هذه القبائل تبرم أحيانا عهودا بينها، واتفاقيات أخرى، بهدف التصدي لتحالفات القبائل المعادية، وقد نجحت بعض القبائل في إبرام معاهدات متبادلة تتضمن التزام الفرقاء بعدم السطو[8]. هذا هو الواقع الذي عرفه رسول الله (صلعم)، عندما كان يترأس معسكرا سياسيا، حيث طبّق النبي المعايير المتبعة آنذاك في شبه الجزيرة العربية، في علاقاته مع أطراف قبلية ومجموعات عرقية ودينية (كاليهود الذين كانوا يعيشون هم أيضا في نظام قبلي أو شبه قبلي)، كما طبقها في الحرب وفي التحالفات ومعاهدات الهدنة أو السلام التي أبرمها. إن مفهوم السلام المتداول اليوم باعتباره اتفاقا ثابتا – بمعنى أنه يعبر عن علاقات دبلوماسية منهجية وطبيعية – كان مفهوما غريبا وغير مألوف بالطبع في شبه الجزيرة العربية في القرن السابع الميلادي. يُظهر القرآن الكريم، والسنة النبوية الشريفة، والاتفاقيات التي أبرمها النبي (صلعم)، أو خلفاؤه الراشدون، هذا الواقع.

سأعرض في هذا الفصل أسس المبدأ التقليدي فيما يتعلق بالحرب والسلام في الشريعة الإسلامية، وفي الفصل الذي يليه سأعرض الصورة المُركبة للعلاقات الدولية في الإسلام المعاصر، والتطورات التاريخية التي أدت إلى التغيير في أساليب التحليل. المصطلح "علاقات دولية" هو مصطلح حديث معاصر يصف العلاقات بين الدول صاحبة السيادة، والعلاقات العامة بين هذه الدول. يختلف هذا المصطلح بشكل تام عن الوضع الذي كان قائما في القرون الوسطى، ويختلف أيضا عن النظرة القرآنية للإسلام، ككيان عالمي ينفي شرعية المجموعات الدينية السياسية الأخرى. سيتم لاحقا استعمال مصطلح "العلاقات الدولية" لوصف العلاقات بين الكيانات السياسية الإسلامية في العصر الذي سبق العصر الحديث، وبين كيانات سياسية غير إسلامية.

يتمركز التوجّه التاريخي في البحث الآتي، في المواقف الإسلامية تجاه السلام مع دولة إسرائيل. سنرى في الفصول القادمة كيفية تعامل فقهاء المسلمين المتخصصين في الشريعة الإسلامية مع مسألة العلاقات مع دولة إسرائيل، مع الأخذ بعين الاعتبار الظروف السياسية المتغيرة. وسيتبين لنا أن المفكرين وعلماء الشريعة المسلمين يغيرون توجههم من

موقف داعم للسلام إلى موقف آخر يدعم الحرب على دولة إسرائيل، والعكس صحيح. لقد جرت خلال 1400 عام من تاريخ الإسلام مجريات شبيهة ومطولة. تتيح لنا هذه المجريات فهم التفسيرات الفقهية الشرعية بما يتوافق مع التغيرات السياسية الإسلامية على مدار تاريخ الإسلام وعلاقة الإسلام بالعالم غير المُسلم. سنشرح بداية المصادر الفقهية الإسلامية وكيفية عمل منظومة التحليل الفقهي الإسلامي، التي تسمح بملاءمة هذه المصادر للواقع المتغير. ومن ثم سوف نعرض أمام القراء التحولات التاريخية المحورية التي ساهمت في توفير التفسيرالآخر المخالف.

نخبة من مصادر التحليل والتفسيرات الشرعية

المصدران الرئيسيان اللذان يعتمد عليهما الفقه الإسلامي هما القرآن الكريم والسنة النبوية. القرآن الكريم هو كلام الله الذي أنزله على نبيّه محمد صلى الله عليه وسلم، أما السنة النبوية فهي حديث النبي، وأقواله، وأعماله والتصرفات التي نُسبت إليه. تشمل السنة النبوية الحديث النبوي الشريف، وهو نخبة كبيرة من الأعمال والأقوال المنسوبة إلى النبي وعصره، التي شاهدها وتلقنها المقربون منه ومعاصروه – الصحابة. جدير بالذكر أن المصدرين أعلاه يفتحان المجال أمام الإبداع في التحليل والتفسير. يتضمن القرآن الكريم آيات ذات معانٍ تبدو متناقضة أحيانا، لذلك حاول البعض تفسير هذا التناقض بتوجهه إلى الترتيب التاريخي لنزول الآيات، وبحسب هذا التوجه فإن الآية الناسخة تلغي الآية المنسوخة وفقا للترتيب الزمني لنزول الآيات. كذلك هو الحال في الحديث الشريف، حيث يشمل أحاديث مذكورة بصِيغ مختلفة وقد تكون متناقضة أيضا في بعض الأحيان. يقيس المسلمون المؤمنون مصداقية الحديث تبعا للشخص الذي نقل الحديث عن النبي (صلعم) أو عن الصحابة الذين سمعوا الحديث من مصدر موثوق أو رواه النبي على مسامعهم، ويرى البحث الغربي، من جهته، أن الحديث هو عمليا المنصة التي تبرز الخصومات والنزاعات واختلاف المصالح التي عاشتها الأجيال اللاحقة. جرت عملية كتابة الحديث على أيدي مفكرين كان هدفهم ترسيخ مواقفهم إزاء التفسيرات الشرعية وجعلها تلقائية ومصدرا يعتمد عليه. نجد أمامنا إذن حيزا يقدم للفقهاء مجالا واسعا للمناورة ولصياغة الأحكام وبلورتها. تضاف إلى كل ما ذكر أعلاه القصص والكتب التاريخية الإسلامية المسرودة بحسب التزامن التاريخي والتي تصف بدورها تاريخ النبي (صلعم) والخلفاء. تعرض هذه القصص أمام العالم "السوابق" التاريخية في تصرفات النبي (صلعم) ومعاصريه (الخلفاء الراشدين)، كما تتميز هذه القصص التاريخية، بصيغها المختلفة، بمستويات متفاوتة من المصداقية والشرعية، ومن هنا فإن الفقهاء مخولون باستعمال هذه المواد التاريخية لدى إقدامهم على الإبداع في التحليل الشرعي حسب متطلبات الساعة.

عبر الحقب التي تشكل خلالها الفقه الإسلامي، على مدار 300 عام، من بداية الإسلام (ابتداء من القرن السابع الميلادي وحتى القرن التاسع) تطورت مذاهب شرعية مختلفة

– غالبا ما يعود الفرق بين المذاهب إلى المكان الجغرافي لنشوئها – حيث اختلفت هذه المذاهب في أحكامها وتحليلاتها للقضايا المطروحة أمامها. ظهرت آراء المفكرينِ والقضاة في الإسلام من خلال الكتب التي كتبوها، وظهرت هذه الآراء من خلال فتاوى أفتوها وتم جمعها في مجلدات مصنفة كتبت على شكل أسئلة وأجوبة. شكلت أحكام الفقهاء والمفتين عبر التاريخ جزءا لا يتجزأ من مصادر الشريعة الإسلامية. تكون في مرحلة لاحقة مبدأ الإجماع. إنه اجتماع رأي الفقهاء عامة في مسألة فقهية محددة في جيل معين، بحيث لا تشكل المسأله نزاعا بين الفقهاء، وبهذا يعتبر الحكم في هذه المسألة كأي حكم قضائي شرعي ملزم. مع مرور الوقت، وفي فترات لاحقة، تبلور مبدأ سمي باسم "القول الأرجح"، وبعبارة أخرى هو قول الأغلبية من الفقهاء في ذات المسألة. كما تجلى التحليل الشرعي المتنوع من خلال مسألة أخرى هي تفسير القرآن الكريم. كانت طريقة تفسير الآيات القرآنية قاعدة يرتكز عليها تقرير الأحكام الشرعية الملزمة. بناء على ما ذكر نرى أمامنا تعددية غير مكتسبة في صميم الشريعة الإسلامية منذ بداية عصرها.

أطلق على التحليل الشرعي اسم "الاجتهاد" – بمعنى أن يقوم المحلل بالعمل على إيجاد الحل الشرعي في مسألة مطروحة لم تحظ بإيجاد حل لها، يقوم ببذل الجهود لتحليل المصادر الشرعية. يحتوي القرآن الكريم، إضافة إلى ما ذكر، على مبادئ أساسية صلبة وواضحة لم تتغير عبر الأجيال. من جهة أخرى، فإن معظم الأحكام الفقهية عرضة للتغيير منذ القرن السابع وحتى يومنا هذا، وفي بعض الأحيان تغيّرت هذه الأحكام بشكل جذري. يصنف علماء الشريعة الفقهاء في نوعين مختلفين: الأول، الذي يشمل الفقهاء الذين ساروا على دروب السابقين من السلف "المقلدين"، ويشمل الثاني المجتهدين. يذكر في هذا الصدد أن هنالك مسألة لا تزال في لب النزاع بين الفقهاء الإسلاميين وهي: هل أغلق باب الاجتهاد في أواخر القرن العاشر الميلادي أم إن التجديد في تحليل المصادر الإسلامية ما زال مسيطرا؟ ولكن يضيق بنا المجال لمناقشة هذا الموضوع في كتابنا هذا. على كل حال، نشهد في القرن العشرين مجهودا جديدا يبذل في تفسير المصادر الشرعية الأولية من منطلق الرغبة في ملاءمتها للواقع الجديد. أطلق على هذا النوع الجديد من الاجتهاد اسم: الاجتهاد الحديث أو الاجتهاد الإنشائي.

سنبحث بداية في المفهوم التقليدي للسلام والحرب في الإسلام كما ظهر في القرآن الكريم وفي المراجع القديمة.

المفهوم التقليدي للجهاد وللمعاهدات مع غير المسلمين

تبلور مفهوم العلاقات مع كيانات غير إسلامية على مدار القرنين الأولين في الإسلام، منذ بداية فترة الفتوحات والتوسعات الإسلامية وحتى القرن التاسع الميلادي. أدت هيمنة الواقع السياسي والعسكري، منذ وقف الفتوحات الإسلامية وانقسام الخلفاء العباسيين، إلى ظهور نقاش وحوار قضائيين متطوّرين حول كل ما يتعلق بالاتفاقيات والمعاهدات المسموح

إبرامها مع غير المسلمين، وقد احتل هذا النقاش منزلة بارزة، إلى جانب المفهوم الأساسي المتعلق بالجهاد، منذ القرن التاسع حتى القرن الثالث عشر. سوف نطرح بداية الآيات القرآنية الكريمة المتعلقة بإعلان الجهاد بمفهومه الحربي، ثم نتطرق إلى آيات أخرى تفيد بموضوع اتفاقيات وقف الحرب وصنع السلام. وسنناقش لاحقا تفسيراتها في الفترة الأولى لظهور الإسلام.

الحرب والسلام في القرآن الكريم

ليست التعليمات الفقهية في القرآن الكريم قاطعة فيما يتعلق بموضوعي الحرب والسلام. فهناك آيات تحثّ المسلمين على محاربة الكفار، إلى جانب آياتٍ أخرى تدعو المسلمين إلى السلام. يظهر الجهاد بمفهومه الحربي في عدة آيات في القرآن الكريم حيث تدور هذه الآيات حول الواجب الذي يقع على المسلمين لخوض الحرب ضد الكفار. تعتبر الآية رقم 190 من سورة البقرة أول آية قرآنية نزلت على النبي محمد (صلعم) وحملت معها تعليمات بخوض الحرب على الكفار الذين بادروا إلى شن الحرب على المسلمين، بعد أن كانت نزلت قبلها الآيات التي تحثّ، بل تفرض على المسلمين الانضباط، لكونهم فريقا لا يتمتع بالقوة الكافية لإعلان الحرب على معسكر الكفار:

> "وَقَاتِلوا فِي سَبيلِ اللهِ الذِينَ يُقَاتِلونَكمْ وَلا تعْتَدُوا إنَّ اللهَ لا يُحِبُّ المُعْتَدِينَ". (سورة البقرة: 190).

يقول أوري روبين (باحث في القرآن الكريم والحضارة الإسلامية من جامعة تل أبيب): يعتقد بعض المفسرين الإسلاميين أن آيات كريمة لاحقة وقاطعة نسخت هذه الآية المذكورة أعلاه (كالآية 5:9 التي سنوردها لاحقا). حيث تأمر هذه الآيات بأن تُشن حرب شاملة على الكفار بصرف النظر عن هويّاتهم، ومن الجهة الأخرى يعتقد مفسرون آخرون أن الآية أعلاه لم تنسخ بل لا تزال صالحة[9]. تعتبر الآية التالية إحدى الآيات الأولى التي سمحت بشنّ الحرب الجهادية بعد أن كانت هذه الحرب محظورة على المؤمنين، طالما لم يكونوا أقوياء بالقدر الكافي لخوض حرب كهذه:

> "أُذِنَ لِلذِينَ يُقاتلونَ بأنهمْ ظلِمُوا وَإنَّ اللهَ عَلَى نَصْرِهِمْ لقدِيرٌ"[10].
> (سورة الحج: 39).

تتطرق الآية رقم 191 من سورة البقرة إلى فتح مكة وتحريرها من سيطرة الكفار في عام 630 م:

> "وَاقتلوهُمْ حَيْثُ ثقِفتمُوهُمْ وَأخْرجُوهُم منْ حَيْثُ أخْرَجُوكمْ وَالفِتنة أشَدُّ مِنَ القتلِ وَلا تقاتِلوهُمْ عِندَ المَسْجِدِ الحَرَامِ حَتى يُقاتِلوكمْ فِيهِ فإنِ قاتلوكمْ فاقتلوهُمْ كذلِكَ جَزَاء الكافِرِينَ".

يظهر من الآية أعلاه أنه مع فتح مكة فُرض على المسلمين قتل آل قريش – بمعنى آخر: الذين أخرجوهم في الماضي منها وطردوا كل الذين بقوا في مكة. هناك من يفسر هذه الآية تفسيرا واسعا يشمل الدعوة إلى شن الحرب على الكفار أينما كانوا[11].

تظهر لاحقا آية كريمة أخرى تنص على التوقف عن الحرب حيثما توقف العدو عنها، بينما تبين الآية التي تليها (193) من سورة البقرة أن الهدف النهائي من وراء خوض الحرب على الكفار هو هيمنة الإسلام على الإنسانية جمعاء:

> "وَقاتِلوهُمْ حَتى لا تكونَ فِتنة وَيَكونَ الدِّينُ للهِ فَإن انتهَوْا فلا عُدْوَانَ إلا عَلى الظالِمِينَ".

في حين تبيّن الآية في آخرها تحفظات من الاستمرار في الحرب.

هنالك عدد من الآيات الأخرى في القرآن الكريم تنص على شن حرب بلا هوادة على كل الكفار، دون أي استثناء، كالآية رقم 60 من سورة الأنفال:

> "وَأعِدُّوا لهُم مَّا اسْتطعْتم مِّن قُوَّةٍ وَمِن رِبَاطِ الخَيْلِ ترْهِبُونَ بِهِ عَدُوَّ اللهِ وَعَدُوَّكمْ وَآخَرِينَ مِن دُونِهِمْ لا تعْلمُونَهُم اللهُ يَعْلمُهُمْ وَمَا تنفِقوا مِن شَيْءٍ فِي سَبيلِ اللهِ يُوَفَّ إليكمْ وَأنتمْ لا تظلمُونَ".

الآية رقم 5 من سورة التوبة، التي أطلق المفسرون المسلمون عليها اسم *"آية السيف"* لأنها تنادي بتجديد الحرب التي لا هوادة فيها على الكفار ابتداء من انسلاخ الأشهر الحرُم التي مُنع شن الحرب فيها:

> "فَإذا انسَلخَ الأشْهُرُ الحُرُمُ فَاقتلوا المُشْرِكِينَ حَيْثُ وَجَدتمُوهُمْ وَخُذوهُمْ وَاحْصُرُوهُمْ وَاقعُدُوا لهُمْ كلَّ مَرْصَدٍ فإن تابُوا وَأقامُوا الصَّلاةَ وَآتوُا الزَّكاةَ فخَلوا سَبيلهُمْ إنَّ اللهَ غفورٌ رحِيمٌ".

يعتقد البعض أن التعليمات بقتل الكفار تلغي آيات أخرى في القرآن الكريم، وتدعو تلك الآيات إلى الانضباط في العلاقات مع غير المسلمين[12]، في حين تهدر آية أخرى دم جميع الكفار، على مدار أيام السنة، دون استثناء الأشهر الحرم حيث تقول:

> "... وَقاتِلوا المُشْرِكِينَ كافة كمَا يُقاتِلونكمْ كافة وَاعْلمُوا أنَّ اللهَ مَعَ المُتقِينَ" (التوبة: 36)

تدعو الآية رقم 38 من سورة التوبة المؤمنين المسلمين في المدينة المنورة إلى شن الحرب (ضد القوات البيزنطية التي استقرت، حسب الإشاعة، في تبوك في العام 630):

"يَا أَيُّهَا الذِينَ آمَنُوا مَا لكمْ إذا قِيلَ لكمُ انفِرُوا فِي سَبيلِ الله اثـَّاقلتمْ إلى الأرض أرَضِيتم بالحَيَاةِ الدُّنيَا مِنَ الآخِرَةِ فمَا مَتاعُ الحَيَاةِ الدُّنيَا فِي الآخِرَةِ إلا قلِيلٌ".

نذكر أخيرا الآية رقم 29 من سورة التوبة التي تتطرق إلى جماعة "أهل الكتاب" – اليهود والنصارى على وجه الخصوص – حيث أتيح لهم العيش بمحض إرادتهم، بمكانة متدنية (أهل الذمة)، تحت رعاية الإسلام وفي ذمته ودفع الجزية مقابل وقف الحرب ضدهم:

"قاتِلوا الذِينَ لا يُؤْمِنُونَ بِالله وَلا بِاليَوْمِ الآخِرِ وَلا يُحَرِّمُونَ مَا حَرَّمَ الله وَرَسُولهُ وَلا يَدِينُونَ دِينَ الحَقِّ مِنَ الذِينَ أوتوا الكِتابَ حَتى يُعْطوا الجزْيَةَ عَن يَدٍ وَهُمْ صَاغِرُونَ".

تظهر في هذه الآية مقارنة بين فصائل غير المسلمين التي وجب على المسلمين شن الحرب عليها: الكفار عامة، مقابل "أهل الكتاب"[13].

تدعو الآية رقم 41 من سورة التوبة إلى التضحية وقت الحرب، حيث تنص على ما يلي:

"انفِرُوا خِفافًا وَثِقَالا وَجَاهِدُوا بِأمْوَالِكمْ وَأنفُسِكمْ فِي سَبِيلِ الله ذلِكمْ خَيْرٌ لكمْ إن كنتمْ تعْلمُونَ".

مقابل الآيات الحربية توجد في القرآن الكريم آيات تحث على السلام مع غير المسلمين. إحدى أبرز هذه الآيات التي تحث على السلام هي الآية رقم 61 من سورة الأنفال:

"وَإن جَنَحُوا لِلسَّلمِ فَاجْنحْ لهَا وَتوَكلْ عَلى الله إنهُ هُوَ السَّمِيعُ العَلِيمُ".

تتميز هذه الآية بنصها الشمولي وعدم احتوائها على التحفظات، من حيث الفصائل التي تحث هذه الآية على السلام معها ومن حيث مدة معاهدة السلام أيضا. يستغل بعض المفسرين الحاليين هذه الآية لتبرير السلام مع دولة إسرائيل، لذلك ينبغي التوقف عند معاني هذه الآية وتفسيراتها. يظهر من صياغة هذه الآية أنه في حال مال العدو للسلم يتوجب على المسلمين التجاوب مع مبادرته تلك. تقترن أهمية "آية السلام" بالسياق الذي تظهر فيه، فهي تظهر مباشرة بعد آيات الجهاد التي ذكرناها سابقا:

"وَأعِدُّوا لهم ما اسْتطعْتم من قوَّةٍ وَمِن رباطِ الخَيْل ترْهِبُونَ بِهِ عَدُوَّ الله وَعَدُوَّكمْ وَآخَرِينَ مِن دُونِهِمْ" (الأنفال: 60)

يحمل وجوب التجاوب مع أصوات العدو المنادية للسلام، لأول وهلة، نوعا من المفاجأة، حيث يتناقض هذا الوجوب مع وجوب شن الحرب الجهادية ضد الكفار.[14] وبالإضافة إلى ذلك، فإن هذا السلم غير محدد بفترة زمنية، على غرار الهُدنة، لذا يمكن فهمه بمعنى السلام غير المحدود زمنيا.

يقترح روبين تحليلين للمعاني العملية للآية (61:8). الأول: "إن جنحوا" – التي تتطرق لعبدة الأوثان وتعتبر في هذه الحالة منسوخة مع نزول "آية السيف" التي تُعلن الحرب الشمولية ضد الكفار.[15] يأتي هذا التفسير بموجب القاعدة الشرعية التي تنص على أنه في حال وجود تناقض بين آيتين فإن الآية الأحدث التي نزلت على النبي (صلعم) (الناسخة) تلغي الآية السابقة (المنسوخة). وبحسب التحليل الثاني، تتطرق "آية السلم" لليهود، وفي هذه الحالة تبقى الآية قائمة بعينها ويكون السلام مع اليهود منوطا بدفعهم الجزية.[16]

تظهر الآية رقم 90 من سورة النساء انضباطا تجاه الكفار وتتحدث عن الاتفاقيات والمعاهدات بينهم وبين المسلمين.

"إلا الَّذِينَ يَصِلونَ إِلى قومْ بَيْنَكُمْ وَبَيْنَهُمْ مِيثَاقٌ أوْ جَاؤُوكُمْ حَصِرَتْ صُدُورُهُمْ أن يُقَاتِلُوكُمْ أوْ يُقَاتِلُوا قوْمَهُمْ وَلوْ شَاء الله لَسَلطَهُمْ عَلَيْكُمْ فَلقَاتَلُوكُمْ فَإِن اعْتَزَلُوكُمْ فَلَمْ يُقَاتِلُوكُمْ وَألْقوْا إِلَيْكُمُ السَّلَمَ فَمَا جَعَلَ الله لكُمْ عَلَيْهِمْ سَبِيلا"[17].

إحدى الآيات التي يستعملها المفكرون من التيار العملي الواقعي، الذين يبررون السلام مع غير المسلمين، هي الآية رقم 13 من سورة الحجرات التي تعطي الشرعية لوجود شعوب أخرى:

"يَا أَيُّهَا النَّاسُ إِنا خَلَقناكُمْ من ذكر وَأنثَى وَجَعَلناكُمْ شُعُوبًا وَقبَائِلَ لِتَعَارَفوا إِنَّ أكرَمَكُمْ عِندَ الله أتقاكُمْ إِنَّ الله عَلِيمٌ خَبِيرٌ".

تدل بعض الآيات في القرآن الكريم على وجود تحالفات واتفاقيات مُبرمة بين المسلمين والكفار. ومن تلك الآيات الآية رقم 72 من سورة الأنفال التي أبرمت بين المسلمين وغير المسلمين في المدينة المنورة، حيث تنادي هذه الآيات باحترام الاتفاقيات المُبرَمة مع غير المسلمين، بل وتفضيل هؤلاء في طلب العون على المسلمين من خارج المدينة المنورة. تنص الآية رقم 4 من سورة التوبة على ما يلي:

"إلا الَّذِينَ عَاهَدتم منَ الْمُشْرِكِينَ ثَمَّ لَمْ يَنقصُوكُمْ شَيْئًا وَلَمْ يُظَاهِرُوا عَلَيْكُمْ أحَدًا فَأتِمُّوا إِلَيْهِمْ عَهْدَهُمْ إِلى مُدَّتِهِمْ إِنَّ الله يُحِبُّ الْمُتقِينَ" (التأكيد ليس في المصدر).

كما تظهر الآية رقم 7 من سورة التوبة التساؤل التالي:

"كَيْفَ يَكونُ لِلمُشْرِكِينَ عَهْدٌ عِندَ الله وَعِندَ رَسُولِهِ إلا **الَّذِينَ عَاهَدتمْ** عِندَ المَسْجِدِ الحَرَامِ فَمَا اسْتقامُوا لكمْ فاسْتقِيمُوا لهُمْ إنَّ الله يُحِبُّ المُتقِينَ".

يحلل البعض الآية (4:9) على أن موضوعها، بشأن الإعلان عن بُطلان معاهدات الدفاع المُبرمة مع الكفار، لا يسري على الحالات التي أبرمت فيها المعاهدات وذكرت فيها مسبقا مدة محدودة. طالما لم يخل الكفار بشروط المعاهدة، فمن المفروض أن تسري حتى نهاية مدتها. ونجد بالمقابل من يعتقد أن كلمة "مدة" تعني مهلة أربعة أشهر وهي المدة التي أمهلها النبي محمد (صلعم) لكل المتعاقدين معه بالمعاهدات، كما تعطى هذه المهلة لمن لم يخلوا بشروط معاهداتهم المبرمة مع النبي (صلعم) وأن أولئك الذين أخلوا بشروط معاهداتهم مع النبي (صلعم) مصيرهم الموت. تتحدث الآية (7:9) عن المجموعات التي لا تتطرق إليها الآية (4:9) أعلاه. فالبعض يعتقد أن الآية جاءت في نفس سياق صلح الحديبية، الذي أبرم بين النبي (صلعم) وبين قبيلة قريش في العام 628 م، وهي تلزم المؤمنين بالإيفاء بالتزاماتهم طالما التزم آل قريش بالمعاهدة. المغزى من المذكور هو التشكيك في آل قريش الذين أخلوا بشروط الصلح، وتحث الآية المؤمنين على الإيفاء بالتزاماتهم تجاه القبائل التي كانت شريكة في المعاهدة ولم تخل بشروطها[18].

كيف نفض التناقض بين آيات السلام وآيات الحرب – ولا سيما بين "آية السلام" (61:8) و"آية السيف" (5:9)؟ يقول بعض المحللين المسلمين إن الجدل حول هذه الآيات القرآنية يجب أن لا يجري بمعزل عن السّياق الذي نزلت فيه، وخاصّة عندما نأخذ بالحسبأن وضع المسلمين العسكري في تلك الحقبة. يعتقد هؤلاء أن "آية السيف" تحث قائد المسلمين على إلغاء اتفاقية كان قد أبرمها، نتيجة لتغير ميزان القوى في غير صالحه، والذي كان قد أدى إلى إبرامها أصلا. يبدو هذا واضحا حيث أن "آية السلام" نزلت عندما كان تعداد المسلمين قليلا، بينما نزلت "آية السيف" عندما قويت شوكة المسلمين ولم تعد لهم حاجة لوقف الحرب[19]. يمكننا تشبيه هذا الوضع بتحليل آية أخرى في القرآن الكريم، والتي تناقض "آية السلام"، وهي الآية رقم 35 من سورة محمد، التي تنص على ما يلي:

"فلا تهنوا وَتدْعُوا إلى السَّلمِ وَأنتمُ الأعْلوْنَ وَالله مَعَكمْ وَلن يَتِرَكمْ أعْمَالكمْ".

تَفرض هذه الآية على المسلمين التجاوب مع كل نداءات السلام طالما كان موقفهم ضعيفا إلى أن يستجمعوا قواهم[20]. أما إذا كانوا أقوياء فمن واجبهم تنفيذ فريضة الجهاد. بموجب هذا التحليل تكون الفائدة العائدة على المسلمين – وهي عمليا تبرير لصنع السلام – هي الفرصة لإعادة التنظيم لاستكمال المواجهة وتقوية قدرة المحاربين[21].

يدور حوار شبيه بين المحللين حول الآيات التي تذكر معاهدات أبرمت بين المسلمين وجماعات أخرى[22]، وحول أحاديث تدلل على السلام[23] مقابل أحاديث أخرى تحمل معها دلالة على الحرب.

نتطرق الآن إلى مصطلحات أساسية في صلب علاقة الإسلام مع غير المسلمين: الجهاد، الهدنة، الصلح، دار الإسلام، دار الحرب ودار العهد.

الجهاد بمعنى الحرب

تكونت العلاقات بين المسلمين والشعوب الأخرى، في بداية الأمر، على شكل وضع مؤقت. يفترض فصل السِيَر في الشريعة (الذي يدور حول علاقة الإسلام مع غير المسلمين) أن الإسلام هو كيان دولي فرض عليه أن يكون في وضعية توسعية بشكل دائم، وأن هذا الكيان غير قابل لإضفاء الشرعية على التعايش مع مجتمعات غير مسلمة، إلا إذا دخلت هذه المجتمعات تحت رعاية الإسلام كأهل الذمة (في حالة أهل الكتاب – اليهود والنصارى) وشريطة أن تقبل هذه المجتمعات العمل في إطار الإسلام السياسي والفقهي\الشرعي[24]. وعليه، تعتقد نظرية الدعوة (إلى الإسلام)، أن على الإنسانية في العالم أجمع أن ترضى بالإسلام دينا أو أن تقبل بالعيش تحت رعايته وفي ذمته.

كلمة "جهاد" مشتقة من الجذر (ج، هـ، د) والذي يعني: جهدَ أو تعبَ. المعنى الأصلي لهذه الكلمة هو النضال، أو السعي إلى الهدف، ولكنها تعني في بعض الأحيان القتال أيضا: فريضة الحرب ضد الكفار. يذكر أن كلمة "جهاد" وردت في القرآن الكريم 36 مرة، وفي عشر آيات منها فقط تحمل هذه الكلمة معنى القتال[25]. يطرح مفسّرو القرآن عدة معان لهذه الكلمة في الحالات الأخرى: 1) صراع الإنسان مع غرائزه ونقاط ضعفه. 2) المثابرة على القيام بالفروض الدّينية. 3) البحث في علم الدين. 4) الالتزام بالحديث الإسلامي. 5) الانصياع لله عز وجل وتجنيد المؤمنين. مع الوقت طغى التحليل الذي يفسّر كلمة الجهاد بمفهومها الحربي على التحليلات غير الحربية[26].

هدف الجهاد كتوجه إلهي سياسي هو بسط هيمنة الله على العالم[27]. تفترض هذه النظرية أن كل جماعة بشرية ليست على استعداد لتقبل الإسلام وليست على استعداد للخضوع له والقبول بالعيش تحت رعايته – بمعنى أن يصبح هؤلاء من أهل الذمة الذين يعيشون تحت كنف رعاية واحدة – (ومنهم "أهل الكتاب"، اليهود والنصارى والزردشتيون أيضا – "المجوس" والصّابئة) مصيرها هو أن تموت بالسيف.

لا يرتبط الجهاد في الأصل بالحرب فقط[28]، فقد تم استعمال هذا المصطلح ليكون نوعا من الترويج والتبشير الدينيين، مثل الصليبية[29]. لكنّ أغلب المصادر الإسلامية تتطرق للجهاد بمفهومه العسكري[30]. رفض الإسلام اعتبار الأمم التي تدين بالمعتقدات الدينية الأخرى كأمم ذات مكانة متساوية مع الإسلام. حتى عندما أبرمت هذه الأمم معاهدات

لوقف الحرب مع المسلمين حاول المسلمون عدم الاعتراف بالشعوب الكافرة[31]. رأى رجال العلم والفكر والفقهاء التقليديون أن الإسلام هو الدين الحقيقي الوحيد كفكرة طبيعية، ولذا فإن الخوض في حرب ضد لديانات الأخرى يعتبر أمرا شرعيا، أما هذه الديانات فهي مغلوطة[32].

رأى علماء الشريعة على مدار السنين، أنّ الجهاد هو فرض كفاية (فرض جماعي) يقع على الزعيم أو على الدولة والجيش، ولكنه لا يقع على المسلمين كأفراد. هناك حالة واحدة يكون الجهاد فيها فرضا على كل مسلم، إذا كان قادرا على القتال، وفرض عليه، ولو كان طفلا، أو امرأة، أو شيخا، يُلزم الجميع بالمشاركة في حرب الجهاد لكونها فرض عين (وهو فرض شخصي)، حين حدوث هجوم مفاجئ يشنه العدو[33].

أطلق العلماء المسلمون على العالم غير المسلم، في فترات التوسعات الإسلامية اسم "دار الحرب"، والمقصود: المنطقة التي على المسلمين التابعين لـ"دار الإسلام" محاربتها حتى يتم إخضاعها للحكم الإسلامي، عن طريق دعوة هؤلاء إلى الإسلام بداية، وإذا رفضوا الاستجابة للدعوة فبقوة السيف. يجدر التّنويه إلى أن هذا التقسيم للدارين (دار الحرب ودار الإسلام) هو نتيجة لتحليل الفقهاء التقليديين، ولا يظهر في القرآن الكريم ولا في الحديث النبوي الشريف.

يتميز الإسلام في العصور الوسطى عن باقي الديانات بالمبدأ الإلهي الداعي لنشر الدين بواسطة السيف أيضا، ولكن يجب أن لا ننسى أنه في أوروبا أيضا اتسمت الحروب بالطابع الديني، ففي الفترة الممتدة ما بين القرن الحادي عشر وحتى القرن الثالث عشر كانت الحرب على الأراضي المقدسة (بين الصليبيين والأيوبيين) حربا دينية بحتة. كذلك كانت الحروب بين الكاثوليك والبروتستانت في القرن السادس عشر، وحرب الثلاثين عاما في القرن السابع عشر، وقد اتّسمت هذه الحروب بالطابع الديني على الرغم من كونها نابعة أيضا من مصالح ذاتية دولية. كان تقسيم العالم بحسب المقاييس الدينية مألوفا في حضارات غير إسلامية أيضا[34]. فقد عرف في الديانة اليهودية القديمة مصطلح "فريضة الحرب" لتطبيق تعليمات التوراة الصريحة، كذلك الحرب ضد العماليق الذين عرفوا كعدو روحاني (بسبب تعذيبهم القاسي لبني إسرائيل حين اتجهوا من مصر ومروا في الصحراء في ظروف قاسية، مستهدفين الضعفاء الذين كانوا يمشون في جوانب القافلة الإسرائيلية الخارجة من مصر)، وحرب الفتح اليهودي للأرض المقدسة، مثلها هي الأخرى كمثل معارك يهوشوع، أو الحرب الدفاعية لصد هجوم العدو المفاجئ.

تأجيل الحرب

تتطلع وجهة النظر الإسلامية نحو البشر أجمعين، وتسعى إلى إدخالهم تحت كنف الإسلام، وترى في الحرب وسيلة مستمرة ومتواصلة بحيث يمكن تأجيلها، أو إيقافها بشكل مؤقت

فقط، وذلك ليتسنى للمسلمين استجماع القوى ومتابعة القتال عندما تسنح الفرصة. ينتج من هنا أن الكيان الإسلامي بطبيعته ليس قادرا على الدخول في معاهدات سلام ثابتة ودائمة. وعليه فإن من الممكن إبرام اتفاقية لوقف القتال، أو اتفاقية لوقف الغزو، لفترة زمنية قصيرة وإلى أجل مسمّى، وفي الحالات التي يكون فيها ميزان القوى لصالح معسكر عدو الإسلام فقط. لقد فصلت خمس حالات، وعُرفت مسبقا بأنها حالات يتيح وجود واحدة منها للإمام (الحاكم) استخدامها كسبب يُشَرع له تأجيل الجهاد[35]:

1. "الضعف" العسكري في صفوف جيش المسلمين.
2. "البعد" بين معسكر المسلمين وميدان الحرب.
3. "النّازلة"، وهي بمثابة الظروف السماوية التي ليس للمسلمين سيطرة عليها.
4. "قلّة السّلاح"، عندما يكون هناك نقص حاد في الآليات الحربية، وبضمنها المعدات، وعدم توفر المؤن، وبالأخص عدم توفر المياه.
5. "الهلاك" وهو الحالة التي تكون فيها إمكانية إبادة العدو الحازم للمسلمين واردة.

هناك من يضيف إلى الحالات الخمس المذكورة حالة أخرى هي حالة وجود فتنة سياسية أو حرب أهلية في قلب الأمة الإسلامية، من شأنها أن تضعف قدرة المسلمين على مواجهة العدو الخارجي، ولكن هذه الحالة هي نوع من أنواع النازلة بحيث يعتبر هذا الانقسام ظرفا سماويا كتِب على المسلمين.

تعبر كل واحدة من الحالات الخمس المذكورة أعلاه عن تخوّف كبير من تكبّد الهزيمة المُرة في ساحة المعركة التي قد تؤدي إلى صعوبة انتعاش المسلمين بعدها. كما تبرر هذه الحالات الخمس عقد اتفاقية مع العدو من منطلق قلة الحيلة، أو من باب الإكراه (ما يسمى بالضرورة والاضطرار)، ولكن إذا انقضت هذه الظروف المؤقتة، التي أدّت إلى إبرام اتفاقية تم بموجبها تأجيل الجهاد، يصبح واجبا على معسكر المسلمين السعي إلى استئناف الحرب ضد الكفار لإخضاعهم وإدخالهم تحت كنف الإسلام.

هدنة إلى أجل مسمى – وقف الأعمال العدوانية

يُشتق المصطلح **هدنة** من جذره العربي (هـ، د، ن) بمعنى الهدوء أو السلام[36]. الكلمة ذاتها لم ترد في القرآن الكريم، والمقصود من الهدنة هو عقد معاهدة مكتوبة أو شفهية بين المسلمين وغير المسلمين تنص على امتناع الطرفين عن القيام بالأعمال العدوانية تجاه بعضهما البعض[37]. بالإضافة إلى مصطلح الـ"هدنة" هناك مصطلح آخر مشتق من ذات الجذر في اللغة العربية وهو "المهادنة" (وقف إطلاق النار) كما نجد ثلاثة مصطلحات أخرى ذات معاني متشابهة وهي: الموادعة، والمسالمة، والمصالحة[38].

يتم التمييز بين نوعين من معاهدات السلام، وذلك بحسب المدة الزمنية للمعاهدة، وبحسب الجهة التي أبرمت معها. المعاهدات المُبرمة مع الكفار الوثنيين هي بطبيعة الحال معاهدات مؤقتة، أما المعاهدات المُبرمة مع أهل الكتاب الذين يدخلون في ذمة المسلمين ويعيشون في بلادهم، فهي معاهدات سلام أو مصالحة دائمة، لكنها لا تشكل معاهدات دولية، إنما هي عهود ذات صبغة قانونية داخلية في نطاق السلطة أو الدولة الإسلامية[39]. كان المصطلح "سلام" في العصور الوسطى يعني اتفاقية عدم اعتداء بحيث تضاف إليها شروط إضافية تتفق عليها الأطراف (في مجال التجارة على سبيل المثال).

كان الإمام الشافعي، العلاّمة الفقيه المسلم وصاحب المذهب الشافعي (المتوفى عام 820 ميلادي)، يؤكد على ضرورة استمرار المسلمين في الجهاد ضد غير المسلمين حتى استسلامهم التام، إلا إذا حكمت الظروف بعقد هدنة[40]. فما هي تلك الظروف التي تحتم وقف الأعمال الحربية وعقد الهدنة؟ هنالك مبدآن اثنان أساسيان في الشريعة الإسلامية يمكن بواسطتهما تبرير هذه الظروف: الأول هو الضرورة القصوى، كالنقص العددي الكبير في صفوف المسلمين في ميدان الحرب، والثاني هو وجود **مصلحة** للمسلمين تقتضي عقد الهدنة، كاستعداد العدو لدفع الجزية أو الضريبة مثلا. إن للمبدأ الأول (الضرورة) أفضلية على المبدأ الثاني (المصلحة)[41]. من منطلق النظرية الأساسية في الجهاد، التي ذكرت أعلاه، يجب التأكد أولا من وجود ضرورة آنية ملحة من أجل التوقيع على هدنة، وبعد ذلك فقط، يمكن التفكير في المصلحة المستفادة من الهدنة. تكمن مصلحة المسلمين أحيانا في مجرد الامتناع عن الحرب التي من شأنها أن تلحق بالمسلمين كارثة بسبب ضعفهم العسكري[42]. لا يتضمن اتفاق الهدنة شروطا تتعارض والشريعة الإسلامية في الحالة الطبيعية (الحالة التي لا يواجه المسلمون فيها خطر الهزيمة) – من أمثلة عدم تضمن الاتفاق شروطا مناقضة لأحكام الإسلام ترك ممتلكات المسلمين بأيدي الكفار، أو دفع "فدية" من أجل صد التهديدات[43]. ولكن في حال كان خطر الهزيمة واردا يسمح علماء المسلمين بالتوقيع على اتفاقيات هدنة حتى وإن تضمنت بنودها شروطا فيها إذلال للمسلمين، أملا بأن تتغير الأوضاع وتتحسن فيما بعد (وسنتوسع لاحقا في هذه المسألة).

تعتبر الموافقة على عقد هدنة مسؤولية كبرى ملقاة على عاتق الحاكم المسلم (الإمام)[44]. حيث يتحتم على الحاكم استعراض جميع حيثيات الأمور بشكل جدّي ومسؤول، ويشمل استعراضا حذرا للوضع العسكري في ساحة القتال، وذلك بعد مشاورة قوّات الجيش في جبهات الحرب. على الحاكم أن يرى إمكانية المجتمع المسلم وقدرته على مواصلة القتال وتحمل أعبائه حين لا يرى النصر في الأفق. ولذلك إذا خلص الحاكم إلى نتيجة مفادها أنه ليس من الممكن تحقيق نصر عسكري سريع، يمكنه عندئذ عقد اتفاقية هدنة مع الكفار، بهدف إتاحة الفرصة أمام المسلمين لاسترداد عافيتهم وقوتهم العسكرية ومن ثم مواصلة الجهاد فيما بعد[45].

مدة الهدنة

تجيز المذاهب السّنيّة الأساسية الأربعة (الحنفي، والحنبلي، والشافعي، والمالكي) الهدنة قصيرة الأمد وذلك خشية أن تؤدي الهدنة طويلة الأمد إلى تأقلم الأمة، أو المجتمع الإسلامي، مع الحال الجديد والتخلي عن فكرة مواصلة الجهاد والقتال نهائيا. ترى المراجع الشرعية والسوابق القضائية التي تغلغلت في الشريعة، وأصبحت جزءا منها، أن هنالك أربعة أنواع من الهدنة تبعا للمدة الزمنية:

1. هدنة مؤقتة: تستمر عادة أياما معدودة، وتستغل أساسا من أجل تمكين القوات المسلمة المحاربة من أخذ قسط من الراحة والتزود بالعتاد والعدة قبل استئناف القتال.
2. وقف إطلاق نار قصير الأمد: يستمر حتى فترة أربعة شهور يمكن تمديدها لفترة زمنية مشابهة بعد انقضائها.
3. اتفاقية هدنة لفترة ست سنوات: وتعرف أيضا باسم "اتفاقية الهدنة لسنوات معدودة".
4. اتفاقية هدنة لفترة قصوى تبلغ عشر سنوات[46].

اتفاقية الهدنة التي احتذي بها هي **صلح الحديبية،** الذي عقد عام 6 هجري/ 628 ميلادية بين النبي محمد عليه الصلاة والسلام، وقبيلة قريش[47]. ذكرت هذه الاتفاقية في معظم المصادر الإسلامية باعتبارها صلحا (انظر لاحقا)، بينما ذكرتها مصادر أخرى باعتبارها هدنة. عقدت هذه الاتفاقية أصلا لتكون نافذة لمدة عشر سنوات، ولكن الظروف أدت إلى انتهاء نفاذها بعد مرور سنتين – إلا أن مدة السنوات العشر هذه تعد المدة الزمنية القصوى التي يتبناها فقهاء المسلمين بالنسبة لمدة اتفاقية السلام بين المسلمين وغير المسلمين[48]. بما أن الهدنة بطبيعتها هي اتفاقية لأجل مسمى، فأن فقهاء المذهب الشافعي أفتوا بوجوب تحديد المدة في اتفاقية الهدنة ذاتها وإلا فإنها تعتبر باطلة[49].

يرتكز اختيار الحاكم لمدة الهدنة، الطويلة أو القصيرة الأمد، على تقييم قوة المعسكر الإسلامي العسكرية مقابل قوة معسكر العدو. إذا كانت يد المسلمين هي العليا، فإن المدة الزمنية للهدنة يجب أن تتراوح بين أربعة أشهر إلى سنة على أقصى حد. ولكن إذا كان الحال عكس ذلك، حيث يشوب المسلمين الضعف والخوف من الهزيمة، تكون المدة الزمنية لاتفاقية الهدنة عشر سنوات، وهي الفترة القصوى. أما الفقيه الشّافعي في القرن الحادي عشر، عبد الرحمن الفوراني، فقد رأى أن بالإمكان تمديد اتفاقيّة الهدنة بعد انقضائها بعشر سنوات أخرى، وأخرى بعدها، وهكذا دواليك، بحيث تبرم في نهاية كل عقد من الزمن اتفاقيّة جديدة لتمديد فترة الهدنة لعقد إضافي[50]. وكذلك كان الحال في العصور الوسطى، كما سنرى لاحقا.

هدنة إلى أجل غير مسمى، ولكن يمكن إلغاؤها بتغير الظّروف

كما ذكر، فإن وقف إطلاق النار يكون في الأصل محددا بفترة زمنية (على غرار الاتفاق الدائم)، لكن الواقع السياسي والعسكري طغى على الفقهاء المسلمين في القرن السابع. توقفت الفتوحات الإسلامية عند جبال طاوروس (شرق الأناضول التركية)، وحافظت الدّولة الأرمنية والإمبراطورية البيزنطية على تواجدهما في القسطنطينية (إسلام بول، أو الآستانة، إسطنبول اليوم). عند توقف المد الإسلامي على أبواب الإمبراطورية البيزنطية، عقد خلفاء الخلافة الأموية (661-750) وكذلك الخلفاء العباسيون من بعدهم، معاهدات إلى أجل مسمى جرى تمديدها من حين إلى آخر، على الرغم من أن تلك المعاهدات بقيت سارية المفعول لفترات زمنية أطول ممّا نُص عليه في السوابق الإسلامية منذ زمن الرّسول (صلعم) والخلفاء الراشدين من بعده[51]. يُذكر أنه كان هناك تعاون مكثف خلال فترات وقف إطلاق النّار بين الخلفاء الأمويين وقيصر الروم في شتى مجالات الحياة[52].

يبدو أن الواقع العسكري والسياسي الذي رافق توقّف الفتوحات الإسلامية، هو الذي جعل فقهاء المسلمين يميلون إلى تبني فكرة الهدنة إلى أجل غير مسمى. ولكن، ومن أجل عدم الانحراف عن فكرة الجهاد، أقر الفقهاء بجواز إلغاء تلك الهدن إذا تبدلت الظروف. ومن أمثلة ذلك الهدنة التي عقدت عام 637 بين المسلمين ومصر البيزنطية. مكنت الهدنة المسلمين من التركيز على حربهم بين النهرين، ولكن عندما كان النصر حليفهم في تلك الحرب، عادوا وأعلنوا الحرب على مصر حتى قبل انتهاء فترة الهدنة[53].

أجاز فقهاء كبار من ثلاثة من مذاهب السنة الرئيسية (باستثناء المذهب الشّافعي) الهدنة إلى أجل غير مسمى (هدنة أبدية أو هدنة مطلقة) بحسب ما يراه الحاكم مناسبا. فقد ذكر الإمام أبو حنيفة (المتوفى عام 767) مؤسس المذهب الحنفي، أن مصلحة المسلمين تكمن في حالة السلام أكثر مما هي في حالة الحرب[54]. ويعتقد الفقهاء المالكيون أنه من الممكن إبرام معاهدات سلام إلى أجل غير مسمى (غير محدودة زمنيا) بحسب ما يراه الحاكم مناسبا[55]. أما المذهب الحنبلي، وخلافا لذلك الموقف، وجمهور فقهاء الحنبليّة، فيعارض الهدنة إلى أجل غير مسمى، ولكن لا يخلو الأمر من وجود فقهاء كبار من المذهب الحنبلي يؤيدون هذه الفكرة، فقد نقل أحد تلاميذ الإمام أحمد ابن حنبل، مؤسس المذهب الحنبلي، عنه قوله: *"يجوز للإمام تمديد فترة الهدنة إلى ما بعد عشر سنوات، إذا كانت في الأمر مصلحة للمسلمين"* [56]. من جهته يجيز الفقيه الحنبلي ابن قدامة (المتوفى عام 1223)، هو الآخر، عقد هدنة إلى أجل غير مسمى، وهو يسهب في شرح الصعوبات النابعة من استمرارية الهدنة[57]. الإمام ابن قيّم الجوزية، الفقيه الحنبلي الذي عاش في دمشق (والمتوفى عام 1350)، يعرض حلا وسطا بين قبول الهدنة إلى أجل غير مسمى ورفضها، وهو ما يُعرف بالهدنة المطلقة والمؤقتة، أي الهدنة إلى أجل غير مسمى، وفي ذات الوقت يمكن إلغاؤها في أي لحظة، ما يجعلها أشبه بشراكة تجارية[58]. على ما يبدو فإن فقهاء المسلمين الذين أجازوا الهدنة إلى أجل غير مسمّى استمدوا الفكرة من الاتفاقية الموقعة مع اليهود

والنصارى الذين دخلوا في ذمّة المسلمين، وطبقوا هذا المبدأ على الكفار عامة. وقد استخدم الفقهاء السابقة القضائية للهدنة التي أعطاها الرسول محمد عليه الصلاة والسلام لنصارى نجران[59] من أجل تبرير الهدنة إلى أجل غير مسمى، إذ كان من المفروض أن تبقى هذه الهدنة سارية المفعول "حتى يأتي الله بأمره"[60].

سبيل إلغاء الهدنة

أجاز الفقهاء المسلمون في العصور الوسطى أن المسلمين يستطيعون إلغاء مدة معاهدة الهدنة وإنهاءها بشكل أحادي الجانب بعد تبدُّل ظروف الضّعف العسكري الذي كان بطبيعة الحال السبب وراء عقد الهدنة. يلقي إلغاء الهدنة، كما هو الحال عند عقدها، بمسؤولية كبيرة على عاتق الحاكم المسلم الذي يتوجب عليه استعراض كل الأمور المتعلقة بإلغاء الهدنة بشكل جدّي ومسؤول. يتناول الفقه الإسلامي مسألتين أساسيتين تجيزان إلغاء الهدنة: هل تستطيع العساكر المسلمة تحقيق انتصار سريع على الأعداء؟ وهل يستطيع المجتمع المدني المسلم تحمل عبء استئناف مسيرة الجهاد؟ تعبر المسألة الثانية عن التخوف من أن قرار إلغاء الهدنة لن يحظى بمساندة المجتمع الإسلامي المدني، مما يعني أن هذه المسألة عبارة عن نظرة سياسية واقعية انتهجها فقهاء المسلمين في العصور الوسطى.

تؤكد المصادر الإسلامية أنه على الرغم من عدم جواز إلغاء الحاكم للهدنة إلا إذا استقر في نفسه أن عساكر المسلمين يتمتعون بالقوة التي تمكنهم من استئناف القتال، فإنه في هذه الحالة يتم إلغاء الهدنة على مرحلتين: في المرحلة الأولى يعلن الحاكم على الملأ عن نيته إلغاء الهدنة – أي أن ينبه العدو إلى أنه مُقدم على هذا العمل. وفي المرحلة الثانية يمكنه استئناف العمليات العسكرية. ولكن فعليا، وبسبب حماس قادة الجيش المسلم لاستئناف القتال، لا يؤخذ دائما بالمرحلة الأولى[61].

الصلح - من الهدنة المؤقّتة إلى المعاهدة طويلة الأمد

كان مصطلح "الصلح" في أصله نوعا من المعاهدات والاتفاقيات التي أبرمت بين قبائل العرب في شبه الجزيرة العربية قبل ظهور الإسلام[62]. يظهر في الأدبيات الإسلامية القديمة أن جذر كلمة صلح هو (ص، ل، ح) بمعنى صنع السلم (أي إنهاء حالة الحرب) أو المصالحة، وكذلك هو الأمر في القرآن الكريم[63]. مثلا: "النبي محمّد صلى الله عليه وسلم (صالح) المشركين في يوم الحديبيّة". "صالح خالد بن الوليد أهل دمشق"[64]. استخدمت كلمة صلح في العالم القديم في وصف المعاهدات بين الجماعات، ولها مفاهيم عدة تختلف باختلاف السياق. فبعض المعاهدات التي عقدها النبي عليه الصلاة والسلام، وخلفاؤه من بعده، مع جماعات لم تدخل الإسلام بعد، أو جماعات غير مسلمة – ابتداء بمعاهدات عدم

الاعتداء، وانتهاء باتفاقيات السِلم إلى أجل غير مسمى – تدعى صلحا. يجب التنويه إلى أنه في فترة تبلور الفقه الإسلامي، في القرن الأول للإسلام، استعمل الفقهاء مصطلحات متفاوتة فيها خلط للمفاهيم. فقد استخدم، على سبيل المثال، المصطلحان: هدنة وصلح، للحديث عن اتفاق عدم اعتداء أوعن سلام، بدون تمييز واضح بين المصطلحين[65]. وعليه يتوجب فهم المصطلح في السياق الخاص به.

في بدايات العهد الإسلامي نرى كثيرا من المعاهدات التي سميت صلحا، وهي اتفاقيات استسلام من قبل غير المسلمين. عندما يستسلم العدو، سواء كان ذلك نتيجة قرار مسبق بعدم مقاتلة المسلمين، أو نتيجة قرار تم اتخاذه خلال قتال المسلمين بعدم الاستمرار ويطلب وقف القتال والتوصل إلى معاهدة، يُعقد بين الطرفين اتفاق يعرض القواعد التي يعيش على أساسها غير المسلمين، الذين يدخلون حينها إلى الفئة المُعرفة كـ"أهل الذمة" تحت حكم المسلمين. من وجهة نظر المسلمين تجاه الآخرين – غير المسلمين – فإن الصلح هو شهادة يمنحها الإسلام من منطلق الرحمة، وليس الأحقية، للعدو المستسلم. والدليل على ذلك هو المثال الذي تذكره المراجع الإسلامية بالنسبة لمعاهدة استسلام مدينة القدس عام 636 للميلاد. ففي ذلك العام جعل الخليفة الراشد عمر بن الخطاب، بحسب المصادر التاريخيّة الإسلامية، أهل القدس النصارى أهل ذمة، أي أنه أعطاهم أمان الذمة.[66]

معاهدة الصلح هي، عمليا، كالهدنة، عبارة عن معاهدة لوقف إطلاق النار بين فريقين متخاصمين، لكي يتسنى لهما العيش بسلام ووئام. يميل فقهاء المسلمين في العهد الحديث إلى إطلاق كلمة صلح على معاهدات السلام طويلة الأمد وتلك التي إلى أجل غير مسمى. الهدف من الصلح، في علاقات المسلمين بغير المسلمين، هو تجميد حالة الحرب وإقامة علاقات سلمية صحيحة – مُوادعة – لفترة زمنية محددة[67].

دار العهد بدل دار الحرب

تجاهل معظم فقهاء الإسلام الأوائل، الذين بلوروا أحكام الشّريعة، والذين أطلقوا على منطقة الكفار اسم "دار الحرب" لتمييزها عن "دار الإسلام"، السّوابق الشّرعية الناتجة عن المعاهدات والاتفاقيات التي أبرمها الرسول عليه الصّلاة والسّلام، والخلفاء من بعده، مع جماعات مختلفة من الشعوب الكافرة. منحت تلك المعاهدات للكفار شرعية الحكم في أراضيهم دون الدخول في رعاية الإسلام، بل دون دفع الجزية للمسلمين، أحيانا، مقابل الاعتراف بهم، ومقابل حصولهم على الشرعية القانونية والسياسيّة من المسلمين، التي من شأنها أن تمنحهم الحق في إدارة شؤون أراضيهم وشعوبهم. هذه السوابق هي التي جعلت الإمام الشافعي يضيف مصطلحا جديدا ذا مفهوم سياسي ثالث، هو "دار العهد"[68]. علل الإمام الشافعي ذلك بأن المسلمين قد عقدوا عهودا إلى أجل غير مسمى مع أقوام وجماعات معينة (عهود لا يمكن إلغاؤها ولا بأي حال)، وهكذا يكون هؤلاء قد خرجوا من دائرة

الحرب مع المسلمين من جهة، ولكنهم، من الجهة الأخرى، لم يدخلوا في دار الإسلام، لأن المسلمين سمحوا لجماعات معينة بالاحتفاظ بقوانينهم وكياناتهم دون الدخول تحت رعاية الشريعة الإسلامية، بناء عليه فإنهم بالضرورة ينتمون إلى "دار" ثالثة لها قوانين خاصة تحكمها، وعليه فإنّ دار العهد هي كيان، أو جماعة، غير مسلمة، أبرم بينها وبين المسلمين اتفاق شريطة أن تقوم هذه الجماعة بدفع الجزية للمسلمين، أو أن تقوم بالتخلي عن جزء من أراضيها[69]، قبل وقوع الأعمال القتالية أو بعده.

رفض جمهور فقهاء المسلمين من المذاهب الأخرى، من بعد الإمام الشافعي، رأي الشافعي في هذا الخصوص وادعوا أن الكفار الذين ليسوا "أهل الكتاب"، والذين عقد معهم المسلمون معاهدات دائمة يسمح لهم بموجبها بالحفاظ على دستورهم الخاص، والحفاظ على نفوذهم في المجال الجغرافي السياسي كجزء من دار الإسلام، بالإضافة إلى دفع الجزية للمسلمين – هؤلاء القوم "الكفار" أصبحوا عمليا أهل ذمة تماما، كاليهود والنصارى والمجوس الذين يدفعون الجزية للمسلمين[70]. أما الكفار، الذين عقدوا مع المسلمين اتفاقا دائما دون دفع الجزية، أو الذين اضطر المسلمون، نظرا لضعفهم العسكري المؤقت، إلى دفع المال لهم – هؤلاء الكفار لا زالوا في حالة حرب مع المسلمين، ومن الواجب على المسلمين إلغاء المعاهدات المذلة والإخلال بشروطها – مع أنها دائمة من ناحية المسلمين – بعد زوال حالة الضعف المؤقتة[71].

إن تطوير مصطلح "دار العهد"، ليمتد إلى دول أو مناطق يحكمها الكفار وخارجة عن "دار الحرب"، يخدم علماء شريعة مسلمين في العصر الحديث في القول إن العالم غير الإسلامي ليس في حالة حرب مع الإسلام، وهذا يمكنهم من إيجاد تعليل وتبرير لإقامة علاقة سلمية بينه وبين دار الإسلام.

سوف نبحث في الفصل التالي في تفسيرات وآراء المفكرين المسلمين في القرن العشرين، الذين يبذلون جهودا بارزة من أجل خلق الملاءمة بين الشريعة الإسلامية والعلاقات الدولية الحديثة.

الفصل الثاني: الفكر الإسلامي ومحاولة سد الفجوة بين الشريعة الإسلامية والعلاقات الدولية في الزمن المعاصر

يمكننا ملاحظة أربع فترات تاريخية تغيّرت فيها الأحكام الشرعية في مجال العلاقات الدولية في المجتمعات الإسلامية تبعا للواقع السياسي: الفترة الأولى هي فترة المد الإسلامي، وقد بلغت ذروتها في الرّبع الأول من القرن التاسع. في تلك الفترة تبلورت الفكرة التي تعتبر أن الجهاد هو حرب تهدف إلى نشر الإسلام في العالم كله؛ الفترة الثانية هي فترة توقف الفتوحات الإسلامية والانقسام الداخلي في الدولة الإسلامية، وقد استمرت حتى القرن الخامس عشر، حين قيام الإمبراطورية العثمانية؛ ففي تلك الفترة تقبّل المسلمون فكرة "الجهاد الخامل"[72] وتعايشوا معها – أي أن الجهاد أصبح حربا نظرية فقط. وذلك لأنّ الواقع السياسي الناتج عن التحالفات والمعاهدات بين حكام المسلمين وحكام الكيانات غير المسلمة، ولد تفسيرات جديدة لفقه الحرب والسلم وأعطى صبغة شرعية "قانونية" للمعاهدات طويلة الأمد مع غير المسلمين. أما الفترة الثالثة، التي استمرّت زهاء 500 عام، فتنقسم إلى مرحلتين: الأولى هي حين نجح العثمانيون الأتراك، في صدر دولتهم، في تطبيق مفهوم الجهاد التقليدي، مع إدخال العالم الإسلامي من جديد تحت سلطة مركزية واحدة، واستطاعوا توسيع نفوذهم ومد سلطانهم حتى نهاية القرن السابع عشر. ولكن ابتداء من القرن الثامن عشر، وبعد الهزائم العسكرية التي مُنيت بها الدولة العثمانية على أيدي القوى النصرانية الأوروبية، اضطرت الدولة العثمانية إلى توقيع معاهدات سلام. وفي القرن التاسع عشر أجبر سلاطين آل عثمان على الرضوخ وقبول القانون الدولي الذي بدأ بالتبلور آنذاك، على الرغم من التناقض الواضح بين تلك القوانين والشريعة الإسلامية بشكلها التقليدي. تبدأ الفترة الرابعة من نهاية القرن التاسع عشر وتستمر حتى القرن العشرين. تطورت في تلك الفترة وانبثقت وجهة نظر شرعية جديدة بشأن العلاقات بين الدول لاءمت ذاتها للنظام الدولي الجديد، والحقيقة أن العالم الإسلامي لم يعد جسدا واحدا، بل تقسم إلى دول وطنية ذات مصالح مختلفة، وكان واضحا في ميزان القوى العالمية أن الإسلام في حالة ضعف. تحاول التحليلات الإسلامية المعاصرة سد الفجوة بين الشريعة في العصور الوسطى والواقع الدولي الجديد والقانون الدّولي. هذه المحاولات تشغل بالأساس علماء الشريعة، ورجال الدين ومفكرين إسلاميين. الأنظمة الحاكمة في البلاد الإسلامية، بما فيها البلاد التي أعلنت عن الشريعة الإسلامية كمصدر للتشريع، مثل السعودية وإيران، تقبلت نظام القضاء الدولي مثلما تقبلت من قبل فكرة الدولة الوطنية، وهما فكرتان تتناقضان بشكل جذري مع فكرة الدولة الإسلامية التقليدية. إن دراسات علماء الشريعة وأبحاثهم الرامية إلى إيجاد حلول فقهية وشرعية للوضع الحالي، تخدم بالأساس الأنظمة الحاكمة في العالم الإسلامي وتعطي صبغة شرعية للنظام السياسي القائم.

سنبدأ بادئ الأمر بتصوير الواقع الذي حرك مجريات الجهود لملاءمة الشريعة للأوضاع الإسلامية المتقلبة.

أ. الناحية العملية – المعاهدات التي أُبرمت لتكون المحفز العملي لتغيير القضاء الإسلامي التقليدي

إذا ما أجرينا فحصا تاريخيا فسنكتشف أن هناك فارقا بين توجه القضاء الإسلامي التقليدي للجهاد وإيقافه المؤقت، بواسطة *الهدنة* أو *الصلح*، وبين الناحية العملية. جاء القضاء الإسلامي المقابل، منذ عهد النبي محمد (صلعم) وحتى العهد الحديث، نتيجة ملاءمته للواقع السياسي المتغير، بدءا بالمعاهدات التي أبرمها الخلفاء الذين ساروا على طريق النبي محمد (صلعم) مع الشعوب غير المسلمة من أجل الحفاظ على جبهة خارجية واحدة وثابتة بهدف التفرغ لجبهة أخرى، داخلية (كالتمرد مثلا) أو خارجية. يكمن استمرار هذا المقابل في حقيقة أن الفتوحات الإسلامية صُدت وانحسرت في القرن التاسع للميلاد، مما اضطر الإسلام إلى التعايش مع جيرانه من الكفار. أبرم الخلفاء الأمويون والعباسيون اتفاقيات ومعاهدات مع البيزنطيين، والأيوبيون والمماليك مع الصليبيين الفرنجة، كما أبرمت اتفاقيات ومعاهدات بين السلاطين العثمانيين والدول الأوروبية العظمى، ويجدر بنا أن نذكر أن جزءا من هذه المعاهدات كان مدعوما بفتاوى المفتين.

اعتمدت تقنية سد الفجوات بين النظرية القضائية والعمل السياسي على التوقيع على معاهدات لمدة عشرة أعوام (على غرار سابقة صلح الحديبية، التي سنتحدث عنها بإسهاب لاحقا). تجددت هذه المعاهدات وتم تمديدها لفترات زمنية إضافية مماثلة. لم يختف الجهاد من الفكر الديني في تلك الفترة، ولكن كان الحديث آنذاك يدور حول "الحرب الخاملة"، إلى جانب المعاهدات والاتفاقيات المُبرمة مع قادة غير المسلمين.[73] بالإضافة إلى ذلك أبرمت معاهدات نتيجة للتخلف العسكري لكيانات دولية إسلامية، ولم تكن هذه المعاهدات، في الغالب، محدودة بفترات زمنية معينة (استسلام المسلمين في غرناطة في القرن الخامس عشر الميلادي والمعاهدات التي أبرمتها الإمبراطورية العثمانية مع الدول الأوروبية العظمى ابتداء من القرن السابع عشر الميلادي). قبيل بحثنا لتطورات الفقه الإسلامي في العهد الحديث سوف نستعرض تاريخ المعاهدات بين الكيانات الدولية الإسلامية والكيانات غير الإسلامية.

معاهدات أبرمها الخلفاء بين القرنين السابع والحادي عشر للميلاد

يمكننا الاستنتاج من المعاهدات الأولى مع الروم أن هناك واقعا متحركا، ففي أعقاب الانتصار الإسلامي على الروم في العام 636 للميلاد، في معركة اليرموك، أجبر المسلمون أهل مالطا على أن يدفعوا لهم الجزية مقابل عدم مهاجمتهم، وتمثل رد فعل إمبراطور الروم هرقل، عندما علم بحال مالطا، بإرسال قوة عسكرية لتحرق المدينة.[74] أبرم المسلمون

معاهدة مع البيزنطيين في مدينة بعلبك، وذلك بعد سقوط دمشق في العام 636 للميلاد، وكانت هذه المعاهدة تسمح للنصارى اليونانيين غير العرب بالرحيل من المنطقة، إذ اعتقد المسلمون أن من الأفضل لهم السماح للعناصر العنيدة لدى العدو بالرحيل، بدل السماح لهم بأن يصبحوا طابورا خامسا في داخل الأراضي الإسلامية.[75] وفيما بعد أبرم المسلمون معاهدة أخرى لوقف إطلاق النار مع الروم في Chalkis، وبموجب هذه الاتفاقية دفع الروم للمسلمين جزية مقابل عدم عبورهم نهر الفرات إلى داخل بلاد ما بين النهرين. أخل المسلمون بالاتفاقية في العام 639 للميلاد بادعاء أن الروم لم يدفعوا مبلغ الجزية المتفق عليه، وبعد مضيّ عشرة أعوام أبرم المسلمون معاهدة عدم اعتداء مع حاكم قبرص، يدفع القبارصة بموجبها للمسلمين مبلغا وقدره 7000 دينار، بالإضافة إلى مساعدتهم للمسلمين في التجسس ضد الروم (بالمقابل دفع القبارصة الضريبة للروم وتعهدوا بالتجسس لصالحهم ضد المسلمين).[76]

في سنة 658 للميلاد قام والي الشام، معاوية بن أبي سفيان رضي الله عنه، بإبرام معاهدة هدنة مع القيصر الرومي، قسطنطين الثاني، كي يتفرغ للصراع على الخلافة ضد غريمه علي بن أبي طالب كرّم الله وجهه. عقد معاوية اتفاقا آخر مع غير المسلمين حين أبرم معاهدة مع سكان أرمينيا سُمح للأرمن بموجبها بمواصلة الاحتفاظ بحكمهم في بلادهم.[77] وفي عام 662 للميلاد، بعد تولي معاوية منصب الخلافة، مدد فترة المعاهدة التي أبرمها مع الروم في عام 656 ووقع معاهدة أخرى مع النصارى من آل جراجمة – حلفاء الروم في الحد الشمالي. بموجب هذه المعاهدة، دفع الخليفة للنصارى جزية مالية وأعاد لهم أسراهم. أما الخليفة عبد الملك، فقد قام بعد 27 عاما، أي في العام 689 للميلاد، بتمديد المعاهدة التي أبرمها معاوية في حينه مع الروم ووقع على اتفاقية جديدة مع القيصر يوسطينيان الثاني.[78]

كيف أثر الواقع السياسي والعسكري على الشّريعة الإسلامية؟ أفتى علماء مسلمون مع بداية الخلافة الأموية بأنه يحق للخليفة المسلم أن يدفع فدية مالية للعدو في حال وجود ضرورة آنية. أما هذه الفتاوى فهي مشتقة من الحديث النبوي حيث كان النبي محمد (صلعم) على أهبة الاستعداد لأن يدفع لاتحاد القبائل الذين حاصروا مدينته (واقعة الأحزاب) ثلث محصول التمر في المدينة المنورة (يثرب) مقابل رحيلهم.

عرض الأوزاعي، وهو فقيه حنفي من الشام (دمشق) (توفي في العام 774 للميلاد) حادثة هوجم فيها حصن إسلامي عنوة على يد العدو لدرجة أنه كان هناك تخوف من إخفاق المسلمين في صده. اقترح العدو حينها أن يسلم المسلمون أسلحتهم وممتلكاتهم وخيولهم مقابل أن يُتركوا وشأنهم. أجاز الأوزاعي إبرام معاهدة مع الكفار في مثل هذه الحالات.[79] وفي واقعة أخرى أفتى أنه يجوز في حالة وقوع حرب داخلية داخل المعسكر الإسلامي (فتنة) عقد اتفاق مع العدو ودفع مبلغ سنوي له، وذلك للحيلولة دون استغلاله للانقسامات الداخلية.[80]

حافظ الخلفاء العباسيون على عُرف المعاهدات مع الروم ومع شعوب أخرى غير إسلامية. فقد أبرم الخليفة المنصور معاهدة مع الروم في العام 765 للميلاد، بل كانت هناك علاقات دائمة بين الروم والخلفاء، تبادل الطرفان بموجبها الهدايا وأسرى الحرب. وقّع الخليفة هارون الرشيد في العام 797 للميلاد معاهدة وحلف صداقة مع النصارى الفرنجة بقيادة شارل الكبير، وأعطى الخليفة للنصارى سلطة روحية على الأماكن المقدسة لهم في الأرض المقدسة، ولا سيما على كنيسة القيامة.[81] يرى المفكر الإسلامي المعاصر محمد عفيفي أنهم لم يروا في حينه أي خطورة في مثل هذا الإجراء، ولكن على المدى البعيد كانت لهذه المعاهدة انعكاسات خطيرة على المسلمين "بسبب حصول الفرنسيسكان على حق الدفاع عن الأماكن المقدسة في قلب فلسطين".[82] وقع الفتح الأخير الكبير لمنطقة تحت سيطرة الروم في العام 812 للميلاد في عهد الخليفة هارون الرشيد، وبعد ذلك كان على الخلفاء التوقيع على اتفاقيات متجددة لمنع خوض الحرب مع الروم. وقد اشتهرت في هذا السياق، المعاهدة التي وقعها صلاح الدين الأيوبي، في العهد الأيوبي، مع ريتشارد قلب الأسد في أيلول (سبتمبر) سنة 1192 للميلاد، ووافق بموجبها القائد الإسلامي على أن يحج النصارى إلى القدس التي كانت في ذلك العهد تحت سيطرته.

معاهدات في عهد المماليك

وقع السلاطين المماليك على معاهدات هدنة مع الصليبيين الإفرنج في القرن الثالث عشر الميلادي، يقدم لنا هولط (Holt) صيغا مترجمة للغة الإنجليزية لإحدى عشرة اتفاقية من هذا القبيل كانت أبرمت بين السلطان بيبرس (1223 - 1277) وقلاوون (1222 - 1290)، وبين حكام إفرنج نصارى في السنوات 1260- 1290 [83]. يهدف بعض هذه المعاهدات إلى تعزيز العلاقات التجارية واستعمال المرافئ، أما الجزء الآخر فيهدف إلى تأمين العلاقات بين الإفرنج والروم كي لا يتعاونوا مع المغول أعداء المماليك. يجدر بنا التنويه إلى أن السلاطين المماليك كانوا على ما يبدو أول من قام بمنح الامتيازات للدول النصرانية بما يتعلق بحقوق سكانها النصارى الذين يقطنون بلادهم. من بين تلك المعاهدات المعاهدة بين قلاوون والمملكة اللاتينية في سنة 1283 (حول وصف مناطق النفوذ التي يسري عليها الاتفاق بـ "مجمل الأراضي الإسلامية"، "أراضي السلطان وابنه" و"أراضي الإفرنج")[84] إذ ينص البند 22 منها على أن الكنيسة في مدينة الناصرة والبيوت الأربعة المحاذية لها ستصبح منطقة آمنة للحجيج ولا يُطلب من الكهنة النصارى دفع الرسوم لدى زيارة المكان. ولكن، وبسبب المحظورات المفروضة على أهل الذمة، كما يبدو، نصت المعاهدة على أنه في حال حدوث خراب، أو هدم في مبنى الكنيسة، لا يجوز ترميمه أو إعادة بنائه.[85] تم التوصل إلى تسوية مشابهة في المعاهدة من عام 1290 للميلاد، التي أبرمت بين السلطان قلاوون وبين زعيم جنوا، والتي تم بموجبها الاعتراف بحق الجنوائية بكنيسة ماريا المقدسة في الإسكندرية دون الحق بترميمها في حال انهيارها. كما اتفقت الأطراف على أن أهالي

جنوا الموجودين في الإسكندرية تابعون لسلطة قنصل جنوا القضائية.[86] يعتبر هذا التنازل أحد أهم التنازلات التي قام بها المسلمون عن صلاحياتهم السيادية (إذا صح استعمال هذا المصطلح الحديث) في مناطق سيطرتهم.

تتضمن المعاهدات مسألة أخرى مثيرة للاهتمام وهي أن الاتفاقيات تنص على اعتراف كل من الطرفين بالمبادئ الدينية للطرف الآخر. لقد اكتسبت غالبية المعاهدات بين الأطراف مكانتها القانونية بواسطة القسم، إذ كان السلطان المملوكي يقسم والقائد الإفرنجي يقسم، من الجهة الأخرى، بحضور سفير الطرف الثاني. كان السلطان المملوكي يقسم باسم الله والقرآن الكريم وشهر رمضان المبارك، وأما القائد الإفرنجي فكان يقسم بما لا يقل عن 13 عقيدة نصرانية. كان السلطان قلاوون يقسم بأنه في حال إخلاله بالمعاهدة، سوف يحج صائما (باستثناء الأيام التي حُرّم فيها الصوم) ثلاثين مرة إلى مكة المكرمة حافي القدمين، سافر الرأس، وأما القائد الإفرنجي فقد كان يقسم بأنه إذا أخَلَّ بالمعاهدة فسيُبعد عن النصرانية وعن الكنيسة، ويحج إلى القدس الشريف (!) ثلاثين مرة ويعتق ألفا من أسرى المسلمين.[87]

على الرغم من أن موافقة المماليك كانت على إبرام المعاهدات لمدة عشر سنوات إلا أنهم وقعوا على المعاهدات لمدة عشر سنوات شمسية وفقا للتقويم الميلادي، ولملاءمة مدة المعاهدة المبرمة بحساب السنة القمرية للتقويم النصراني الشمسي كان المماليك يكتبون على المعاهدات بأنها لمدة "عشر سنوات [هجرية] وعشرة أشهر وعشرة أيام وعشر ساعات".

هنالك معاهدتان لم يدخل فيهما تحديد المدة التي تكون فيها المعاهدة سارية المفعول، وقد عُرّفت هاتان المعاهدتان كمعاهدتي "مودة وتآخ"، وتشمل صياغتهما التأكيد على أن "لا تحصل أعمال عدوانية بين الفريقين".[88] أما المعاهدة التي فاقت كل المعايير فكانت المعاهدة التي أبرمت عام ١٩٢٠ بين قلاوون والملك ألفونسو الثالث ملك آراغون. لقد صيغت هذه المعاهدة كمعاهدة دفاع، وهي تضمن للمماليك عدم تعاون الملك ألفونسو مع الإفرنج من جماعات أخرى، ومع المغول، أو مع أي عدو آخر للسلطان. اللافت في هذه المعاهدة هو البند رقم 21 تحديدا، الذي ينص، من بين ما ينص عليه، على أن: "تبقى المودة والصداقة سائدتين بين الفريقين بموجب البنود أعلاه التي تظل ثابتة، حيث تصبح **المملكتان مملكة واحدة وكيانا واحدا**، ولا تُلغى هذه المعاهدة بموت أحد الفريقين أو باستبدال القائد".[89] على الرغم من أنه يحق للمسلمين أن يبرموا معاهدات مع أطراف غير مسلمة بهدف التحالف معها ضد أطراف غير مسلمة أخرى، فإن صياغة معاهدة بهذا الشكل المتمادي الذي ينص على أن المملكتين هما كيان واحد يتناقض مع المبادئ الأساسية لأحكام الجهاد.

عند قراءة تقارير عربية المصدر، حول المفاوضات السياسية بين المماليك والقادة النصارى، يمكننا أن نلاحظ أن الساسة هم الذين أداروها. على أية حال، لا يمكننا أن نجد تقريرا عن رجال الدين الذين حضروا مراحل المفاوضات، ولا عن مكان إدلاء السلطان

بالقسم. يبدو أن الواقع السياسي والعسكري هو الذي أتاح المجال للمرونة في تحديد شروط المعاهدات التي أبرمها السلاطين المماليك مع الإفرنج (الكفار) مغتصبي الأراضي المقدسة، وصياغة المعاهدات والأقسام التي أشارت إلى العقائد النصرانية، بما في ذلك الاعتراف بأن القدس الشريف محج الصليبيين النصارى.

الأندلس الإسلامية

خلقت حروب المسلمين والنصارى في الأندلس (إسبانيا)، أوضاعا سياسية معقدة من الحرب والسلام. فقد اضطر القائد الإسلامي أبو الوليد بن الأحمر إلى دفع فدية للنصارى عندما قام النصارى بالاستيلاء مجددا على الأندلس. هُزمت الخلافة الإسلامية الأخيرة التي كانت في غرناطة في نهاية المطاف في العام 1492 للميلاد وذلك على أيدي الجيوش الموحّدة التي قادها الملك فرديناند، ملك الآرغون، والملكة إيزابيلا، ملكة قشتالا. اشتملت معاهدة الخضوع في غرناطة على 67 بندا، ومن بين ما نصت عليه هذه البنود أن تبقى حياة المسلمين وأملاكهم سالمة، وأن يسمح للمسلمين بالبقاء في بيوتهم وإقامة شعائرهم وممارسة ديانتهم، وأن يتبعوا سلطة القضاء الشرعي، كما تم الاتفاق على أن تبقى المساجد والأوقاف الإسلامية على ما هي عليه، ومنع اليهود والنصارى من إلزام المسلمين بقوانين أخرى، وتحرير جميع الأسرى المسلمين، والسماح لكل مسلم يرغب في الهجرة إلى مراكش بأن يفعل ذلك، وعدم معاقبة أي مسلم كان قد قتل نصرانيا في فترة الحرب. في وقت لاحق بدأ النصارى بنقض الاتفاقية بشكل تدريجي حيث أجبروا الكثيرين من المسلمين على التنصر، الأمر الذي دفع بالكثيرين منهم إلى الهرب والهجرة إلى المغرب خوفا على حياتهم، حتى إن السلطان نفسه هاجر إلى فاس في مراكش في العام 1636 للميلاد.[90]

المعاهدات التي أبرمها العثمانيون

إذا ما اعتبرنا أن السلاطين المماليك شذوا عن القاعدة في النهج الإسلامي التقليدي للقضاء، حين أبرموا المعاهدات، يجدر بنا التنويه إلى أن السلاطين العثمانيين تمادوا كثيرا في إبرام المعاهدات من منظور الشريعة الإسلامية بمفهومها التقليدي. ويذكر أيضا أن معظم المعاهدات التي أبرمت من القرن السابع عشر للميلاد فصاعدا كانت في الواقع معاهدات استسلام، لأنها أبرمت بعد أن كانت القوى الأوروبية تهزم العثمانيين مرارا وتكرارا في ساحة المعركة، وبالتالي لم يبق أمام العثمانيين مناص سوى القبول بالإملاءات والمعايير القضائية التي وضعتها هذه القوى الأوربية التي وقّعت على المعاهدات معها. قد يسأل السائل في هذا الشأن عما إذا كانت هذه المعاهدات قد حصلت على المصادقة من شيخ الإسلام، الذي كان أحد الأركان الثلاثة في الدولة، إضافة إلى السلطان والوزير الأكبر. ترأس شيخ الإسلام الجهاز الديني في الدولة، إلى جانب كونه مفتي السلطنة الرئيسي،

وكانت كل القرارات المتعلقة بشؤون الحرب والسلام تحتاج إلى مصادقته. أود أن أذكر هنا أنني ما وجدت قط فتاوى صريحة وواضحة أعدها شيخ الإسلام وصادق من خلالها على معاهدات السلام التي أبرمها السّلاطين، ولكن من جهة أخرى، علينا أن نفترض أن شيخ الإسلام كان على علم بمضمون هذه المعاهدات، وأنه قبل بها اضطرارا لكونها تمثل التبرير الشرعي المعروف بالضرورة الآنية.

المعاهدة الأولى التي أبرمها العثمانيون، والتي تضمنت اعترافا منهم بأطراف غير إسلامية وبضرورة التعامل معها على قدم المساواة، كانت اتفاقية حلف لافورييه، التي وقعها السلطان سليمان القانوني في العام 1535 مع ملك فرنسا (فرنسيس الأول) ضد الإمبراطورية الهابسبورغية في النمسا. فقد نصت هذه المعاهدة على منح الحق لأمراء نصرانيين بالانضمام للحلف. واشتمل هذا الحلف اعترافا بعائلة الأمم من الدول النصرانية والمسلمة واعترافا بكيان ديني آخر.[91] وجد مجيد خضوري في هذه المعاهدة ثلاثة مبادئ هامة: معاهدة سلام مضمونة طيلة حياة القائدَين، وتعهد الفريقين بأن يحافظا على معاملة تسودها المساواة والتبادل في كل ما يتعلق بمصالحهما، وإعفاء الفرنسيين من دفع الجزية، والسماح لهم باتباع قوانين سلطتهم القضائية في مجال علاقاتهم مع المسلمين بحيث لا تسري عليهم أحكام الشريعة.[92] أنجزت "معاهدة أماسيا"، التي وقع عليها السلطان في وقت لاحق مع شاه إيران في العام 1555 للميلاد، من خلال تبادل الرسائل، حيث دوّن كل طرف الشروط التي يوافق عليها. شذت هذه المعاهدة عن النهج التقليدي الذي ينص على أن المعاهدة لا تعطي الشرعية للطرف الآخر، بل تعبر مجازا عن الوضع القائم بالفعل. بعد مرور ما يقارب نصف قرن كانت المعاهدة التي عُرفت باسم Zsitva-Torok، التي أبرمت في العام 1606 للميلاد بين الإمبراطور رودولف الثاني من بيت هابسبرغ والسلطان العثماني، قد منحت المكانة المتساوية للفريقين. وفي إطار هذه المعاهدة اعترف السلطان العثماني بالحاكم الهابسبرغي كإمبراطور وليس كـ"ملك فيينا"، كما كان من قبل.

في القرن السادس عشر الميلادي، حيث كانت قوى الإمبراطورية العثمانية في أوجها، شددت السلطنة على مبدأ الجهاد. إليكم مثلا المرسوم السلطاني الذي أرسله السلطان سليم الثاني (1566 - 1574) في لسابع عشر من شهر كانون الثاني من العام 1568 للميلاد إلى حاكم مصر يأمره فيه بحفر قناة بين البحر الأبيض المتوسط وبحر السويس وذلك من أجل طرد البرتغاليين الذين استولوا على الهند، وكتب له:

"أجدادي العظام وآبائي الكرام المنحدرين من عائلتنا التي كان الجهاد هدفها ... لقد فتحوا وأخضعوا مناطق كثيرة وبلادا تمتد من الغرب إلى الشرق من يد الكفار، بقوة السيف، وكانت ثمرة أعمالهم النصر، وضموا هذه المناطق إلى الإمبراطورية العثمانية المحمية ...السلاطنة ذوو الصيت... ما كان مجدهم ورفعتهم ليتحقق سوى لكونهم "خادمين للأماكن المقدسة" ... لقد سيطر البرتغاليون

الملاعين ... لأنهم سيطروا على الهند. وانسدت طرق المسلمين القادمين من هناك لزيارة الأماكن المقدسة. وبالإضافة إلى ذلك فإن كون المسلمين موجودين تحت سلطة الكفار الأنذال، الموعودين بجهنم، هو أمر لا يقبله عقل البشر. نتوكل على الله وعلى معجزات رسوله، إذ لا بدّ من إخراج هذه المناطق من سلطة الكفار وإخراج الكفار بالقوة من هذه المناطق..." [93]

تغير الوضع ابتداء من القرن السابع عشر للميلاد. فكلما ضعفت الإمبراطورية العثمانية أصبحت المعاهدات المُبرمة مع القوى الغربية مسيئة لها، خصوصا بعد الحصار الثاني على فيينا في العام 1683 وحتى بداية القرن التاسع عشر للميلاد، ومع ولادة "المسألة الشرقية" – تخوف القوى الأوروبية من انهيار الإمبراطورية العثمانية بشكل تام. تطرق العثمانيون في حالات عديدة إلى القوى الصديقة في أوروبا، وتخلوا عن استراتيجية الجهاد ودرسوا أسرار سياسة البقاء والنجاة وأحكام الدبلوماسية الحديثة.[94]

بدأ القانون الدولي العام المُتعارف عليه بين الدول بالتطور في سنة 1648 في صلح واستفاليا، الذي وضع حدا لحرب السنوات الثلاثين (الحرب التي دامت على مدار ثلاثين عاما بين بريطانيا وفرنسا). خلقت هذه المعاهدة التي كانت معاهدة أوروبية داخلية (لا تشمل العثمانيين) اعترافا بمبدأ سيادة الدول على أراضيها، وقد تمخض عنها أيضا الاستقرار السياسي في أوروبا لمدة تقارب 130 سنة، إلى حين نشوب الثورة الفرنسية وحروب نابليون في نهاية القرن الثامن عشر وبداية القرن التاسع عشر الميلاديين. تم تنظيم هذه الحروب في مؤتمر فينا (1814/5)، بمشاركة كل دول أوروبا، وتمت إعادة الوضع السياسي إلى سابق عهده.

أجبرت القوى الأوروبية السلاطين العثمانيين على القبول بمعاهدات سلام مهينة في أعقاب الهزائم التي لحقت بالعثمانيين، حيث أبرم العثمانيون المعاهدات التي تنازلوا من خلالها عن أراض ومساحات كانت تحت سيادتهم (أراض كانت تعتبر دار الإسلام). فرض على العثمانيين في بعض الحالات دفع التعويضات لخصومهم عوضا عن الأضرار التي لحقت بهم. ففي صلح كارلوويتس (1699) تنازل العثمانيون لصالح النمساويين عن المجر وعن مساحات من ترانسيلفينيا ومن كرواتيا وسلوفينيا. تم تعديل معاهدة سنة 1535 في العام 1740 بحيث أعطي لفرنسا الحق في الدفاع عن المواطنين النصارى في السلطنة على الرغم من خضوعهم للعثمانيين. في أعقاب هزيمة العثمانيين في الحرب 1768 - 1774 أمام روسيا (بالاشتراك مع علي بك الكبير من مصر) أبرمت اتفاقية في بلغاريا، عُرفت بمعاهدة كيتشك كاينجاري (21 تموز 1774).[95] أعطت هذه المعاهدة لروسيا الحق في الوصول المباشر للبحر الأسود وحق الإبحار في مضائق الدردنيل واقتطعت من الإمبراطورية العثمانية المساحات التي تعرف ببلاد التتار، إذ نالت صربيا ومناطق شرقية

أخرى استقلالها. كما نصت المعاهدة على أن يعرف الإمبراطور الروسي باسم "باديشاه" (العاهل)، أي أنه إمبراطور كل بلاد الروس، وحصلت روسيا بموجب المعاهدة على حق حماية النصارى القاطنين في الإمبراطورية العثمانية بحيث يتم تمثيلهم على يد السفير الروسي في بلادهم. بالإضافة إلى ما ذكر، نصت المعاهدة على أن للروس حقا في الحجيج إلى القدس، ويعفون في حجيجهم هذا من جميع أنواع الضرائب، واتفق أيضا على أن تقام كنيسة جديدة في الآستانة تعمل تحت رعاية السفير الروسي. لم يتم تحديد هذه المعاهدة بفترة زمنية وقد عرفت باللغة العربية على أنها "صلح ومصالحة"، إذ إنها تنهي حالة العداء بين الفريقين. يذكر أن هذه المعاهدة ألزمت الإمبراطورية العثمانية بدفع "غرامة حرب" مالية لروسيا.[96] إن من نافل القول إن هذه المعاهدة هي النقيض التام لمبدأ الجهاد، وكان من الممكن تبريرها بدعوى الضرورة فقط.

لم يكن منح الرعاية للسكان النصارى في الإمبراطورية العثمانية ظاهرة شاذة، فالخلفاء بدورهم طالبوا بالوصاية على المسلمين في بلاد العجم. لم يكن في ذلك أي نوع من الإهانة لأن مفهومهم يختلف عن مفهومنا. جاء التغيير الكبير في أواسط القرن الثامن عشر حين بدأت القوى الأوروبية بالتدخل في الشؤون الداخلية للسلطنة.[97]

ازداد وضع الإمبراطورية العثمانية صعوبة في القرن التاسع عشر. لقد أدى التمرد اليوناني الذي اندلع في العام 1821 الميلادي ضد الإمبراطورية، وتدخل قوى الغرب لصالح اليونانيين النصارى، إلى هزيمة الإمبراطورية العثمانية في معركة نافارين، ونتيجة لذلك نصت المادة 13 من معاهدة السلام الموقعة في أدرنة في العام 1829 على أن الفريقين أعادا "علاقة الأخوة الصريحة"، واضطر العثمانيون إلى الاعتراف باليونان (النصرانية) دولة مستقلة تحت رعاية روسيا وبريطانيا وفرنسا.[98]

تخللت الاتفاقيات التي تم التوقيع عليها بين العثمانيين وقوى أوروبا في أواسط القرن الـ19، أحكاما صريحة من "القانون الدولي"، كما تضمنت مبدأ "حل النزاعات بشكل سلمي"، وهي مبادئ غريبة عن الشريعة. أكثر ما برز في هذا المضمار كانت اتفاقية باريس (30 آذار 1856)، التي أدت إلى إنهاء حرب القرم، وفي الواقع أنه في أعقاب هذه الاتفاقية انضم السلطان إلى "الكونسيرت الأوروبي". لقد أصبح جزءا من عائلة الشعوب ومن النظام السياسي المتبع في تعامل القوى الأوروبية، وبالتالي فقد قبل بالمفهوم الأوروبي للعلاقات الدولية. رسخت المادتان 8 و- 27 من الاتفاقية مبدأ حل النزاعات بالطرق السلمية، والتزمت الأطراف بحدود المادة 14 المتعلقة بحقوق الإبحار في الدانوب، بأن تتصرف الأطراف حسب "أحكام البحرية الدولية" التي تم تحديدها سلفا في اتفاقية فيينا بما يتعلق بالإبحار في الأنهار المارة في أراضي عدة دول. ومن بين ما حددته هذه المعاهدة حرية الإبحار في نهر الدانوب وفي مضائق الدردنيل ووضع السكان النصارى في الإمبراطورية العثمانية تحت رعاية روسية. وقد أقرت اتفاقية باريس أيضا الفرمان السلطاني الذي صادق على الحصانة والحقوق الخاصة للمجتمعات غير الإسلامية في الإمبراطورية العثمانية

(الخط الهمايوني)، وهكذا حصلت فلاقيا وملدوفيا على الاستقلال، وكانتا من قبل تحت السيطرة العثمانية.[99]

أبرز صلح سان ستيفانو، الذي أبرم بين الإمبراطورية العثمانية وروسيا في العام 1878، بشكل واضح وصريح أحكام القانون الدولي، إذ تضمنت المادة الثانية من هذا الصلح موضوع الامتيازات وعرّفتها على أنها تسري "بموجب القوانين الدولية" وعرّفت حقوقهم في مناطق الإمبراطورية العثمانية. بموجب هذه الاتفاقية أوكِلت للسفير الروسي في الآستانة صلاحية مقاضاة رجال الدين والحجاج والسياح الروس النصارى الموجودين داخل حدود الإمبراطورية،[100] أما التنازل الأشدّ إهانة الذي قدمته الإمبراطورية العثمانية فيما يتعلق بالصلاحيات الخاصة بالمواطنين النصارى فكان من خلال اتفاقية برلين (1878)، التي أجبرت بموجبها الإمبراطورية العثمانية على أن تحرص على سلامة المجتمعات الأرمنية النصرانية من اعتداءات شركسية وكردية، *تحت إشراف القوى العظمى*، الأمر الذي سمح للقوى بالمغالاة في تدخلها في الشؤون الداخلية للإمبراطورية الإسلامية. كما تمثلت إهانة الدولة العثمانية بإجبارها على الاستغناء عن مساحات من الأراضي لصالح دول لم تشارك أصلا في الحرب، كاليونان وبلاد الفرس.[101]

كانت هناك معاهدات تم إبرامها بين زعماء مسلمين ودول غير إسلامية حظيت بدعم المفتي الشرعي، أحد الأمثلة المثيرة للاهتمام مستنبط من الحالة الجزائرية، ففي العام 30 من القرن التاسع عشر أبرم زعيم جزائري محلي - ويدعى عبد القادر - معاهدات مع سلطة الاستعمار الفرنسي في شمال الجزائر، وقد باركت فتوى أصدرها أحد كبار العلماء في مراكش خطوته هذه. يعنينا المثال الجزائري لكونه جديرا بالمقارنة مع الفتوى التي تتناول إمكانية السلام مع دولة إسرائيل، لأن دولة إسرائيل تعتبر هي الأخرى في نظر المسلمين احتلالا غريبا لمناطق إسلامية (دار الإسلام)، والتي تقضي العقيدة الشرعية الإسلامية بضرورة خوض الجهاد ضدها. في كلتا الحالتين حثت الضرورة السياسية الآنية علماء الفقه الإسلامي على توفير مصادر تفسير جديدة تتماشى مع الواقع. يشتمل الفصل التاسع على وصف وتحليل للمعاهدة الجزائرية الفرنسية.

ب. مُلاءمة نظرية الجهاد لواقع العلاقات الدولية الحديثة

كان التطور التاريخي المذكور أعلاه مصحوبا على الدوام بالاجتهاد الحثيث من جانب عُلماء المسلمين لوضع التحليلات والتفسيرات التي تسعى إلى ملاءمة الإسلام لواقع العلاقات الدولية الحديثة، بعدما تحرّرت الدول الإسلامية من الاستعمار الأوروبي، وابتعدت عن تبني العقيدة الجهادية التقليدية، وعبرت عن قبولها لصلاحية القانون الدولي، من خلال الانضمام إلى الأمم المتحدة والالتزام بالعيش بسلام جنبا إلى جنب مع الدول الأخرى والتعهد بالعمل على حلّ الخلافات بالطرق السلمية. بإمكاننا القول إن مجرد التوقيع على

ميثاق تأسيس الأمم المتحدة يُعتبر، وإن كان ظاهريا، إخلالا سافرا بالشريعة الإسلامية التي تبلورت في القرن السابع الميلادي.

هذا التوقيع هو بمثابة نوع من التوقيع على معاهدة سلام دائم مع جميع الدول التي اعتبرها رجال شريعة مسلمون منذ العصور الوسطى "دار الحرب"، وعليه فقد دفع هذا الواقع بعلماء الشريعة المعاصرين إلى إصدار فتاوى تقر بأن معاهدات السلام المُبرمة بين أي دولة إسلامية ودولة أخرى غير إسلامية هي معاهدات نافذة ولا تتعارض مع الشريعة الإسلامية.

تطوّر الفِكر الإسلامي الحديث، الذي يسعى إلى سدّ الفجوة بين الشريعة والواقع، لأول مرة في أوساط المُفكرين المسلمين المعروفين باسم "المجدّدين" أو "الإصلاحيين"، وعلى رأسهم الشيخ الكريم محمد عبدُه المصري (المتوفى سنة 1905).

جاء هذا التطور الفكري النيّر في وقت متأخر نسبيا، فقد كانت الإمبراطورية العثمانية على مدار ما لا يقلّ عن نصف قرن قبل قدوم المجددين، جزءا من منظومة المعاهدات التي أبرمتها دُول أوروبا العُظمى (بشكل نهائي وصريح في كونغرس باريس سنة 1856). إضافة على ذلك، فإن الكثير من الدول، كمصر والهند ودول إسلامية أخرى، التي كانت خاضعة للاستعمار وعُرف زعماؤها بعلاقات الصداقة التي تربطهم بدول عظمى في أوروبا، أصبح مع حلول القرن العشرين خاضعا لسيطرة الأوروبيين، سواء تمت تلك السيطرة بشكل مباشر، أو من خلال قادة محليين يخدمونهم، الأمر الذي استدعى ضرورة تعريف علاقات العالم الإسلامي مع كل ما يحيطه من جديد.[102] كان الهدف من هذا التفسير الإسلامي الجديد، الذي يمكن تسميته بـ "التفسير المتكيف" أو "التفسير الواقعي"، منح الشرعية لواقع العلاقات الدولية الحديثة وتقبل مبادئ القانون الدولي التي تخضع لها العلاقات بين الدُول.

إلى جانب ذلك، لا يزال هناك مفكرون ينتمون إلى التيار الإسلامي المتشدد (الذي تطلق عليه المراجع أسماء مختلفة مثل: الأصولي، الإسلامي، المتعصب)، يقدسون العقيدة الإسلامية التقليدية، إلا أنهم، وفي ذات الوقت، يصورونها بشكل إنساني من خلال استخدام مصطلحات معاصرة، ويقومون بإعادة تقسيم الشعوب المُلحدة على اعتبار أن تلك الشعوب ليست كلها شعوبا يجب قتالها، ومع ذلك فإن هناك بعض الشعوب الإمبريالية\ الاستعمارية التي تعتبر عدوا واضحا، بالمقارنة مع الشعوب غير الإسلامية الأخرى، التي على الدول الإسلامية أن لا تعتبرها عدوة لها.

يهاجم غالبية المسلمين الواقعيين الاستشراق الغربي، الذي شوَّه صورة الإسلام، حسب رأيهم، من خلال اعتماده التعميم في تصوير الإسلام على أنه دين حرب أو دين انتشر بقوة السيف.[103] بينما يرى الدكتور إحسان الهندي أن انتشار الإسلام كان بفضل الإقناع وليس بقوة السيف، وهو يعتقد بأن أكبر دليل على ذلك هو الدول التي تقطنها غالبية من المسلمين أمثال ماليزيا، وإندونيسيا في الشرق، غانا والسنغال وتنزانيا في إفريقيا، وهي أماكن لم

تطأها يوما قدم جندي أو مقاتل مسلم[104] ، بل يدعي بعض المفكرين، بنبرة اعتذارية، أن الإسلام هو الذي وضع أُسُس العلاقات الدولية ومبدأ السلام بين الأمم واعتمدها كقاعدة لتلك العلاقات[105]. وقد كتب الدكتور محمد العفيفي أن في القرآن الكريم آيات تؤكد على وجود علاقات بين الدول الإسلامية والدول غير الإسلامية، وأضاف مسهبا أنه على الرغم من عدم اعتراف الشريعة بالدول غير الإسلامية، إلا أنه لا مانع من الاعتراف بها اليوم، وذلك بسبب وجودها الفعلي، ولكونها دولا تتمتع بالسيادة أو بسبب مصالح مشتركة بينها وبين الدول الإسلامية[106]. علاوة على ذلك، فقد أشار مفكر آخر وهو مروان القَدّومي إلى أن المسلمين سبقوا الغرب إلى الاعتراف بأسس العلاقات الدولية بحوالي 1000 سنة مؤكدا أن الفقيه أبو حنيفة كان أول من تناول موضوع العلاقات الدولية ثم تبعه محمد الشيباني[107]. ويشاركه الرأي عبد العزيز الخياط[108]. أما الهندي، المذكور أعلاه، فقد ذهب بعيدا بادعائه أن مبادئ ميثاق جنيف المتعلقة بسلوكيات الدول والجيوش في زمن الحرب، هي سلوكيات وضع أُسُسها المسلمون قبل عدّة أجيال من تشريعها في الغرب.[109]

ثمة أمر آخر يرى المفكرون المسلمون ضرورة الاحتماء منه والدفاع عن الإسلام في سياقه، ألا وهو تقسيم العالم بالشكل التقليدي إلى دارين، هما دار الإسلام ودار الحرب، والادعاء الذي يعتمدونه في ذلك هو وجود تقسيم مماثل في الديانتين اليهودية والمسيحية[110]، إذ أشار محمد العفيفي إلى أن التوراة خالية من أدنى درجات الإنسانية أو الرّفق في العلاقات ما بين اليهود والشعوب الأخرى[111]، في حين نوّه باحث آخر، هو محمد خير هيكل، إلى أن المسيحيين في العصر الحديث هم من يستفيض في استخدام التعابير الصليبية مستشهدا على ذلك بأقوال الجنرال أللنبي الذي قال إبان الاستيلاء على القدس سنة 1917، إن هذا الاستيلاء كان خاتمة الحروب الصليبية، كما يستشهد هيكل بأقوال الجنرال الفرنسي هنري جورو الذي توجّه إلى قبر صلاح الدين بعد احتلال الفرنسيين لدمشق في 24 تموز 1920 وقال مُناكفا: "ها قد عُدنا يا صلاح الدين!"[112]

ما من شك في أن الأمور التي وردت أعلاه تدلّ على حالة دفاعية. غير أن التوجه الاعتذاري والنقد الموجه إلى الغرب هما مجرد قشرة تغلف في ثناياها فكرا آخر يسعى إلى شق طريقه إلى النور، هو فكر جديد يتبنى القيم الغربية في مجال العلاقات الدولية ويغرسها في قلب الشريعة الإسلامية. سأستعرض بداية المفكرين المحسوبين على التيار الواقعي وأسس تفسيراتهم الجديدة، ومن ثم سأستعرض المفكرين من التيار المتطرف المتشدد المتمسكين بالعقيدة التقليدية.

التيار الواقعي

يعتبر المُفكرون الذين يسعون إلى ملاءمة الإسلام والشريعة للواقع الجديد والعلاقات الدولية، مجددين أو إصلاحيين، فهم لا يسعون إلى تغيير الواقع السياسي، إنما إلى ضمان بقاء الشريعة على تواصل مع الزمن الذي نعيشه في ظل تطورات العصر الحديث، كما إن

همهم الرئيسي هو الحفاظ على مكانة الشريعة الإسلامية، غير أن أفكارهم تمنح الشرعية للواقع السياسي والدولي الجديد الذي يرى أن الإسلام والمسلمين لم يعودوا يشكلون عنصرا رائدا في العمليات السياسية، بل صاروا طرفا يضطر إلى قبول الواقع الجديد الذي فرض عليهم. وبالإمكان تصنيف التابعين للتيار الواقعي إلى ثلاثة أجيال من الفكر: الجيل الأول هو جيل المجددين الذين نشطوا في أواخر القرن التاسع عشر ومطلع القرن العشرين، ومن أبرزهم الشيخ محمد عبده، ويضم الجيل الثاني كلا من محمد شلتوت ومحمد أبو زهرة المصريين، ووهبة الزُحيلي السوري، وهم من أتباع المجددين، والقاسم المشترك بينهم جميعا هو تلقيهم دراساتهم العُليا في الأزهر الشريف في القاهرة، وقد كتبت أفكارهم ومواقفهم في هذا السياق ما بين سنوات الخمسينيات والسبعينيات من القرن العشرين. دأب ثلاثتهم على تطوير وتوسيع رقعة التفسيرات التي وضعت للمصادر التقليدية، وقد منحوا بدورهم الشرعية الدينية لحالة السّلام بين الدول الإسلامية والدول غير الإسلامية.

أما الجيل الثالث من المفكرين الذي شرع في كتاباته في أوائل الثمانينيات، فنجده يضم عددا كبيرا نسبيا من المؤلفين. باعتقادي أن سبب الارتفاع الملحوظ في المؤلفات والمخطوطات التي تناولت موضوع العلاقات الدولية في الإسلام، والتي كانت من تأليف مفكرين فقهاء مسلمين في مطلع الثمانينيات، نابع بالدرجة الأولى من اتفاقية السلام بين إسرائيل ومصر، التي أبرِمت في سنة 1979، ومن فتوى علماء الأزهر التي برّرت التوقيع على الاتفاقية من منظور الشريعة الإسلامية (راجعوا الفصل الخامس)؛ إذ أثار نشر رؤساء جامعة الأزهر آنذاك لموقفهم الكثير من الجدل في العالمَين العربي والإسلامي، وهو على ما يبدو الأمر الذي دفع بباحثين ومفكرين مسلمين إلى كتابة مؤلفات في هذا الموضوع.

المُجددون

يعتبر الشيخ محمد عبده من كبار المجددين، وهم مجموعة من المفكرين المسلمين الذين سعوا إلى التصدي إلى التأثيرات الأوروبية على العالم الإسلامي من خلال التجديد في الإسلام على نحو يتلاءم مع العصر الحديث. أكد عبده أن الحالة الأساسية بين الإسلام والعالم غير المُسلم هي حالة التعايش وليس الحرب[113].

في هذا الشأن يرى عبده أن آيات الجهاد في القرآن تطرقت إلى سياق محدد وعبّرت عن حالات معينة من التحدي واجهها النبي محمد عليه الصلاة والسلام وأتباعه وهي لا تعبر عن توجهات الإسلام كدين سلام. وعرّف تلميذ الشيخ عبده، محمد رشيد رضا مصطلح "الجهاد" على أنه حرب دفاع (سنتطرق إلى ذلك بإسهاب لاحقا)، أو بمفهومه الصوفي "الجهاد الأكبر" الذي ينطوي على جهد روحاني اجتهادي وتفسيري (مقارنة بالجهاد الأصغر وهو "الحرب")[114]. كانت الوسيلة الأساسية أمام المفكرين المسلمين الواقعيين، لدى محاولتهم ملاءمة الجهاد للعلاقات الدولية الحديثة دون إبطال ما ورد في الآيات القُرآنية، هي الادعاء بأن الحرب هي خطوة دفاعية[115]؛ وقد كتب رضا أن حروب النبي(صلعم) الأولى هي

بالأساس حروب ذات طبيعة دفاعية، وأضاف أن حالة الحرب كانت آنذاك حالة أساسية ومتواصلة من العلاقات، ولذا فإن المصطلح "عدوانية" لم يكن معروفا. تطرق رضا إلى تصور جديد لـ "الدفاع"، هو الدفاع عن الحق في نشر الحقيقة والتخلص من تشويشها. لذا فإن الحروب التي خاضها الرسول محمد (صلعم) ضد البيزنطيين كانت حروبا دفاعية لأن البيزنطيين كانوا يخططون لإبعاد الداخلين في الإسلام من التخوم إلى المناطق الصحراوية كي يموتوا جوعا. على الرغم من أنه لا أساس من الصحة لهذا الادعاء، إلا أنه خدم مصلحة رضا[116]، فقد ادعى أن اللجوء إلى الحرب على مرّ التاريخ الإسلامي لم يكن يتم إلا عندما لا يتبقى أمام المسلمين أي خيار آخر؛ عندما يرفض غير المسلمين الدخول في الإسلام أو يرفضون دفع الجزية. يطرح كل من عبده ورضا تفسيرا خاصا لآيات الحرب في القرآن الكريم (مثلا، 5:9 – آية السيف و – 36:9) التي تأمر: "وقاتلوا المشركين كافة كما يقاتلونكم كافة واعلموا أن الله مع المتقين"، لقد قاموا بمقارنة هذه الآيات بالأحاديث التي تناشد المسلمين الامتناع عن محاربة فئات معينة من الشعوب، مثل الأتراك والأفغان والأثيوبيين النصارى، وخلصوا إلى الاستنتاج، من خلال آيات الحرب، أن الحديث يدور عن حرب ضد الكفار في العالم بصورة شاملة. الجهاد بمفهومه الحربي موجه ضد القبائل العربية الوثنية في شبه الجزيرة العربية بصورة خاصة.[117]

أتباع المجدّدين – شلتوت، أبو زهرة والزُحيلي

سار الشيخ محمود شلتوت المصري على درب المجددين، فشرع بعد تعيينه رئيسا للأزهر سنة 1958 في إحداث الإصلاحات (1961) فأدخل مواد تدريسية عامة إلى منهاج التدريس وقام بتدوين فتاواه بخصوص الإسلام والعلاقات الدولية في سنة 1948، وكتب فيها أن الجهاد كحرب مفروضة لم يكن مذكورا في النصوص التراثية التقليدية وأن الآيات القرآنية في هذا الشأن لا تتعلق إلا بالسياق المحدد الذي تطرقت إليه. يرى شلتوت أن الفقهاء في العصور الوسطى أخطأوا في تفسيرهم لمفهوم الجهاد، في حين كان يميل إلى تفسير الجهاد على أنه جهد شخصي فقط.[118]

عمل شلتوت على تنمية أفكار وآراء كل من عبده وشلتوت، ففسّر حروب الإسلام الأولى على أنها حروب وقائية، وادعى أن الآيات القرآنية حددت طبيعة العلاقات بين الأمم في الوضع الطبيعي لحالة السلام وذلك قبل زمن طويل من تحديدها في القانون الدولي المعاصر، كما رأى أن الحرب تكون في ثلاث حالات: الدفاع عن النفس، الدفاع عن الدعوة – نشر الديانة الإسلامية، والدفاع عن حرية العبادة.[119] وأضاف شلتوت أن المسلمين الأوائل فسّروا عداء الفرس والبيزنطيين للدعوة (دعوة الكفار إلى الإسلام) على أنه استعداد لمحاربتهم، ولهذا السبب ردوا عليهم بالحرب إذ تحظر الشريعة على المسلمين في مثل هذه الحالة الانتظار إلى حين مهاجمتهم، وكان عليهم أن يبادروا هم بالمهاجمة.

لا يتناسب هذا التفسير ومبادئ القانون الدولي المعاصر غير أن واضعيه سعوا إلى منح الشرعية للتوجّه غير القتالي - السلمي في التعامل مع العالم غير الإسلامي.[120]

ليس هذا وحسب، بل يمكن أن نجد في الفتوى التي وضعها شلتوت تناقضين إضافيين في ما يتعلق بالقانون الدولي. أما التناقض الأول فيتعلق بشرعية الحرب الوقائية "لمنع الإكراه الذي قد تمارسه دولة غير إسلامية على مواطنيها المسلمين، القضاء على جماعات الكفار الأشرار والتخلص من أي عوائق تقف في وجه الدعوة". وأما التناقض الثاني فهو عندما يزيد حجم الضرر الناجم عن اتفاقية السلام عن حجم الفائدة المرجوة للمسلمين بإمكان المسلمين أن يخلوا بالاتفاق.[121] يتضمن كلا الموقفين تبريرا للحرب ضد الدول غير الإسلامية، لكن يبدو أن هذه هي أقصى الطرق التي يستطيع شلتوت اعتمادها في محاولته إضفاء المرونة على الشريعة من أجل تبرير السلام مع الدول غير الإسلامية. يمكن التخمين أنه كتب ذلك مفترضا أن ذرائع "الحرب الوقائية" هي حالة نظرية فقط.

أما الشيخ محمد أبو زهرة فهو من أبناء جيل الشيخ شلتوت، وقد أمضى معظم وقته في القضاء الشرعي والتدريس، حيث يتناول أحد كتبه الثلاثين الإسلام والعلاقات الدولية، ويشتمل على تطوير واسع للفكر الشرعي في هذا الباب. لقد تناول أبو زهرة التطور التاريخي للشريعة والتغيرات التي طرأت عليها بتغير الظروف والأزمان، وأكد أن فقهاء الإسلام تعاملوا مع إشكاليات محددة على حدّ تعبيره، وبما أن الواقع يتغير فلا بد من إجراء تعديلات على قواعد الشريعة الإسلامية أيضا[122]. وقد قام الفقهاء من المذهب الحنفي بالتمييز ما بين الشعوب التي توجد لها حدود مع المسلمين (ولذا فإنها تعيش حالة حرب معهم)، والشعوب التي لا توجد لها حدود مشتركة مع المسلمين وبالتالي فبالإمكان بناء علاقة اللا حرب معها (وبالتعريف الحديث – حالة السلم). ادعى أبو زهرة أن هذا التصنيف هو تصنيف لم يعد له مكان في عصرنا هذا، في عصر يمكن أن تدور فيه الحرب في الجو وباستخدام الصواريخ حتى بين الدول التي لا يوجد بينها حدود مشتركة، وعلى حد وصفه فإن المسلمين لا يقاتلون إلا في حال التعرض للمبشرين بالدعوة ومنعهم من نشر الدين الإسلامي، أو في حال الاعتداء عليهم، حيث يحارب المسلمون من أجل ضمان استمرارية الدعوة وحرية العبادة والإيمان[123].

يقول أبو زهرة في مؤلفاته إن فقهاء الإسلام الذين عاشوا في عهد الخلفاء الأمويين والعباسيين تأثروا، كما يبدو، إلى حد كبير في فتاواهم من حالة الحرب المتواصلة، ولو ظاهريا، بين المسلمين والشعوب الأخرى، وبالتالي فقد حرّموا التوقيع على معاهدات واتفاقيات دائمة. وأضاف أبو زهرة أن أقوال الفقهاء ليست حجة شرعية بحيث يعتمد سريانها على مدى قربها ووجود أسس لها في النصوص القرآنية والأحاديث النبوية. كما يقر أبو زهرة أيضا بأن الواقع المتقلب لا يعلو على صوت القرآن، والقرآن لا يُعلى عليه (لهذا السبب يقوم أبو زهرة بوضع التفسيرات الجديدة)، إذ ينتقد فقهاء العصور الوسطى الذين فسروا القرآن، حسب رأيه، بصورة مغلوطة. على سبيل المثال، وعلى الرغم مما

جاء في الآية 90:4، التي تتحدث عن وجود معاهدة سلام دائم بين المسلمين وشعوب أخرى (ميثاق)، يرى السرخسي، وهو أحد أبرز فقهاء الشريعة ومن أتباع المذهب الحنفي، أن هذه الآية قد نسختها (أبطلتها) آيات الحرب مشددا على أن هذا هو رأي الغالبية العظمى من الفقهاء.[124]

وعليه يدعي أبو زهرة بأن السرخسي (المتوفى سنة 1090) أخطأ، وأن غالبية الفقهاء حكموا بأن السلام هو الوضع الطبيعي، ولذا بالإمكان إبرام اتفاقية صلح، بل لا بدّ من القيام بذلك.[125] يتطرق أبو زهرَة للفقيه ابن تيمية من القرن الرابع عشر كمثال لمن عاد إلى الحكم وفقا للقرآن والسنة.[126] وقد أقرّ ابن تيمية فعلا بأنه "لا إكراه في الدين"، كما جاء في القرآن الكريم (256:2)، وعليه فإن الجهاد هو عملية دفاعية.[127] غير أن أبو زهرة يتجاهل حقيقة أن أحكام ابن تيمية جاءت على خلفية الواقع السياسي الذي كان سائدا في عصره، والمتمثل بسيطرة التتار على البلاد الإسلامية ودخولهم في الإسلام. لا بد أن أشير إلى أن فقهاء التيار الواقعي عادة ما يقتبسون ابن تيمية في هذا الموضوع، لأنه غالبا ما يكون مصدر إلهام لأتباع التيار المتشدد الأصولي. ينتقد أبو زهرة ادعاءات الفقهاء من العصور الوسطى بضرورة الامتناع عن التوقيع على معاهدات سلام دائم، لأن مثل هذه المعاهدات يعبر عن ضعف المسلمين، وعلى حد تعبيرهم فإن الله يحظر الوقوع في حالة الضعف اعتمادا على الآية القرآنية 139:3. كما يرى أبو زهرة أن الاتفاق الدائم لا يدل على الضعف، بل العكس تماما، فإذا تم التوقيع عليه في حالة التفوق العسكري فمن شأن ذلك أن يعتبر فخرا ومجدا للإسلام.

كان الشيخ وهبة الزُحيلي السوري واحدا من تلاميذ شلتوت في الأزهر، وقد أنهى رسالة الدكتوراة بتفوق كبير في سنة 1963 في موضوع أحكام الحرب في الإسلام، وتابع طريقة التحليل والتفسير التي انتهجها كل من شلتوت وأبو زهرة المصريين. غير أن الواقع السياسي أثر كما يبدو على الزُحيلي أيضا. على الرغم من موقفه الواقعي بصورة عامة إلا أنه أيّد مبدأ الجهاد ضد الشعوب التي احتلت أراضي إسلامية. هكذا ادعى الزُحيلي في مقابلة معه في نيسان 2006 بأن الجهاد مواز لما نسميه "حق المقاومة"، وهو على حد تعبيره أمر متعارف عليه في القانون الدولي أيضا باعتباره حق الشعب المحتلّ في الدفاع عن أرضه ومحاربة الاحتلال كما هو الحال مثلا في فلسطين، وأفغانستان والعراق. وهو يرى أن من يدافع عن نفسه ليس إرهابيا بل على العكس: فالمعتدون المحتلون للبلاد الإسلامية هم الإرهابيون. المثير في الأمر هو أن الزحيلي يعتبر إسبانيا أيضا بلدا محتلا مثلها مثل فلسطين.[128]

سأستعرض فيما يلي عددا من التحليلات الأساسية لمفكري التيار الواقعي الذين بادروا إلى إعادة تفسير نظرية الجهاد فاقترحوا جسرا بين الشريعة والواقع المعاصر في مجال العلاقات بين الدول.

السلام هو طبيعة العلاقات بين الدول والشعوب

يقف مفكرو الإسلام التابعون للتيار الواقعي حاجزا منيعا في وجه فقهاء القرون الأولى للإسلام، الذين أقرّوا بأن الحرب هي الحالة الطبيعية بين المسلمين وغير المسلمين، وبناء عليه تعتبر الأقاليم غير المسلمة "دار حرب". ذكر محمد أبو زهرة أن الإسلام يعتبر جميع بني البشر أمة واحدة، وأن تقسيمهم إلى شعوب وقبائل لا يهدف إلا إلى أن تتعرف كل منها على الأخرى.[129] يحارب الإسلام التعصب العنصري والقومي ويسعى من أجل إحلال الأخوّة بين بني البشر. يؤكد أبو زهرة، استنادا إلى المعاهدة التي أبرمها النبي محمد عليه الصلاة والسلام مع اليهود في المدينة، أن النبي (صلعم) دعا إلى التعاون في العلاقات بين الكيانات السياسية بناء على المساواة والعلاقات المتبادلة، التي تعتبر قاعدة حيوية من أجل تعزيز القيم البشرية والإنسانية.[130] وفقا لما جاء في القرآن الكريم (آية السلام 61:8) فإن المسلمين **مُلزَمون** بقبول السلام إذا ما نزع الأعداء إلى السلم.[131] وأضاف أنه يرى أن الحرب هي رجس من عمل الشيطان. لا يجيز الإسلام للمسلمين التدخل في شؤون الدول الأخرى إلا إذا كان الغرض من ذلك الدفاع عن الحريات العامة، وبشكل خاص ضد الحرب الدينية.

علاوة على ذلك، فإن الإسلام، في رأيه، يحترم حق كل دولة في الوجود وحقها في السيادة والدفاع عن أرضها وعن سيادتها. وفي حال أقدمت الدول الإسلامية على التدخل في شؤون "دول غير متقدمة"، فإن هذا يتم بدواعي الإرشاد والتوجيه فقط، وليس من أجل السيطرة والاحتلال.[132] يستشهد أبو زهرة بالسيرة النبوية مدّعيا أن النبي محمدا (صلعم) لم ينتهج درب الحرب إلا عندما هاجمه الكفار (مكة)، أو عندما قام ملوك الأعداء بمطاردة الداخلين في الإسلام في أماكن حكمهم وحرموهم من حرية العبادة.[133] وكتب وهبة الزحيلي أيضا أن الحالة الطبيعية بين المسلمين والكفار هي حالة السلم، وأكد على ضرورة عدم محاربة أمة غير إسلامية لا تعتدي على المسلمين، ولا تحرمهم من حرية العبادة ولا تمنع نشر الدعوة.[134]

يطرح عبد العزيز الخياط، وهو أستاذ أردني من أصل فلسطيني شغل منصب وزير لعدة دورات في الحكومات الأردنية، كما شغل العديد من المناصب البارزة في السلك الأكاديمي الأردني، ادعاء آخر، إذ ينفي وجود أي صلة بين تسمية "دار الحرب" والوضع السياسي والعسكري الذي تفرضه الشريعة. وبموجب تحليله فإن دار الحرب ليست سوى المناطق أو المساحات التي لا يتم فيها تطبيق أحكام الإسلام، وهذا لا يعني أنه يجب شن حرب دون هوادة ضدها.[135] يبني الخياط أقواله هذه على حقيقة أن المسلمين أبرموا معاهدات مع فئات مختلفة ومجموعات متعددة كانت تابعة لدار الحرب.[136] ويشير الخياط إلى أن الأساس في العلاقات بين المسلمين وغير المسلمين هو نشر الدعوة شفهيا، وفي ظروف يسودها السلام، وهذا مشروط بعدم قيام غير المسلمين بوضع العراقيل في وجه الدعوة لنشر الإسلام.[137] كما يبني ادعاءه على الحديث النبوي الذي يأمر النبي محمد

(صلعم) من خلاله أتباعه بدعوة الكفار لقبول الإسلام قبل أن يهاجموهم.[138] وفي رأيه أن الإسلام هو الدين الذي يبني علاقات صداقة مع كل دولة لا تحارب المسلمين ولا تمنع نشر الدعوة الإسلامية بالطرق السلمية. وبالنسبة إلى أيامنا هذه، يؤكد الخياط أن احترام المواثيق والمعاهدات هو مبدأ أساسي نصّ عليه القرآن الكريم، ويضيف أنه يُسمح للدولة الإسلامية إقامة علاقات صداقة (موالاة) مع دولة غير إسلامية، إذا كان الأمر يعود بالنفع على المسلمين.[139] غير أنه يُناقض نفسه حين يشير إلى أن الهدف من الجهاد هو توحيد جميع بني البشر في إطار أمة واحدة وتحقيق السلام العالمي.[140]

في المقابل، يشير فقيه آخر، هو العلامة صبحي المحمّصاني، إلى أن آيات السلام في القرآن الكريم هي آيات قائمة بحد ذاتها ولا تلغيها آيات الحرب، حيث تنحدر كلمتا "سلام" و"إسلام" من جذر واحد، كما ترد كلمة "سلام" في القرآن الكريم في أكثر من مائة آية، مقارنة مع كلمة "حرب"، التي ترد في القرآن الكريم ست مرات فقط! ويضيف أن كلمة "السلام" هي واحدة من أسماء الله الحسنى، وهي جزء من تحية السلام في الإسلام، ويشير إلى أن الجنة أيضا سُمّيت بدار السلام[141].

حسب تعبيره، فإن الإسلام يشجب حالة الحرب، ويرى فيها ضرورة في حالات الطوارئ القصوى من أجل الدفاع عن حرية العبادة، وصدّ العدوان والظلم، ومن أجل الحفاظ على النظام الاجتماعي.[142]

ويرى محمد عفيفي بضرورة الحُكم بموجب آيات السلام في القرآن الكريم، وعدم الاستناد إلى فتاوى مؤقتة هي نتاج الوقت والظروف (أحكام وقتية) ولا تعدو كونها أحكاما عابرة أصدرها المفتون آنذاك بناء على حالة الحرب مع الكفار ووفقا لمقتضيات خلفائهم واحتياجاتهم وظروف زمانهم.[143]

وأضاف العفيفي أن كتب السيرة النبوية تطرح أسبقيات لمعاهدات تم التوقيع عليها مع الكفار، وهذا ليس بالأمر الغريب، لأن الإسلام هو دين السلام ولا يمكن تحقيق السلام بدون معاهدات.[144]

وهو يعتقد أن "دار الحرب" هو تعبير يقصد به المنطقة التي ينطلق منها هجوم مُدبّر ضد الإسلام.[145] ويرى أن الإسلام لم ينتشر بواسطة الحرب[146]، بل زرع في العالم بذور التعايش من خلال السلام، كما أنه لا يمنع إقامة العلاقات الإنسانية بين أبناء الديانات المختلفة والمبنية على السلام وحرية العبادة.[147]

لهذا الغرض، يستند العفيفي إلى الآية الكريمة 7:9 في القرآن الكريم (انظر أعلاه) ليؤكد أنه يجوز التوقيع على معاهدات سلام مع الدول غير الإسلامية.[148] مع ذلك، فإن العفيفي يعبر في ذات الوقت عن آراء متطرفة أيضا، كما سنرى لاحقا.

وقد ذهب العلامة عبد الخالق النووي، وهو محاضر في موضوع أحكام الشريعة الإسلامية، إلى أبعد من ذلك عندما أشار في كتاباته إلى ضرورة احترام حقوق الدول غير الإسلامية وحقوق مواطنيها.[149]

ويؤكد أيضا، أنه لا يجوز للدولة الإسلامية السماح بوجود مجموعة مسلحة على أراضيها بهدف مهاجمة دولة أخرى، ولا بد من التعامل مع الدول الأخرى مثلما يتم التعامل مع المسلمين (المعاملة بالمثل).[150]

وأضاف أن مصطلح "دار الحرب" لا يعني أن تسود حالة حرب متواصلة مع سكانها، بل يقضي أن على المسلمين أن يكونوا في حالة تأهّب قصوى لمواجهتها فقط.[151]

الموقف المثير الآخر، والمليء بالتناقضات أيضا، هو موقف العقيد الركن السعودي مهنا العلي في كتابه "منهج الإسلام في الحرب والسلام"، الذي يكرر أقوال العلامة والمفكرين الآخرين الذين ورد ذكرهم أعلاه، والذين يرون أن أساس العلاقات في الإسلام هو السلام، وأن الحرب هي حالة استثنائية عند الضرورة "لفرض حكم الله على الأرض وتحرير البشر من عبوديتهم لإله آخر".[152]

مع ذلك، فإنه يؤكد أن من الواجب احترام المعاهدات بين الدول كما يُحظر انتهاكها، لأن انتهاكها هو بمثابة خيانة كبرى من وجهة نظر الشريعة الإسلامية.[153] يجب عدم محاربة الأمم التي لا تعرقل الدعوة إلى الإسلام، والتي تسمح بحرية العبادة، وتحظر محاربتها، كما يُحظر قطع علاقات السلام معها بسبب وجود علاقات الأمان بينها وبين الدولة الإسلامية (اتفاقية حرية الحركة والأمان التي منحها الحكام المسلمون للتجار وللدبلوماسيين الأجانب).[154]

الجهاد كحرب وقائية

كما سبق، فإن الادعاء الأول للمحللين المسلمين من التيار الواقعي هو أن الجهاد ليس حربا مقدسة، أو فريضة من أجل إدخال الكفار إلى الإسلام، إنما هو حرب وقائية فقط. لذا فإنهم لا ينكرون وجود الجهاد كحرب ضد الكفار إنما يدعون أن الحديث هو عن عملية قتالية تهدف إلى صدّ العدوان فقط، ويستند موقفهم هذا إلى تفسير القرآن الكريم والحديث الشريف. هكذا، على سبيل المثال، يقتبس أبو زهرة حديثا يتبين منه أن الجهاد ليس فرضا[155].

وهو يسوق تفسيرا جديدا للآية القرآنية 19:12: "فإِن قاتلوكمْ فاقتلوهُمْ كذلِكَ جَزَاء الكافِرِينَ". والذي يعني برأيه : "إذا قاتلوكم" **فقط**.[156]

يصف أبو زهرة الخيارات الثلاثة التي يضعها الإسلام أمام الكفار: 1. معاهدة الحماية تحت ظل الإسلام 2. الدخول في الإسلام 3. في حال رفضهم لهذين الخيارَين يبقى الخيار الثالث خيارا وحيدا، وهو الحرب، ليس كهجوم مُدبر، إنما كنتيجة لعمل الكفار القتالي. ويضيف أبو زهرة أن النبي الكريم نفسه تعامل بصبر شديد مع الكفار، وأنه كان يتوجه إليهم في البداية من خلال الدعوة والنصح المهذب وبعد الدعوة الأولى، كان في العادة يمنحهم مُهلة للتفكير. فإذا كان رد الكفار هو الحرب، عندها لا مفر من مقاتلتهم.[157] وهو يرى أن من الحمق أن ينتظر المسلمون حتى يهاجمهم العدو، ولذا فقد يضطرون إلى شن الحرب الوقائية.[158] يقدم موقف أبو زهرة تفسيرا تاريخيا جديدا، غير راسخ، مفادُه أن الحروب التي

قادها الرسول الكريم هي حروب لا مفر منها، أو حروب رادعة، لأن الخصوم، ولا سيما الفرس والبيزنطيين، هم الذين بدأوا بالأعمال القتالية، أو بالاستعدادات للحرب.

يفسر وهبة الزحيلي الجهاد على أنه حالة تأهب قتالي يهدف إلى ردع الأعداء بالقوة لمنعهم من شن الحرب. ويضيف أن آيات الجهاد والأحاديث النبوية التي تحث المؤمنين على الجهاد هدفها واحد، هو تشجيع المسلمين على أن يكونوا مستعدين دائما لصد العدوان، إذ إنه من غير المعقول أن يقع المسلمون عُرضة للتطرف العدواني والكراهية من جانب أعدائهم وأن لا يكونوا قادرين على ردعهم.[159]

ويرى الزحيلي أن الجهاد، كأنشطة قتالية، ليس مسموحا به إلا إذا لم يكن هناك مفر، وفي حال الضرورة القصوى، إذا بادر العدو إلى الحرب وحاول إبعاد المسلمين عن أراضيهم. كما يؤكد أنه لا يجوز للمسلمين أن يقاتلوا الكفار لمجرد كفرهم بالإسلام، إنما من أجل صد عدوانهم فقط. ويدعي الزحيلي أنه لو كان مجرد الكفر سببا للحرب، لما وافق الرسول صلى الله عليه وسلم على التفاوض مع بني قريظة[160]، أي أن الإسلام كان يفرض الدين بالقوة (وليس كما هو مذكور في الآية الكريمة 2 :256: "لا إكراه في الدين")، كما لم يقبل الإسلام بالجزية من غير المسلمين كمعاهدة حماية، بل كان يقاتلهم.[161] وعليه فإن الشريعة لا تسمح باستغلال الشعوب الأخرى، لا من خلال الاحتلال العسكري، ولا من خلال "الإمبريالية الجديدة"، بمعنى الضغوطات الدبلوماسية أو الاقتصادية. يعرض الزحيلي، مثلما فعل أبو زهرة، أمثلة تاريخية لحروب شنها النبي (صلعم)، والخلفاء الراشدون، لدعم وجهة نظره وتفسيره.

كما يؤكد أن جميع الحروب الـ 27 التي شارك فيها الرسول محمد (صلعم) كانت تهدف إلى درء الخطر قبل وقوعه. ومنها، على سبيل المثال، الحرب ضد اليهود من بني قينقاع في المدينة، التي جاءت على خلفية إخلالهم بالمعاهدة التي وقعوا عيها مع النبي محمد (صلعم)، وأما احتلال قريش فجاء في أعقاب إخلال أبناء قريش بالمعاهدة التي وقعوها مع النبي (صلعم) في صلح الحديبية، وأما غزوة الخندق ضد القبائل العربية فكانت حربا وقائية لحماية مدينة النبي (صلعم) "المدينة المنورة"، تماما مثلما كانت غزوة بدر الكبرى (التي هَزم فيها النبي محمد (صلعم) قبيلة قريش سنة 623 في معركة اعتبرت بطولية)، وكانت تهدف هي الأخرى إلى مواجهة حصار الأعداء لمعسكر المسلمين، كذلك الأمر بالنسبة للحروب ضد البيزنطيين والفرس، التي تصوَّر على أنها حروب دفاعية. يقول الزحيلي إن ملك الفرس أصدر أوامره بمنح مكافأة لكل من يأتي إليه برأس محمد، وأما القيصر البيزنطي فقد بطش بمن دخل في الإسلام في بلاد الشام، ولذلك اضطر المسلمون إلى الدفاع عنهم. ليست هذه هي الحالات الوحيدة التي حظيت بتفسير تاريخي مجدد، والتي لا تجد لها أسسا وهي من تأليف الزحيلي نفسه، فقد أضاف أن الهدف من الفتوحات الإسلامية الأخيرة لمصر وإفريقيا كان دحر الحكام المحليين الذين تآمروا مع البيزنطيين وظلموا الشعوب

الإفريقية. لم يقاتل سكان مصر الأصليون، من الأقباط، المحتلين العرب بل فرحوا بقدومهم للتخلص من أعدائهم البيزنطيين. [162]

لا يتناسب عرض الوجه الآخر للجهاد مع أهداف نشر الإسلام في دول أخرى، أو "من أجل إنقاذ الشعوب التي ظلمت" على أيدي أعداء الإسلام، مع مبادئ العلاقات الدولية المعاصرة.

يفسر بعض العلماء المسلمين تصور الجهاد بأنه حرب دفاعية من خلال اعتبارات استراتيجية. وفي هذا السياق يشير ظافر القاسمي إلى أن الدولة التي تعتمد الحرب كأساس للحياة العامة، لن تعيش طويلا لأن مواطنيها منشغلون بالحرب والدمار بدلا من الانشغال بالإنتاج والعمل والعمران. [163] هناك توجه إضافي يعتمده الأستاذ محمد سعيد البوطي من جامعة دمشق، إذ يستخدم كلمة الـ"حرب" لعرض مفهوم الجهاد، كما يستخدم مصطلح الـ"حِرابة"، وحسب مفهومه، بما أن المسلمين يعلمون بنوايا الحرب من جانب العدو، فإن عملهم القتالي ضده هو حرب وقائية. غير أن هنالك إشكالية ضمنية لدى البوطي، ففي معرض إجابته عن سؤال بشأن إسبانيا، ادعى أنه يجب "إعادة أسلمتها"، وهذا يعني إعادة احتلالها لأنها ظلت تتمتع بمكانة دار الإسلام. [164]

ثمة تناقض آخر لدى محمد هيكل الذي ألف كتابا شاملا عن الجهاد؛ فهو يدعي، من ناحية، أن الجهاد حرب وقائية، ولكنه من ناحية أخرى، يشير إلى أن الجهاد معناه التدخل من أجل الإنسانية في الشؤون الداخلية لدول غير إسلامية، تماما مثلما يتدخل الآباء في شؤون أبنائهم من أجل إعلاء كلمة الحق، وإحلال العدل، وتنشئتهم على الحب والمودة. [165]

الدعوة – الحرب ليست ضرورية لنشر الإسلام

ثمة تصور آخر للجهاد يرى أنه أداة غير عملية، وأنها ربما كانت ضرورية في الزمن الغابر، أما اليوم فلم يعد للجهاد مكان في العصر الحديث. يرى بعض المفكرين المسلمين الذين يسعون إلى ملاءمة الشريعة الإسلامية للعصر الذي نعيشه، أنه توجد اليوم وسائل أكثر فاعلية ونجاعة لنشر الدعوة الإسلامية، وعليه لم يعد هناك دور للجهاد بمفهومه القتالي من أجل نشر الإسلام، ويرى هؤلاء أنه، على خلاف ما كان دارجا في العصور الوسطى، يمكن اليوم نشر الدعوة من خلال حملات إعلامية إسلامية عبر وسائل الإعلام الحديثة التي تصل إلى كل بقعة من بقاع الأرض دون حاجة اللجوء إلى القتال.

يستشهد سعيد المهيري بوضع الأقليات الإسلامية في الدول الغربية لتعزيز هذا التصور، إذ يقول إنه لا يمكن اعتبار الدول الغربية، التي تسمح للأقليات الإسلامية التي تعيش في تخومها بالدعوة إلى الإسلام بطرق سلمية، دولا معادية، بل يجوز إبرام معاهدات سلام معها من أجل إنجاح الدعوة. [166] يستند المهيري في موقفه هذا إلى الافتراض بأن إقامة العلاقات الدبلوماسية مع تلك الدول غير الإسلامية من شأنها المساهمة في إقناع مواطنيها بقبول الإسلام والدخول في صفوفه، وعليه فإنه يقترح أن يتم تأهيل السفراء المسلمين من

خلال إخضاعهم لدورات خاصة من أجل نشر الإسلام والحرص على عدم تبني هؤلاء السفراء، الذين تم تنصيبهم في دول غير إسلامية، لثقافة الدول الكافرة وحضارتها.[167]

ويشير المهيري إلى أن أبناء الأقليات من الجاليات الإسلامية، التي تعيش اليوم في الدول الكافرة، يتمتعون بالحرية التامة، بل هم قادرون على المحافظة على ديانتهم، ليس هذا وحسب، بل إن بإمكانهم العمل على نشرها أيضا دون أية مضايقات.[168] كما يرى المهيري أن من واجب الدول الإسلامية استغلال العلاقات السلمية القائمة بينها وبين الدول غير الإسلامية من أجل رعاية شؤون الأقليات الإسلامية التي تعيش داخل تلك الدول، والحيلولة دون انغماس تلك الأقليات في ثقافة الدول الكافرة وحضارتها.[169]

أما وهبة الزُحيلي فيرى أن فكرة نشر الإسلام قد استنفِدت، وأن الإسلام حي ينبض في وعي الإنسانية جمعاء، ولهذا السبب لا ضير، بالنسبة للمسلمين، من وجود الشعوب والأمم التي تنتهج موقفا حياديا من الدين الإسلامي الحنيف، كما إنه لا ضير من وجود الدول التي ترتبط مع المسلمين بمعاهدات سلام وصداقة، أو بمعاهدات عدم اعتداء. ويؤكد الزحيلي على حق تلك الدول في ممارسة الأنظمة القضائية التي تراها مناسبة، ذلك لأن القرآن الكريم اعترف بوجود *عالمين* أي غير المسلمين (1:25).[170]

يعبر عبد العزيز الخياط الأردني عن موقف مماثل، عندما يشير إلى أن الجهاد هو *الدعوة* باللسان، ولكنه يؤكد في ذات الوقت على أنه في حال عملت الدولة الكافرة على منع اطلاع سكانها على الإسلام ومضامينه، وفي حال محاولتها تشويه صورة الإسلام، أو المسّ بالمبشّرين بالدعوة، أو عرقلة وصولهم إلى سكانها، عندئذ يصبح الجهاد فرضا.[171]

في السياق ذاته يرى المؤلف إحسان الهندي أنه من خلال اطلاع سكان الدول غير الإسلامية، التي ترتبط بمعاهدات مع المسلمين، على الإسلام، وتعرفهم على عظمة الإسلام وإيجابيته، من خلال تواصلهم مع المسلمين، من المتوقع أن يدخلوا في الإسلام دون حرب أو قتال، وبالتالي فإن هذا الأمر يساهم في تحوّل دار العهد (بلاد الشعوب التي تربطها معاهدات بالمسلمين) إلى دار الإسلام بشكل تدريجي.[172]

وقد أضاف الهندي ادعاء غير موثق تاريخيا، وهو أنه نشأت في بعض الأحيان حاجة إلى تجديد اتفاقية *الهدنة* لمدة تزيد عن عشر سنوات. وفي العادة، لم تكن هناك حاجة لذلك لأن الكفار، لدى اطلاعهم على الإسلام وتعرفهم على إيجابياته، دخلوا في الإسلام راغبين.[173]

كان مبدأ "الغاية تبرر الوسيلة" (الجهاد) بمثابة عامل مشترك للتقريب بين مواقف التيار المتصالح (البراغماتي) والتيار الإسلامي المتعصب. في الفترة بين عامَي 1987 و- 1995، حاولت مجموعة من الباحثين البحث عن صيغة للملاءمة بين العقيدة التقليدية والتيار العصري في مجال العلاقات الدولية، وقد ميّزت مجموعة من الباحثين، برئاسة البروفيسورة ناديا محمود مصطفى من دولة الإمارات العربية، بين ثلاثة تيارات فقهية في الإسلام: التيار الإسلامي المتعصب، التيار الإسلامي المتصالح، والتيار الواقعي. وبينما

يتعرض التيار المتصالح لانتقادات لاذعة، لكون التفسيرات الفقهية التي يضعها تتعارض مع الهدف الأسمى للإسلام وهو *"الدعوة العالمية"*، وبسبب اكتفاء أتباع هذا التيار بتقوقع الإسلام في مواقعه الراهنة، فإن أتباع التيار الإسلامي المتعصب يشكلون قاعدة لترسيخ التفسير "الواقعي" الحديث الخاص بطاقم الباحثين المذكور. وترى البروفيسورة مصطفى أنه، وحسب ما يراه سيّد قطب، وهو من "الإخوان المسلمين"، (أعدم شنقا سنة 1965)، بوجوب عدم اعتماد التعليمات الواردة في "آية الحرب" إلا بعد استنفاد سُبُل الدعوة المتسامحة والمتصالحة، وبأنه بعد صدّ الجانب غير المسلم لدعوة الإسلام فقط تستلّ السيوف من أغمادها استعدادا لقتاله.[174]

على الرغم من أن مصطفى تتبنى هذا التفسير، إلا أنها تضفي عليه بُعدا آخر يغيّب المفهوم الأساسي للآية الكريمة، فهي تدّعي أن الدعوة هي عملية طويلة المدى، بل ليس لها نهاية[175]، وأن أهداف الإسلام تمتد إلى ما لا نهاية، وأن العالم الإسلامي في حالة وقتية متواصلة.[176]

وترى مصطفى وطاقم الباحثين الذين عملوا معها، بضرورة ملاءمة الشريعة الإسلامية، في ما يتعلق بالعلاقات مع غير المسلمين، للنظام العالمي المتقلب. كما ترى أن من الواجب على الدولة الإسلامية اليوم أن تحترم الاتفاقيات التي وقعت عليها لكي توفر لنفسها الأجواء المناسبة لنشر *الدعوة* ولتوفير الأمن والاستقرار في زمن السلم[177].

صحيح أن بالإمكان اللجوء إلى الجهاد القتالي بعد استنفاد جميع سبل *الدعوة*، ولكن معنى ذلك في واقعنا الحديث هو أن هناك وسائل للنشر والترويج لا تعد ولا تحصى، والتي بالإمكان اعتمادها دون اللجوء إلى الجهاد القتالي الذي يبقى مجرد نظرية لا وجود لها على أرض الواقع. تدل هذه المحاولة من جانب الباحثين على أن هؤلاء الباحثين، برئاسة مصطفى، لا يمكنهم تجاهل النصوص التقليدية للجهاد، ولذا فإنهم يسعون إلى ملاءمة الشريعة الإسلامية للعصر الحديث من خلال الفصل بين الغاية والوسيلة.

في هذا السياق يتبنى المحللون الواقعيون قرارين هامّين: الأول، هو القائل إن الهدف الأسمى للإسلام لا يتمثل في أسلمة الكفرة، إنما في القدرة على إثارة الدعوة في أوساطهم. أما القرار الثاني فهو القائل إن وسيلة تحقيق الهدف (الجهاد) لم يعد لها دور، خصوصا وأننا في عصر لا يتوقف فيه الترويج، ويمكن إجراؤه بشتى السبل ودون أية عراقيل.

هكذا تتم المحافظة على السلام في الفكر الإسلامي، بحيث يبقى الجهاد القتالي مشروعا من الناحية النظرية لكن لا شرعية له من الناحية العملية.

وقع مفكر آخر، هو سعيد المهيري، في فخ التناقض الداخلي، فهو من جهة يبرر التوقيع على معاهدات حُسن الجوار مع الدول غير الإسلامية، كما فعل النبي الكريم عليه الصلاة والسلام لدى اتفاقه مع يهود المدينة.[178] ولكنه يشير، من جهة أخرى، إلى ضرورة الامتناع عن التوقيع على معاهدات تعترف بالحدود السياسية والجغرافية، لأن الإسلام هو دولة *الدعوة* العالمية التي لا تعترف بالحدود.[179] المثير في الأمر أن المهيري يتخذ من المعاهدات

التي أبرمها المماليك مع الصليبيين مثالا، لكنه لا ينتقد البنود التي منحت الشرعية للدين المسيحي كما رأينا أعلاه.[180]

العالم غير الإسلامي متعاقد مع الإسلام (دار العهد)

مع مرور الوقت، اكتسب تقسيم البشرية إلى "دار الإسلام" و"دار الحرب"، هذا التقسيم الذي كان حجر الأساس لعقيدة الجهاد التقليدية، مكانته في العصر الحديث، لأن الكثير من الأقليات الإسلامية تعيش في دول غير إسلامية، مما يحوّل الدولة غير الإسلامية إلى جزء من *دار الدعوة* (المنطقة التي تتم فيها الدعوة للدخول في الإسلام)، وبكلمات أخرى فهي منطقة تعمل فيها الأقلية المسلمة على توسيع رقعة الإسلام ليحل مكان *دار الحرب*، أو لتحويل الدولة إلى دولة تحصل فيها الأقلية المسلمة على حرية العبادة التامة، ولهذا السبب فإن مصطلح *دار العهد*، الذي وضعه الشافعي في القرن الثاني للإسلام، لا يزال متداولا لدى علماء الشريعة الإسلامية الذين يسعون إلى ملاءمة الإسلام لظروف العلاقات الدولية الراهنة.

لا يزال محللو التيار الواقعي يتمسكون حتى اليوم بسوابق لمعاهدات أبرمها النبي محمد (صلعم) وخلفاؤه مع فئات مختلفة من الكفار. لا بدّ من الإشارة في هذا السياق إلى مساهمة محمد حميد الله الباكستاني في مجال استخدام السوابق التاريخية، إذ قام حميد الله سنة 1955 بنشر كتاب جمع فيه المصادر النصّية لجميع المعاهدات من عصر النبي محمد (صلعم) والخلفاء الراشدين الأربعة.[181]

اشتملت السوابق التي ذكرها أصحاب النهج الواقعي على عدد من المعاهدات، منها المعاهدة التي أبرمها الرسول الكريم مع نصارى نجران، والتي تهاون فيها الرسول معهم إلى درجة أنه سمح لهم بالصلاة في مسجده.[182]

أما المعاهدة التي أبرمها القائد أبو عُبيدة ابن الجراح مع سكان حمص، بعد أن أرسله الخليفة عمر بن الخطاب لاحتلال سوريا، فكانت تسمح لهم بالمحافظة على عقيدتهم الدينية وحكم بلادهم، مقابل دفع الجزية للمسلمين، وبالمقابل تعهد المسلمون بالوقوف إلى جانبهم في حال تعرضهم لاعتداء البيزنطيين، وقد أمر أبو عبيدة بإعادة الجزية إليهم لمساعدتهم المسلمين في التجسس على أعدائهم،[183] والمعاهدة التي أبرمها الخليفة الأموي معاوية بن أبي سفيان مع الأرمن، والتي يحتفظون بموجبها بحكم البلاد والسيطرة عليها.[184] والمعاهدة التي وقعها معاوية سنة 657 مع المملكة النصرانية نوبيا (الواقعة على الحدود الجنوبية لمصر)، والتي حوّلت نوبيا إلى محمية يحافظ عليها المسلمون مقابل قيامها بدفع ضريبة العبيد.[185]

يرى وهبة الزُحيلي أن مصطلح *دار العهد* (*دار المعاهدة*)، الذي ابتكره الشافعي، هو حجر الأساس للعلاقات الدولية في صورتها الحالية، لأن ميثاق الأمم المتحدة، الذي وقعت عليه معظم دول العالم، أدى عمليا إلى تعاقد الدول الكافرة مع الدول الإسلامية.[186] الأمر

الذي أدى إلى أن تصبح كل دولة إسلامية مرتبطة بعلاقات دبلوماسية مع دول غير إسلامية لا يوجد بينهما حالة حرب، مرتبطة عمليا باتفاقية سلام دائم معها بالمفهوم العصري.

هذا هو رأي كل من محمد أبو زهرة المصري، وعبد العزيز الخياط الأردني، الذي كتب قائلا إن *دار الحرب* هي اليوم *دار العهد*.[187] من جهته أشار محمد أبو زهرة إلى أن العالم الذي نعيشه اليوم منتظم تحت مظلة الأمم المتحدة، التي التزمت جميع الدول الأعضاء فيها بقوانينها ومبادئها، ومن واجب الإسلام في مثل هذه الحالة الالتزام بجميع المعاهدات والالتزامات التي أخذتها الدول الإسلامية على عاتقها وذلك بناء على مبدأ احترام الاتفاقيات والمعاهدات المنصوص عليه في القرآن الكريم. من هنا، فإن غير المسلمين المنتمين إلى الأمم المتحدة ليسوا دار حرب إنما هم "دار معاهدة"[188]

تطرق الشيخ الدكتور يوسف القرضاوي إلى زوال مصطلح "دار الحرب" من خلال مقابلة تلفزيونية قال فيها:

> *"إذا قسّمنا العالم اليوم، فسنجد "دار الإسلام"، التي تشمل جميع الدول الإسلامية، بينما تشمل "دار المعاهدة" بقية دول العالم التي تربطها علاقات تحالف وعلاقات دبلوماسية مع دار الإسلام، حيث تتبادل الممثلين الدبلوماسيين في ما بينها، ويُستثنى من ذلك الدول التي أعلنت الحرب على المسلمين، مثل إسرائيل والصرب ويوغسلافيا*.[189]

يمكننا أن نجد مثالا آخر ملفتا للنظر في أقوال الشيخ فيصل المولوي، سكرتير حركة "الجماعة الإسلامية" في لبنان، الذي نشر تقريرا في أعقاب الهجوم الذي شنه تنظيم "القاعدة" في نيويورك وواشنطن في 11 سبتمبر 2001، حيث أقرّ المولوي من خلال تقريره أن الولايات المتحدة ليست عدوة للدول الإسلامية، ولذا فإن الهجوم الذي شُن ضدّها هو انحراف خطير عن الشريعة الإسلامية. وقد علل ذلك بقوله إن كل دولة وقعت مع الدول الإسلامية على ميثاق الأمم المتحدة، هي دولة تقع في "نطاق" معاهدة الأمن والسلام (*دار العهد*)[190] مع الدول الإسلامية، وعليه فإنها (أي الولايات المتحدة) ليست عدوة.

حينما تتواجد أقليات إسلامية، كما هو الحال اليوم، في الكثير من الدول غير الإسلامية ، فإن إعلان الجهاد عليها، كما في حالة الولايات المتحدة الأمريكية، يعرض المسلمين الذين يعيشون فيها للخطر.[191] مع ذلك، فإنه يستثني من هذا التعريف إسرائيل، وهي في نظره، على الرغم من توقيعها على ميثاق الأمم المتحدة، دولة استولت على أرض إسلامية وطردت المسلمين من أراضيهم، ما يستوجب الدراسة الخاصة لدى النظر في أمرها.[192] في هذا السياق لا بد من الإشارة، ومن خلال الفتاوى التي صدرت في السنوات الأخيرة، إلى أنه يتم عادة اعتبار إسرائيل دولة عدوة لأنها لا تزال تستولي على أراض مقدسة للمسلمين، ولذلك ينطبق عليها واجب الجهاد، وهذا ما أفتى به، على سبيل المثال، الشيخ

الدكتور يوسف القرضاوي. سنستعرض هذه القضية بإسهاب لدى تطرقنا لاحقا إلى فكر أتباع التيار المتعصب.

التوقيع على معاهدات السلام الدائم أمر مسموح

يدعي المفكرون المسلمون، الذين يرَون أن الوضع الطبيعي بين المسلمين وغير المسلمين هو حالة السلم، أنه يجوز التوقيع على معاهدات دائمة وغير محدودة الزمن مع الكفار، باعتبار هذه المعاهدات معاهدات سلام. هذا ما أقَرّه مثلا كل من أبو زهرة والزحيلي اللذين استندا إلى الآية الكريمة (90:4)، التي لم تلغها آيات الحرب من وجهة نظرهم.

يؤكد عبد العزيز الخياط جواز التوقيع على اتفاقيات السلام الدائم مستندا إلى ست سوابق من معاهدات السلام التي أبرمها الرسول الكريم (مع يهود المدينة، ومع سكان إيلات، وجربا، وإضرح، ومكنا، ونجران).[193]

يشير سعيد المهيري، هو الآخر، إلى أن الجدوى تبرر في كثير من الأحيان التوقيع على المعاهدة طويلة الأمد.[194]

الالتزام بالمعاهدات المُبرمة واجب مقدس

عادة ما يضطر المفكرون المسلمون، الذين يسعون إلى ملاءمة الشريعة لمعايير العلاقات الدولية الحديثة، إلى مواجهة التفسيرات التي يضعها علماء الشريعة التقليديون، أمثال ابن قيّم الجوزية وابن تيميّة من المذهب الحنبلي، ومحمد الشيباني وأبي يوسف من المذهب الحنفي، الذين يرون بجواز عدم تحديد مدة المعاهدة، وجواز إلغائها في أي وقت، وذلك إذا ما ارتأى الحاكم المسلم أن الظروف قد تغيرت بشكل يستدعي إلغاءها أو يبرره.[195]

على الرغم من أن القرآن الكريم دعا إلى احترام المعاهدات (8:9)، إلا أننا نجد أن الرسول (صلعم) يضع من خلال الحديث مستويات مختلفة من احترام المعاهدات، وذلك من خلال تعليماته لقادة الجيش. هكذا يُروى عن النبي حديث يُعتبر ذا مصداقية عالية يدعو فيه إلى عدم الحلفان بالله لكي يسهل نكث الوعود.[196]

يدّعي الواقعيون أن معظم فقهاء المسلمين في القرون الأولى بعد ظهور الإسلام آمنوا بضرورة عدم نقض المعاهدات المُبرمة مع الكفار، باستثناء الحالة التي يقوم فيها العدو بأعمال تدل على نيته نقض المعاهدة، مثل الاستعداد للحرب.[197]

يؤكد أبو زهرة أن الإسلام يدعو إلى احترام المعاهدات بغض النظر عن الوضع العسكري، أو أي وضع آخر، وعلى ضرورة الجنوح إلى السلم في كل الأحوال. كما يشير إلى أن معظم الفقهاء فرضوا احترام المعاهدات بغض النظر عن الجدوى، مؤكدين أن في ذلك فائدة تفوق الفائدة العابرة الكامنة في الإخلال بالمعاهدة.[198] كما يرى بوجوب عدم نقض المعاهدات إلا إذا أقدم الطرف الآخر على الإخلال بها.[199] ويشير أبو زهرة إلى أن فقهاء

الإسلام الذين أقروا بجواز نقض المعاهدات المبرمة، في حال تبين أنها لا تخدم مصلحة المسلمين، أقروا ذلك استنادا إلى ظروف عصرهم دون الرجوع إلى القرآن الكريم، وهم قاموا بذلك عندما بدأت الجماعات المتعاقدة مع المسلمين بالتنكر للمعاهدات التي أبرموها معهم، وبالتالي فقد المسلمون الجدوى من مواصلة التشبث بالمعاهدة واحترامها في الوقت الذي يقوم فيه العدو بانتهاكها.[200]

يستعرض الزحيلي قائمة بالآيات القرآنية الكريمة التي تنص على مبدأ احترام المعاهدات *والحديث* الذي يقول "إن على المسلمين احترام المعاهدات" *(المسلمون على شروطهم)*.[201] ويضيف الزحيلي أنه، وعلى الرغم من الضغوطات التي مورست على النبي (صلعم) في أعقاب توقيع صلح الحديبية مع أهالي مكة، والتي طالبته بنقض الصلح وقبول الفارّين من معسكر الكفار ممن طلبوا الدخول في معسكر الإسلام (أبو جندل بن سهيل بن عمرو – وكان والده هو من كتب المعاهدة من طرف أهالي مكة، وشخص آخر اسمه أبو بصير)، إلا أن النبي رفض استقبالهم.[202] ويرى فقهاء آخرون أن احترام المعاهدات هو مبدأ مقدس في الإسلام ويعتبر ناكث المعاهدات مجرما مثله مثل أي مجرم آخر.[203]

يجوز التوقيع على معاهدات دائمة خشية الهزيمة العسكرية أو في أعقابها

أحد مبررات عقد معاهدات السلام في العصر الحديث هو الخوف من التعرض لهزيمة عسكرية كبيرة تؤدي إلى القضاء على المسلمين، أو نتيجة لوقوع الهزيمة في الحرب، وعندما لا يبقى أمام المسلمين خيار سوى التوقيع على اتفاقية خضوع يمليها الجانب غير المسلم. إحدى السوابق لمثل هذه الاتفاقيات، التي يستند إليها الفقهاء التقليديون، هي المعاهدة التي أبرمها الخليفة الأموي معاوية بن أبي سفيان مع القيصر البيزنطي قنسطنطينوس الثاني سنة 658، والتي قام عبد الملك بتمديدها لاحقا.

نجد في المعاهدة التي وقعها الخليفة عبد الملك في سنة 687 مع البيزنطيين (القيصر قنسطنطينوس الثاني) مثالا آخر لذلك، إذ هاجم البيزنطيون المسلمين على الحدود الشمالية مما دفع بالخليفة إلى التعاقد معهم ودفع مبلغ 1000 دينار أسبوعيا مقابل الالتزام بتنفيذ المعاهدة [204]، وترك معظم آسيا الصغرى (الأناضول) تحت سيطرتهم. لقد اختلف الفقهاء فيما بينهم حول شرعية هذه الاتفاقية[205]

علل الفقهاء، الذين أجازوا التوقيع على اتفاقيات الخضوع، موقفهم بالقول إنه مثل المسلمين في حالة الهزيمة والانتكاس كمثل الواقعين في الأسر، ولا مفرّ أمامهم سوى قبول الشروط التي يمليها العدو، ولا سيما دفع الفدية.[206]

يستند أتباع التيار الواقعي المعاصر إلى موقف الفقهاء التقليديين، الذين سمحوا للمسلمين بالتوقيع على اتفاقيات الخضوع، فقد كتب سعيد المهيري، على سبيل المثال، أن الدولة الإسلامية مرت بمراحل صعبة من الضعف والوهن، ومن الحروب الأهلية التي دفعتها إلى التوقيع مع أعدائها على اتفاقيات ومعاهدات لا تصبّ في مصلحة الإسلام والمسلمين.

وأشار المهيري إلى أنه يجوز للدولة الإسلامية، في حالة *الضرورة*، التوقيع على مثل هذه الاتفاقية، بل ويجوز لها دفع الفدية للعدو إذا كانت تخشى قيام العدو بقتل أسراها أو تهجير المسلمين من أماكن سكناهم.[207]

تتمثل السابقة الأهم لذلك بالمفاوضات التي خاضها النبي الكريم (صلعم) مع قبيلة غطفان، والتي أبدى خلالها استعداده لدفع ثلث محصول تمور المدينة من أجل إقناعها بفكّ الحصار وترك المدينة وشأنها بعد أن حاصرتها القبائل *(الأحزاب)*[208]. غير أن سكان المدينة من الأنصار اعترضوا على ذلك، مما أدى إلى تراجع النبي (صلعم) عن موقفه، وقد وافاه الله بالنصر قبل الانتهاء من المفاوضات.[209]

رفض بعض الفقهاء التقليديين فكرة التوقيع على المعاهدات في حالة الانكسار أو الضعف، مستندين إلى حقيقة عدم إبرام المعاهدة في نهاية المطاف، وعدم تنفيذها، وبالتالي لا يمكن اعتمادها كقاعدة شرعية يُعمل بها.[210]

مع ذلك، يرى المهيري أن الاتفاقيات، التي يتم إبرامها لدواعي الضرورة، هي اتفاقيات تنتهي مدة نفاذها بزوال تلك الضرورة.[211]

من جهة أخرى، أكد عباس شومان على وجود فائدة في اتفاقيات الخنوع التي يوقعها المسلمون وهم في حالة ضعف، وتتمثل هذه الفائدة في عدم المجازفة بالحرب.[212] في حين يرى المفكر مروان القدومي أن الاتفاقيات التي يتم إبرامها في حالة الانحطاط هي اتفاقيات يُسمح بها في حالة الضرورة فقط على أمل أن تساهم في شدّ عضد المسلمين وتقويتهم في المستقبل.[213]

كتب محمد صادق العفيفي أن المسلمين قد يتعرضون في بعض الأحيان إلى ظروف صعبة تضطرهم إلى الاستسلام نتيجة تعرض الدولة الإسلامية إلى أزمات وقلاقل داخلية، كالفتنة مثلا، مما يدفعها إلى التوقيع على مثل هذه الاتفاقيات والمعاهدات التي تدفع من خلالها للدولة الكافرة لكي لا تستغل تلك الدول الفرصة لضربها. ويجيز بعض الفقهاء ذلك في حالة تعرض الدولة الإسلامية إلى تهديدات على وجودها وكيانها وهذا ما يراه العفيفي أيضا.[214]

ج. رأي التيار الإسلامي المتعصب

يشنّ المفكرون المعاصرون، من أصحاب التوجهات المتطرفة المتشددة، انتقادات لاذعة على المحللين العصريين الذين يؤيدون حالة السلام، وعلى علماء الشريعة القدامى، الذين يعتبرهم العصريون مرجعا لهم، فهم يصفون محمد عبدُه وأتباعه من بعده بـ "الانهزاميين الروحيين"، ذلك لأن كل ما يسعون إليه هو كسب رضى المستشرقين الغربيين.[215]

يقبل أتباع التيار الإسلامي المتعصب بـ"آية الحرب" (5:9) كما هي، فهذا محمد خير هيكل يرى أن من حق الدولة الإسلامية إعلان الجهاد ضد الدول غير الإسلامية لكي

تفرض عليها النظام الإسلامي بالقوة، حتى وإن لم تعتد تلك الدول على المسلمين، وذلك إذا كانت في الأمر منفعة للمسلمين، وشريطة أن لا ينطوي إعلان الجهاد على أي ضرر لهم.[216] يدعو هيكل إلى وحدة صف المسلمين، وإلى إقامة دولة إسلامية واحدة تسعى من خلال الجهاد إلى "تحرير جميع أمم الأرض وشعوبها من الظلم والطغيان".[217]

على الرغم من أن هيكل نشر كتابه، بأجزائه الثلاثة، قبل ظهور تنظيم "القاعدة" بزعامة أسامة بن لادن، إلا أنه عرض مواقف يطبقها هذا التنظيم ويمارسها على أرض الواقع. فهو ينادي بالتخلص من براثن النظام العالمي الحالي، ويبرر وجود منظمات الجهاد المحاربة في العالم الإسلامي من أجل هذا الغرض. كما يؤمن بأنه لا يجوز للدولة الإسلامية إقامة علاقات مع دول تلحق ضررا بالإسلام، كالدول التي تبرم تحالفات عسكرية مع دول غير إسلامية، وتؤجرها قواعد عسكرية وموانئ برية وبحرية على أراضيها، أو تلك التي تبيع الوسائل الحربية والمعدات القتالية لغير المسلمين.[218]

يتخذ محمد صادق العفيفي موقفا مماثلا، فهو يرى أن الإسلام هو دين السلام، ولكنه في ذات الوقت يشير إلى أنه لا بدّ للإسلام أن يتصدر العالم، ولذلك فإن العفيفي لا يعترف بالحدود الدولية.[219]

من هنا، فإن الدول الإسلامية ليست مخوّلة بالتوقيع على معاهدات نزع السلاح النووي، لأن ذلك يتعارض مع الآية القرآنية الكريمة التي تفرض على المسلمين أن يتسلحوا وأن يكونوا دوما على أهبة الاستعداد لخوض الحرب والقتال.[220]

هذا هو الحال أيضا بالنسبة للتحالفات العسكرية الرسمية، كحلف شمال الأطلسي،[221] وبالنسبة إلى تأجير مساحات من القواعد العسكرية والموانئ للعدوّ.[222]

يرفض إياد هلال التفسيرات التي وضعها الفقهاء الذين غيّروا المفهوم القتالي الأصلي للجهاد والمفهوم الأصلي لدار الحرب، فهو يرى أن القاعدة الأساس في العلاقات بين الإسلام والدول غير الإسلامية هي الحرب، وأن الإسلام لا يعترف بشكل رسمي بدار الكفر (الاسم المرادف لدار الحرب)، ومع ذلك، وإزاء عدم قدرة الدول الإسلامية اليوم على شنّ حرب بلا هوادة ضد جميع الدول غير الإسلامية، فإن الدول الإسلامية تضطر رغما عنها إلى تأجيل الحرب، وإلى التوقيع على معاهدات مع بعض تلك الدول. لكن هلال يرى أن على المسلمين تجنب التوقيع على معاهدات سلام مع الدول الموجودة في حالة حرب مع الإسلام، مثل دولة إسرائيل، وليس مع الدول التي من الممكن أن تكون في حالة حرب مع الدول الإسلامية، مثل الدول الإمبريالية، كالولايات المتحدة الأمريكية وبريطانيا، أو مثل الدول التي تطمع في أراضي المسلمين وبلادهم، مثل روسيا التي تحوّلت منذ استيلائها على أفغانستان إلى دولة في حالة حرب مع الإسلام.[223] يعتقد هلال أن الإسلام يهدف إلى إدخال الجميع تحت مظلته وسلطانه، ولكن هذا لا يعني أنه يجب إعلان الحرب ضد العالم بأسره وفي وقت واحد، لأن "الحرب المُستميتة ضد جميع دول العالم ستدعو إلى اتحادها معا ضدّنا، وهذا ليس بالأمر الحكيم". ينظر هلال إلى الجهاد على أنه مكوّن من وسيلتين

للنضال: السياسية- الدبلوماسية، والعسكرية. يتمثل النضال السياسي- الدبلوماسي بالتوقيع على اتفاقيات *الهُدنة* مع بعض الدول غير الإسلامية، من أجل ضمان فرصة الحرب ضد دول أخرى. يبني هلال تصوّره هذا على سوابق للنبي محمد عليه الصلاة والسلام، الذي وقع بنفسه على اتفاقيات *هدنة* مع بعض القبائل، في الوقت الذي كان يحارب فيه ضد قبائل أخرى. ومن أمثلة ذلك، *هدنة صلح الحُديبية التي كان الهدف منها تحقيق* تكاتف المسلمين واتحادهم، لكي يتفرغوا لاحتلال خيبر. وهنا يرى هلال أن النضال السياسي أفضل من القيام بالعمليات العسكرية التي يجب اللجوء إليها كخيار أخير فقط، غير أن الدول التي أبرِمت معها معاهدات (مؤقتة) لا تنتمي إلى "دار العهد"، بل إلى "دار الحرب"، وهو يرى أنَ المسلمين ليسوا ملزمين بالتقيد بمبادئ القانون الدولي، ولا يدينون سوى للشريعة.[224] كما يعتقد أن الهدف من القانون الدولي هو الحد من تقدم الإسلام وتوسعه في ظلّ انتكاسة الإمبراطورية الإسلامية العثمانية واندثارها.[225]

يفسر هلال الاتفاقيات المبرمة بين الدول الأوروبية العظمى والإمبراطورية العثمانية على أنها فرض للدين المسيحي على القانون الدولي واستمرار الحملة الصليبية، لأن الدول الأوروبية العظمى ساعدت اليونانيين النصارى عند تمردهم على الإمبراطورية العثمانية.[226]

ليس هذا فحسب، بل يرى هلال أن المفكرين الواقعيين يشوّهون التفسيرات والتحليلات التي وضعها علماء الشريعة التقليديون التراثيون، الذين لا يستبعدون الجهاد كحالة حرب، بل ميّزوا ما بين الجهاد *كفرض كفاية* (واجب الحاكم) و *فرض عين* (واجب كل مسلم في حالة وجود الحرب الوقائية). كما يرى هلال أن الفئة الأولى تعتبر الجهاد حربا مدبّرة من الحاكم المسلم.[227] ويوجه هلال الانتقاد لوهبة الزُحيلي الذي استند إلى المعاهدة التي وقّعها النبي محمد عليه الصلاة والسلام مع اليهود في المدينة من أجل تبرير معاهدات السلام غير المحددة زمنيا، ويدعي هلال أن الرسول الكريم غيّر القوانين لاحقا، وأن اتفاقية صلح الحديبية التي وضعت لمدة عشر سنوات، خلقت معيارا جديدا.[228]

يعبر توجّه كل من هيكل وهلال عن موقف أصولي متطرف واضح وصريح. غير أن بعض المفكرين الإسلاميين المتعصبين يتقبلون، من الناحية النظرية، الموقف الأصولي المتعلق بالجهاد، إلا أنهم يتبنون موقفا أكثر اعتدالا في تطبيقه على أرض الواقع، وهم يرون أن التطبيق مهم بشكل خاص للدول الكافرة التي تقوم باحتلال مساحات تابعة للعدو. لنتمعن بالمثالين التاليين: الأول، ومصدره كتاب سعيد المهيري، الذي يرى أن عصرنا الحالي يحمل في جُعبته أوضاعا وحالات تستدعي قتال الكفار، مثل "اليهود أعداء الإسلام الذين استولوا على أرض فلسطين، استباحوا أهلها وناسها، ودنسوا الأماكن المقدسة فيها، وطردوا الملايين من سكانها من بيوتهم، واليوم (بعد اقترافهم لجميع هذه الفظائع) فإنهم ينادون إلى السلام ووقف الحرب"، وكذلك مثل الشيوعيين الذين استولوا على أفغانستان، وقاموا بتدميرها وحثوا المسلمين على الإلحاد بدينهم. من هنا يخلص المهيري إلى الاستنتاج

أنه "طالما كانت الأرض المسلمة في أيدي الأعداء، فإن جميع الأحكام والشرائع تمنع عقد السلام معهم".[229]

بالمقابل، يجوز إقامة علاقات سلمية مع الدول غير الإسلامية التي لا تحظر *الدعوة* ولا تقف في طريق نشرها، كما يمكن الاعتراف أيضا بسيادة تلك الدول.[230]

أما المثال الثاني فهو مأخوذ من كتاب مروان القدومي الذي "يتأرجح" ما بين التصور الجهادي التقليدي، وملاءمة الشريعة للواقع المعاصر، فهو يستند في البداية إلى مؤلفات سيّد قطب و"الإخوان المسلمين" التي ترى أن الإسلام موجود في حالة جهاد متواصل لا هوادة فيه من أجل إعلاء كلمة الله على الأرض.[231]

كما يرى أنه في حال استعصى على المسلمين القيام بواجبهم الخاص بالجهاد، فهم غير ملزمين به في الوقت الحالي، بل هم خاضعون للأحكام ولشرائع انتقالية إلى أن يتمكنوا من القيام بالواجب المفروض عليهم.

بالإضافة إلى ذلك يشيد القدومي بأهمية التعاون الدولي من أجل الحفاظ على السلام،[232] ويؤكد على واجب الإسلام في احترام الاتفاقيات والمعاهدات.[233]

د. مقاومة النظام العالمي الجديد

يعبر العديد من المفكرين المعاصرين، ومن ضمنهم أولئك المفكرون الذين ينتمون إلى التيار الواقعي، والذين يؤيدون السلام كأساس للعلاقات الدولية، عن موقف سلبي من النظام العالمي الراهن.

يرى هؤلاء في النظام العالمي الجديد نوعا من الانحطاط والخنوع والإذعان للقوانين التي يُمليها الغرب على المسلمين، وقد أحسن وهبة الزُحيلي التعبير عن ذلك، في كتابه الذي ألفه إبان الحرب الباردة، حيث قال إنه على الرغم من وجود الأمم المتحدة ومبدأ حل الصراعات بالطرق السلمية إلا أن الحرب تستتر خلف سياسة السلام المُعلنة. ويرى الزُحيلي أن المسلمين غارقون اليوم في حالة من الضعف والتشرذم، وأن النظام العالمي يعود عليهم بالضرر.[234] كما يؤكد أن تدخل الدول العظمى في الشؤون الداخلية للدول الضعيفة ما هو سوى وسيلة من أجل دفع مصالحها الاقتصادية، كما فعلت الولايات المتحدة في فيتنام، وفي الحرب بين الكوريتين وفي حصار كوبا.[235]

وعليه فهو يرى أن النظام العالمي قد فشل فشلا ذريعا، من الناحيتين النظرية والعملية، ولم ينجح في وقف استخدام القوة العسكرية ووضع قوانين جديدة في هذا الباب، وعلى هذا الأساس يشير إلى الدعم الذي تحظى به إسرائيل من الولايات المتحدة، في مسعى منه إلى الإشارة إلى الخلل الموجود في النظام العالمي الحالي، ويصور إسرائيل "كدولة سلبت بقعة ثمينة من بلاد الإسلام"، وبالتالي لا يجوز، من منظور الشريعة، دعم السلام معها وتأييده.[236]

يعبر المفكر سعيد المهيري، هو الآخر، عن مواقف واقعية حينا، وعن أخرى متطرفة حينا آخر، فهو إذ يقبل، كما ورد في كتابه، بقواعد القانون الدولي في كل ما يتعلق بالعلاقات بين الدول، يضيف أن الواقع العالمي يفرض حالة من سباق التسلح، ونتيجة لذلك تفرض الدول القوية العظمى هيمنتها على النظام العالمي خارج قواعد القانون الدولي، في حين تبقى الدول الضعيفة رهينة تلك القوانين وعليها الامتثال لها. يؤكد المهيري في كتابه أن الدولة الإسلامية لا ترفض المنظمات الدولية ولكنها تشترط أن تكون المنظمة (منظمة الأمم المتحدة مثلا) جسما مستقلا يمتلك الوسائل الكافية لتحقيق أهدافها، وأن لا تخضع لسيطرة دولة عظمى أيا كانت، كما يتوقع المهيري من الأمم المتحدة أن "تساعد الشعوب المظلومة"، ويضيف أن الدولة الإسلامية ترفض اتفاقيات نزع الأسلحة بمفهومها الغربي، لأن الشريعة تفرض على المسلمين أن يكونوا مستعدين دوما، ومزودين بالعتاد في كل حين، من أجل الحفاظ على السلام وصد أي هجوم أو اعتداء، وبالتالي فإن الدولة الإسلامية تعترض على تكوين قوة عسكرية دولية لأن موافقتها على وجود مثل تلك القوة، أو مشاركتها في إطارها، من شأنها أن تمنح الشرعية لسيطرة الكفار على المسلمين[237].

مقابل ما ورد أعلاه، يقول محمد خير هيكل، رجل التيار الإسلامي المتعصب، في كتاب له، إن الدول الإمبريالية في عصرنا هذا تشن أعمالا عدائية ضد المسلمين، كما أنها لا تفوّت فرصة لبسط سيطرتها على مواردهم، والمساس بوحدتهم، وتدمير المنشآت الحيوية الخاصة بهم. وعليه، لا بد من الحرص في الاتفاقيات والمعاهدات المبرمة ما بين الدول الإسلامية وغير الإسلامية، على الشروط التي تجيزها الشريعة، وعلى رأسها أن تكون الفائدة من المعاهدة أكبر من ضررها وأن تقف في وجه أخطار أكبر.[238]

الأمر الآخر الذي يتطرق إليه علماء الشريعة في العادة، هو مكانة المحكمة الدولية، فالاعتراف بأحكام المحكمة الدولية يعتبر، من منظور الشريعة، اعترافا بتدخل قانون غير إسلامي، وعامل غير إسلامي، في شؤون إسلامية، وهو بمثابة اعتراف بخضوع المسلمين للقوانين غير الإسلامية، لذا فإن الدول الإسلامية لا يمكن أن تعترف بها. وجد الخياط حلا خلاقا لهذه الإشكالية عندما عرّف عمل المحكمة الدولية في لاهاي على أنه عملية تحكيم مسموحة بموجب الشريعة، ورأى أنه يجوز للدولة الإسلامية أن تتجه إلى التحكيم مع دولة غير إسلامية، مثلما فعل النبي محمد (صلعم) مع النصارى في نجران.[239]

بحث الحكام المسلمون، الذين لا يقبلون السيطرة الغربية، عن حلول وسط، فقد قسّم مؤسس الثورة الإسلامية في إيران سنة 1979، العالم إلى قامعين ومقموعين، وطالب المقموعين بمحاربة القامعين، وفي مقدمتهم إسرائيل، وأبدى مواقف شبيهة بمواقف العالم الثالث تجاه "الحروبات المحقة المبررة".[240] على هذا الأساس برّر الخميني الحرب التي تهدف إلى خلق إمبراطورية إسلامية واسعة، وطرد الصهيونية، والشيوعية، والرأسمالية (وهذا لا يتلاءم مع عقيدة الجهاد).[241] كما أشار الخمينى إلى أنه لا يقبل بالمعاهدات والاتفاقيات التي تتعارض مع الشريعة، وعلى هذا الأساس لا تقبل إيران المثول أمام

المحكمة الدولية، ومع ذلك فإنها تشكل مثالا للدولة الإسلامية التي لا تسعى إلى إلغاء القانون الدولي كقاعدة للعلاقات بين الدول[242].

تعتمد إيران موقف دولة العالم الثالث تجاه الغرب وترفض الهيمنة والسيطرة غير المتكافئة في العلاقات الدولية، إلا أنها تحتفظ بعلاقات دبلوماسية جيدة مع دول أوروبا الغربية، ومع الاتحاد الأوروبي، وروسيا، والهند، والصين، ومع دول أخرى كثيرة في العالم. لا بدّ من الإشارة هنا إلى أنه، وفي أعقاب الحرب مع العراق، قامت إيران بشراء وسائل حربية من إسرائيل،[243] في حين قام العراق في عهد صدّام حسين بعقد مؤتمر ضمّ علماء الشريعة البارزين، وكان الهدف منه إيجاد مبرر لجهاد الشعوب ضد من يستعبدها، استنادا إلى القانون الدولي.[244]

هـ. العالم الإسلامي وموقفه من السلام مع إسرائيل

قد يشكل الاعتراض على إبرام معاهدات السلام مع إسرائيل القاسم المشترك الوحيد بين المفكرين من كلا التيارين، الواقعي والأصولي المتشدد، على حد سواء. هناك تأييد ساحق في الخطاب الإسلامي الراهن الداعي إلى ضرورة استعمال القوة من أجل تحرير فلسطين في حال تعذر تحقيق ذلك بالوسائل السياسية.[245]

أشار المفكر السوري وهبة الزُحَيلي إلى أن الشريعة لا تسمح بوجود اليهود ككيان سياسي في فلسطين، ذلك لأنهم سلبوا جزءا غاليا من أرض الإسلام، ولا بدّ من تخليص تلك الأرض من أياديهم.[246]

أما ظافر القاسمي، الذي يعتقد أن الجهاد هو حرب وقائية فقط، فقد رأى أن على العالم الإسلامي أن يكون في حالة حرب مع إسرائيل لأن إسرائيل احتلت أرضا إسلامية. علاوة على ذلك، يعتقد القاسمي أن على المسلمين أن يكونوا في حالة حرب مع حلفاء إسرائيل ومع كل من يمدّها بالسلاح والعتاد. غير أن القاسمي أضاف قائلا: "لا يعني هذا أن علينا أن نقاتل كل من يساعدها الآن. علينا أن نعد العدّة، وعندها سيدركون أن لدى المسلمين القوة والإصرار على مقاتلتهم، وسيغيّرون تحالفاتهم مع إسرائيل ويسعون إلى الحفاظ على علاقات صداقة مع المسلمين، وهكذا سيوفرون علينا وعليهم ويلات الحروب."[247]

أما إحسان الهندي فيعترف "بالسلام العادل" فقط، ويرى أنه يختلف عن "سلام الذل والمهانة"، كالسلام مع إسرائيل، كما يرى أنه فرض على المسلمين وأنه يمنح الشرعية "لسلب أرض كاملة من أراضي *دار الإسلام*، ولا سيما *أرض القِبلة الأولى*. ويرى أيضا "أنه لا يجوز التوقيع على سلام مع العدو الذي سلب أرضنا، وسلب عرضنا، ودنس مقدساتنا، كما هو الحال بيننا وبين إسرائيل".[248]

في هذا السياق، يقتبس الهندي الآيات القرآنية 60: 8-9 التي تحظر على المسلمين مُصادقة من يطردهم من بيوتهم، وهو يقول إن القرآن يحظر السلام مع إسرائيل لأن

التوقيع على معاهدة سلام معها يساعدها في السيطرة على جزء من أرض *دار الإسلام*، فلسطين. كما يرى أنه "عندما تأتي مجموعة من الغرباء، الذين يشنون عدّة حروب ضدنا، فتحتل أراضي إسلامية وعربية 14 قرنا من الزمن، يصبح من الواجب علينا عدم قبول طلبهم بالسلم، سواء جاء طلب السلم منهم مباشرة أو من طرف ثالث".[249]

ويرى الهندي أنه لو تمسك المسلمون بآيات الجهاد، لما تمّ احتلال جزء كبير من العالم الإسلامي على يد الإمبرياليين، ولما قامت إسرائيل في قلب أراضي *دار الإسلام*.[250]

يستخدم مروان القَدّومي عقيدة الجهاد في العلاقة مع إسرائيل فيؤكد أن *دار الإسلام* لا تتحول إلى جزء من *دار الحرب* عندما تستولي عليها دولة الكفار، على الرغم من تطبيق بعض من قوانين الإسلام على أراضيها. لهذا السبب، فإن فلسطين والأراضي العربية التي تم احتلالها سنة 1967 لا تزال تعتبر جزءا من *دار الإسلام*، وعلى جميع المسلمين في العالم أن يقوموا بحمايتها وأن يقوموا باسترجاع ما سُلب منها، وطرد الغازي المحتل من "أرض الإسراء والمعراج"، ورفع راية الإسلام عليها.[251] يربط القدومي بين الواقع الراهن، الذي نعيشه، والعلاقات بين المسلمين واليهود في الماضي، ويذكر المعاهدة التي أبرمها النبي الكريم (صلعم) مع اليهود بعد هجرته إلى المدينة، إذ اعتبرهم الرسول مواطنين في دولة الإسلام ومنحهم الحرية الكاملة في الحفاظ على دينهم، إلا أنهم لم يقدّروا معاملته الطيبة وخانوه وبدأوا بالانضمام إلى قريش، وإلى أعداء الإسلام الآخرين (بني قريظة).

نتيجة لذلك هاجم المسلمون حصون اليهود وطردوهم إلى خارج حدود شبه الجزيرة العربية، غير أن اليهود لم يتوقفوا عن التآمر على الإسلام حتى يومنا هذا. لا تزال الحرب قائمة معهم، ولا مفرّ من الحرب من أجل تحرير الأرض التي احتلوها.[252]

في معرض تطرقه لمجلس الأمن، يقول القدومي إنه صحيح أن بإمكان مجلس الأمن التدخل لردع المعتدين على أرض ليست مُلكا لهم، إلا أن مجلس الأمن لا يطبق هذا القانون عندما يتعلق الأمر بإسرائيل، "التي لا تزال قواتها العسكرية تحتل أجزاء كبيرة من الأراضي الفلسطينية والسورية، في حين ينحصر دور قوات حفظ السلام التابعة للأمم المتحدة العاملة على الحدود، في ردع المناضلين بدلا من صدّ المعتدين ودحرهم".[253]

ترى ناديا مصطفى أنه، وبعد تفكك الإسلام المعاصر إلى دُويلات، واستيلاء الأعداء على دار الإسلام، يمكن التيقن من مدى أهمية الجهاد في الحرب في مكانين، ليس المسلمون هم من استولوا على الأرض الإسلامية، في فلسطين مثلا، وفي أفغانستان (وردت هذه الكتابات في سنوات تسعينيات القرن الماضي)، وتقول: "استولى اليهود أعداء الإسلام على أرض فلسطين، عاثوا فيها دمارا، واستباحوا أهلها، ودنسوا الأماكن المقدسة فيها، وطردوا ملايين الناس من ديارهم"، واليوم (بعد أن حققوا مبتغاهم)، ها هم ينادون بالسلام وبوقف الحرب، وعليه تخلص مصطفى إلى القول: "طالما بقيت أرض المسلمين بأيديهم، لا مكان للسلام معهم حسب أي عُرف أو قانون".[254]

سنستعرض في الفصل التالي مفهوما جوهريا وضعه المفسرون من أجل تبرير معاهدات السلام بين الدول الإسلامية وإسرائيل. صلح الحديبية، الذي أبرمه النبي محمد (صلعم) مع قبيلة قريش من مكة، وهو عبارة عن معاهدة تعتبر في العادة سابقة لتبرير إبرام معاهدات السلام مع دولة إسرائيل أيضا.

الفصل الثالث: سابقة الحُديبية والجدل بين المفسرين

تعتبر معاهدة صلح الحديبية التي أبرمها النبي محمد (صلعم) مع أعدائه الكفار من أبناء قبيلة قريش سنة 6 هجرية (628 م)، مثالا يستشهد به الكثيرون من المسلمين والمفتين الذين يؤيدون السلام مع إسرائيل، كسابقة تأريخية شرعية يمكن الاستناد إليها واعتبارها مرجعا. ويعتبر هؤلاء أن إبرام رسول الله (صلعم) اتفاقية سلام لمدة عشر سنوات، وهي فترة زمنية طويلة نسبيا إذا ما قارناها بالمعاهدات التي أبرمت في تلك الفترة، مع ألد أعدائه الذين منعوه من الوصول إلى الكعبة، وهي أكثر الأماكن قدسية في الإسلام، هو أكبر دليل على أنه في حال تعذر التغلب على العدو يجب التوجه إلى عقد اتفاقيات ومعاهدات سلام معه. إن الاستناد إلى صلح الحديبية، من أجل تبرير إبرام معاهدة سلام، هو أمر إشكالي وذلك لسببين: أولهما هو أنه، وبعد سنتين فقط من التوقيع على معاهدة صلح الحديبية، وقعت أحداث عنيفة بين القبائل التي كانت متحالفة من طرفي المعاهدة، وقد دفعت هذه الحادثة برسول الله (صلعم) إلى الخروج من أجل احتلال مكة، وأما السبب الثاني فمرده وجود العديد من المفكرين المسلمين من العصور الوسطى، ومن العصر الحديث، المحسوبين على التيار الأصولي، الذين يعتبرون صلح الحديبية خدعة ومراوغة.

عندما نتناول مسألة صلح الحديبية واحتلال مكة، كمسألتين متواصلتين ومترابطتين، يصير بإماكننا تفسير الاتفاقية على أنها خطوة استراتيجية باهرة للنبي محمد (صلعم) الذي قلب حالة الانحطاط وحوّلها إلى نصر كبير، ومن خلالها يمكن أن نفهم أنه في حالات الانحطاط العسكري لا يعتبر التوقيع على معاهدة سلام هدفا بحد ذاته، وإنما هو مرحلة على طريق حسم المعركة عسكريا في المستقبل، وهذا ما اعتمدت عليه التحليلات التي طرحها المحللون الإسرائيليون في عرض اتفاقيات السلام التي أبرِمت مع إسرائيل على أنها اتفاقيات مبنية على أساس صلح الحديبية، اعتمد هؤلاء المحلَلون على العقيدة الإسلامية، التي تقول إن الاتفاق مع العدو ليس سوى هدنة مؤقتة تهدف إلى تجميع القوى من أجل تمكين المسلمين من مواصلة الحرب في ظروف مريحة أكثر.

تسوق هاتان الحقيقتان إلى الاستنتاج أن محاولات تبرير معاهدة السلام مع إسرائيل من منظور الشريعة الإسلامية ليست صادقة على الإطلاق.

سوف نفحص فيما يلي الحقائق والتحليلات، في محاولة منا لفهم ما إذا كان ذكر علماء الشريعة، أو القادة المسلمين، لصلح الحديبية بمثابة مؤامرة أو مكيدة، أم إنه جاء فعلا للتعبير عن النزعة الصادقة للسلام. نستهل ذلك في سرد الأحداث التاريخية.

أ. معاهدة صلح الحديبية – الرواية الكاملة

تروي المصادر الإسلامية القديمة أنه في سنة 6 هجرية (628 م)، أي بعد أن اضطر رسول الله (صلعم) إلى مغادرة مكة والهجرة إلى المدينة، وصل عدد أتباعه إلى 1400 شخص[255]، وأنه كان مشغولا بالحروب، وقد عقد تحالفات لكي يوسع معسكر أتباعه. كانت واحة خيبر الصحراوية، المأهولة باليهود هدفا قتاليا، كما كانت كذلك قبائل مكة، التي رفضت دعوات النبي (صلعم) لها، وعليه تم تعريفهم بأنهم كفرة في نظر الشريعة الإسلامية. كان هناك حلف دفاع بين مكة (الكافرة) وخيبر التي سكنها اليهود، ولذا لم يستطع الرسول الكريم (صلعم) القتال على جبهتين في آن واحد.[256]

في مستهل شهر ذي القعدة (أول الأشهر الأربعة الحرم التي يحظر فيها القتال)، في السنة السادسة للهجرة (آذار 628)، رأى النبي محمد صلى الله عليه وسلم في المنام أنه يدخل الكعبة، وأنه بعد حلق رأسه، تناول مفاتيح الكعبة ووقف مع الحجاج في جبل عرفات.[257] في أعقاب هذه الرؤيا قرر النبي (صلعم) الحج إلى مكة وأداء العمرة، ودعا القبائل التي كانت في محيطه القريب إلى الانضمام إليه. وقد رفض الكثيرون الانضمام إليه، غير أن بعضهم تجاوب مع اقتراحه، منهم أصحابه الأوفياء، من المهاجرين والأنصار. وخرج إلى مكة بعد ذلك بملابس الإحرام.

عند خروجه إلى مكة أعلن النبي محمد (صلعم) مسبقا أنه يرغب في أداء العمرة، غير أن أهل قريش اشتبهوا في نواياه وعارضوا دخوله إلى مكة. وبعد أخذ ورد، أرسل النبي (صلعم) صهره عثمان بن عفان إلى قريش حاملا رسالة مصالحة. أرسل أهل مكة من طرفهم سُهيلا بن عمرو للتفاوض معه حول إبرام معاهدة. وقد استقدم النبي (صلعم) وجهاء من معسكره ليشهدوا على شروط الاتفاق، ولنزع الشكوك من قلوب أهل مكة. قبل أن نعرج على تفاصيل المعاهدة التي تم التوصل إليها، يجدر بنا التوقف عند الخلفية السياسية لتوقيعها. فقد وقعت قبل ذلك بعام واحد غزوة الخندق بين النبي محمد (صلعم) وأهل قريش، وأثرت على هيبة النبي رغم أن الهجوم الذي شنته قريش باء بالفشل. كان النبي يعرف أن معنويات المكيين عالية وأن قدرة معسكره القتالية ضعيفة لا تسعفه في حسم المعركة. كما أدرك النبي محمد (صلعم) أنه لن يستطيع التوسل إلى المكيين ليوافقوا على إبرام معاهدة صلح. وهكذا كان أداء العمرة هو الإمكانية الوحيدة المتاحة أمامه لخلق وضع لا يظهر فيه كطرف ضعيف عند عقد الهدنة مع قريش. ومن أجل ذلك خرج النبي (صلعم) إلى مكة بمظاهر القوة الهجومية (حوالي 1400 شخص)، وكان من شأن ذلك إنقاذ كرامته في نظر القبائل القاطنة في شبه الجزيرة العربية، التي سعى النبي (صلعم) إلى إدخالها في الإسلام. قام النبي بمجازفة خطيرة لأن الزحف مباشرة باتجاه حصون أعدائه في مكة كان يمكن أن ينتهي بهزيمة نكراء.[258] تذكر الرواية أنه تناهى إلى مسامع بني قريش خبر قدوم النبي محمد (صلعم)، فخرجوا لملاقاته وجمعوا الجموع لمقاتلته وصده عن البيت الحرام مع قوة

كبيرة، وأعلنوا أن "محمدا لن يأتي إليهم إلى البيت الحرام إلى آخر الدهر".[259] وحينها جرى تبادل الرسل بين قريش والنبي محمد (صلعم)، وبدا أن المفاوضات ستؤول إلى الإخفاق. خشي زعماء قبيلة قريش أيضا على سمعتهم وهيبتهم في نظر المحيط القبلي من حولهم فصرحوا: "وإذا جاء ولم يرغب في القتال، فإنه لن يدخل البيت الحرام رغما عنا أبد الدهر، ولن تكون سيرتنا على ألسنة العرب لهذا."[260]

أفضت مساعي المصالحة بين المعسكرين إلى معاهدة وقعت في مكان يعرف باسم حديبية، وقد عبرت عن مصالح كلا الطرفين. قام أهل مكة الذين عملوا في التجارة، وكانت لديهم القوة الأكبر، بإعداد العدة من أجل صد معسكر النبي محمد (صلعم). ولكن بسبب رغبة هؤلاء بالهدوء لفترة طويلة، بهدف استمرارهم في مزاولة أعمالهم، توصلوا إلى اتفاق مع النبي محمد (صلعم) يضمن عدم الاعتداء ويسمى بـ"الصلح"، الذي يسري لفترة عشر سنوات.

نصّ صلح الحديبية

باسمك الله، هذه هي المعاهدة التي عقدها محمد بن عبد الله مع سهيل بن عمرو. تعهّد المسلمون، وقريش بترك الحرب عشر سنين يأمن فيهن الناس، ويكف بعضهم عن بعض. إن من آمن وأتى النبي صلى الله عليه وسلم دون إذن وليه رده [إلى قريش]، ومن أتى قريشا ممن كانوا مع رسول الله صلى الله عليه وسلم لم يردوه علي. الأعمال غير اللائقة بين الطرفين- محظورة، وأنه لا إسلال (لا سرقة) ولا إغلال (لا خيانة) بل يحترم الطرفان أموال الطرف الآخر، فلا يخونه ولا يسرق منه. إن من أحب أن يدخل في عقد محمد وعهده دخل فيه. ومن أحب أن يدخل في عقد قريش وعهدهم دخل فيه.[261] *إنّ محمدا يرجع بأصحابه إلى المدينة عامه هذا ولا يدخل مكة [لا يدخل إلى مكة]، وإنما يدخل مكة في العام القابل في أصحابه فيقيم فيها [في مكة] ثلاثة أيام،[عندما يحين الأوان] لا يدخل فيها بسلاح [ظاهر]، إلا سلاح المسافر، السيوف في القرب.*
أسماء الشهود:...[262]

ب. الخلاف حول مدلولات "صلح الدنية":

وفقا للرواية، وقع النبي محمد (صلعم) على المعاهدة رغم معارضة عمر بن الخطاب (الذي صار لاحقا الخليفة الراشد الثاني) وبعض كبار صحابته. وأطلق على هذا الاتفاق

اسم "صلح الدنية"، وهو مصطلح قد يحمل تفسيرين: الأول، أن شروط الاتفاقية تعتبر مُذلة لمعسكر النبي محمد (صلعم)، والثاني أن الاتفاقية أبرمت على خلفية الدونية العسكرية لمعسكر المسلمين مقابل المعسكر الخصم.

يشير العاي ألون إلى أن عملية التفاوض لإبرام معاهدة الحديبية مليئة بالتنازلات التي قدمها المسلمون. وقد ضمن الأمر للنبي إمكانية العودة، حيث سمح له بالعودة إلى مكة بعد مرور سنة على توقيع المعاهدة، وقد اضطر إلى الموافقة على شروط غير متساوية: ففي الوقت الذي سُمح فيه لقريش بقبول من ينسحب من معسكره، التزم المسلمون بأن يعيدوا لقريش كل من جاءهم مسلما من بني قريش. ووصلت التنازلات ذروتها عند التوقيع على المعاهدة، فبناء على طلب المكيين تم تغيير كاتب الاتفاق واضطر النبي محمد (صلعم) إلى تغيير صيغة مستهل المعاهدة، وتنازل عن صفته كـ"رسول الله" مكتفيا بذكر اسمه الثنائي (محمد بن عبد الله). ويشير ألون إلى أن هذه التنازلات كانت تعتمد على مبرر، هو في نظر المفسرين، "مصلحة الإسلام". [263]

كتب مجيد خضوري أن التاريخ الإسلامي يرى في المعاهدة انتصارا للإسلام، نظرا للاعتراف بالنبي محمد (صلعم) كطرف متساو في المكانة وفي الحقوق لأهل قريش الذين طردوه من مدينتهم وثبت الإسلام كدين رسمي، ويرى الكاتب أن مكانة النبي محمد (صلعم) قد ارتفعت. كانت المعاهدة بمثابة سابقة لاتفاقيات لاحقة مع الكفار، ولهذا فهي تتميز بكونها لفترة محددة (بخلاف الاتفاقيات مع مجموعات "أهل الكتاب" الذين ارتضوا العيش في ذمة الإسلام وحظوا باتفاقيات لفترات غير محددة). نقضت المعاهدة بعد مرور عامين، عندما هاجمت قبيلة متحالفة مع قريش حليفا للنبي محمد (صلعم)، ما اعتبر انتهاكا خطيرا للبند الذي يتحدث عن المتحالفين مع النبي محمد (صلعم)، وهو انتهاك يبرر الحرب (casus belli). جرت بين الطرفين مفاوضات في محاولة لإعادة السلام، إلا أنها باءت بالفشل. أما النبي محمد (صلعم)، فتقول الروايات إنه كان يتمتع بمكانة قوية، لا تقل عن مكانة القيصر البيزنطي، (تتحدث معظم الروايات عن معسكر يضم 10 آلاف شخص مقابل 1400 قبل ذلك بعامين)، وقد قرر فتح مكة (إذا انتهى مفعول المعاهدة بحكم انتهاك الطرف الآخر لها). [264]

يجدر التأكيد هنا على أنه رغم الطابع المتدني لمعاهدة صلح الحديبية، إلا أنها تدل على عظمة النبي محمد (صلعم) وقوته الاستراتيجية، حيث وفرت له ولمعسكره انتصارا كبيرا وهاما في مكان آخر. لقد فضل النبي محمد (صلعم) اتفاقا يضمن له المنطقة الخلفية من أهل مكة، في الوقت الذي كان يستعد فيه للهجوم على خيبر التي يسكنها اليهود. من الناحية العملية، ألغت معاهدة الحديبية التحالف بين خيبر ومكة، فأتيح للنبي الانتصار المدوي على خيبر، مما شكل مرحلة هامة جدا في تعزيز معسكر النبي محمد (صلعم). [265]

ج. الخلاف حول من انتهك المعاهدة بعد مرور عامين

هناك أهمية كبيرة للسؤال حول من انتهك المعاهدة، نظرا لاعتبار معاهدة الحديبية سابقة قضائية وتأريخيه بالنسبة لاتفاقيات سلام أخرى. إذا كان النبي محمد (صلعم) هو الذي انتهك المعاهدة، فإن هذا يعني أنه من المسموح انتهاك اتفاقية الهدنة، أو الصلح. وقد ادعى محللون إسرائيليون في سياقات سياسية معاصرة أن فعل النبي محمد (صلعم) في صلح الحديبية هو دليل آخر على أن اتفاقيات الهدنة والصلح قابلة للإلغاء في أي وقت يختار فيه الطرف الإسلامي فعل ذلك.[266] ووفق ما يرى هؤلاء، فإن الأمر يحمل معنى مزدوجا: الأول هو أنه لا يمكن الاعتماد على اتفاقيات السلام مع أطراف إسلامية، والثاني هو أن القائد العربي المسلم الذي يبني اتفاق سلام مع دولة إسرائيل على أساس سابقة الحديبية، تكون نيته تآمرية، لأن الحديث يدور وفقا لهذا التفسير حول اتفاقية يمكن للمسلمين انتهاكها عندما يكون الأمر متاحا لهم من حيث موازين القوى.

إن هدف المسلمين، وفق ما تقدم، هو "تنويم" إسرائيل وإلهاؤها، وتجميع القوة، ثم العودة إلى مهاجمتها عندما تسنح لهم الفرصة بذلك. هذا، على سبيل المثال، ما أكده رئيس جهاز الاستخبارات العسكرية الإسرائيلية عام 2001، في التقرير الاستشاري المهني الذي قدمه في أعقاب اندلاع انتفاضة الأقصى، عندما أقنعت شخصيات عامة في إسرائيل رئيس الدولة في حينه، موشيه كتساف، بدعم المبادرة لإبرام هدنة مع السلطة الفلسطينية.[267] يدعي المحللون، الملتزمون بالادعاء القائل إن الاستخدام المعاصر لسابقة الحديبية هو استخدام تآمري، أن صلح الحديبية يتفق في وعي المسلمين مع احتلال خيبر اليهودية، وأنهم يستخدمون الاتفاقية في الخطاب العام بنبرة لا سامية (هكذا يتردد في المظاهرات المناوئة لإسرائيل في العالم الإسلامي، مثلا، الهتاف: "خيبر خيبر يا يهود، جيش محمد سوف يعود").

يجدر التأكيد على أن الغالبية العظمى من علماء المسلمين في فترة العصور الوسطى لا ينسبون للنبي محمد (صلعم) انتهاك المعاهدة. يرجح هذا القول في رأي القلائل من علماء المذهب الحنفي، الذين يرون أن النبي محمد (صلعم) انتهك الاتفاقية (نقض المعاهدة) من أجل عدم التخلي عن فريضة الجهاد.[268] يسوق أحد المصادر الإسلامية القديمة، التي تتناول سيرة رسول الله (صلعم)- كتاب السيرة النبوية لابن هشام- روايات تؤكد أن قبيلة قريش هي التي نقضت المعاهدة، وليس النبي (صلعم): كان لقبيلة خزاعة المتحالفة مع النبي محمد (صلعم)[269] نزاع سابق مع قبيلة بكر التي كانت متحالفة مع قبيلة قريش. وقد قامت مجموعة صغيرة من قبيلة بكر رغبت في الانتقام من قبيلة خزاعة، باستهداف قبيلة خزاعة فقتلت رجلا منها من خلال الاستعانة بقريش التي وفرت لهم السلاح والماء.[270] أدى هذا العمل إلى تأجيج المشاعر في معسكر النبي محمد (صلعم). وفقا لما رواه ابن هشام: "فلما تظاهرت بنو بكر وقريش على خزاعة وأصابوا منهم ما أصابوا، ونقضوا ما بينهم وبين

رسول الله صلى الله عليه وسلم من العهد والميثاق بما استحلوا من خزاعة... وكان ذلك مما هاج فتح مكة".[271]

يؤكد المفسرون من القرون الوسطى أن نقض الاتفاقيات محظور صراحة في القرآن (4:9، 7:9) كما وقفنا على ذلك في الفصل السابق.[272] ولتأكيد مدى تصميم النبي محمد (صلعم) على تنفيذ المعاهدة، يشير الزحيلي إلى أن النبي تعرض لضغوط من أجل نقض المعاهدة، من خلال قبول المسلمين الجدد الذين كانوا في معسكر المكيين (أبو جندل وأبو بصير)، حيث كانا قد حضرا إلى المدينة وطلبا الانضمام إلى معسكر المسلمين، إلا أن النبي (صلعم) رفض استقبالهم حرصا على قواعد الاتفاقية.[273]

د. هل كان نقض المكيين للمعاهدة مبررا لإلغاء الرسول لها؟

يرى عدد من مؤرخي الشرق الأوسط، إسرائيليين وغربيين، أن الاستخدام المعاصر لسابقة الحديبية لتبرير عقد الاتفاقيات مع إسرائيل، هو بمثابة توجُّه تآمري. ويدعي هؤلاء أن النبي محمدا (صلعم) استغل حادثة هامشية كمبرر لإنهاء المعاهدة. هكذا، على سبيل المثال، يرى دانتيل بيبس (Pipes) أن انتهاك قبيلة بكر للمعاهدة كان حادثا بسيطا، وأن رد فعل النبي (صلعم)، الذي أدى إلى فتح مكة، لم يكن تناسبيا. وهو يستند إلى باحثين غربيَّين أيضا، أحدهما هو برنارد لويس، الذي كتب أن سبب فض المعاهدة كان قيام شخص واحد من معسكر واحد بقتل أحد الأشخاص من الطرف الآخر على خلفية خلاف شخصي وقع بينهما، فاستغله النبي لتبرير العملية الحربية (casus belli) لاحتلال مكة.[274]

علاوة على ذلك، ووفقا لما يقوله بيبس، كان بمقدور النبي محمد التريث، أو الاكتفاء بفدية، لكنه ناور في الاتصالات مع الطرف الآخر حتى وصل إلى طريق مسدود سعيا منه إلى توفير الذريعة لفتح مكة. ولكن المصادر الإسلامية القديمة لا تدعي، ولو تلميحا، أن النبي محمدا (صلعم) كان مرغما على الموافقة على اقتراح المصالحة مع المكيين. ووفقا لابن هشام، فقد فهم زعيم قريش، أبو سفيان، معنى الحادث العنيف الذي قتل فيه شخص من قبيلة خزاعة، فخرج إلى المدينة سعيا إلى تحقيق المصالحة وتنقل بين الشخصيات الرفيعة في معسكر النبي (صلعم)، غير أن دعوته للتوصل إلى تسوية مصالحة لم تحظ بالإيجاب ولا بالسلب. في غضون ذلك كان النبي محمد (صلعم) يستعد لفتح مكة.[275]

انتقد مصطفى أبو صوي، من جامعة القدس، مقالة دانتيل بيبس، فكتب أنه على الرغم من كون هجوم قبيلة بكر انتهاكا جوهريا لمعاهدة الحديبية، إلا أن النبي محمدا (صلعم) لم يسارع إلى الهجوم ردا على ذلك. وقد أرسل كتابا إلى قريش طالبهم فيه بفدية عن الذين قتلوا من قبيلة خزاعة، كما طالبهم بإخراج قبيلة بكر من حلف الدفاع الخاص بهم، وأنه في حالة عدم قبولهم بشروطه، فإن النبي محمدا يعتبر معاهدة الحديبية لاغية. أرسلت قريش رسولا إلى المدينة لكي يبلغ النبي محمدا (صلعم) بأنهم يعتبرون الاتفاقية لاغية، ورغم

كون هذا الرسول العدو اللدود للمسلمين في المدينة، فقد أتاح له المسلمون الدخول إلى مسجد النبي (صلعم) والإعلان عن إحياء معاهدة الحديبية، وتجاهل أهل المدينة تصريحه ليعود إلى مكة خالي الوفاض.[276]

هـ. الخلاف حول فتح مكة بالطرق السلمية

يقلل بعض المحللين المسلمين في العصر الحديث، ممن يعتبرون معاهدة الحديبية سابقة للسلام بالمفهوم الحديث، من شأن المدلولات القتالية لفتح مكة، ويصورون فتحها كعملية لم تكن مصحوبة بسفك الدماء، لأن النبي (صلعم) فتح مكة بلا مقاومة تقريبا. وفقا للمصادر الإسلامية، أعلن النبي، قبل فتح مكة، أن من يلجأ إلى بيت أبي سفيان في مكة، أو إلى الكعبة، فهو آمن.[277] تؤكد هذه الرواية سماحة النبي محمد (صلعم) الذي لم ينتقم من أعدائه الألداء، الذين منعوه طوال ثمان سنوات خلت من دخول مكة، ولم يحترموا قدسيتها. من الناحية العملية، كان النبي محمد (صلعم) يعرف أنه لا أمل لسكان مكة في مقاومته على ضوء حجم جيشه في ذلك الوقت.[278]

و. هل تعبر الإشارة إلى الحديبية عن الدعم الصادق للسلام مع إسرائيل؟

في حزيران 1978، وفي أعقاب نشر فتوى مفتي مصر، الشيخ جاد الحق، التي دعمت اتفاقية السلام بين مصر وإسرائيل، والتي استندت، من بين ما استندت إليه، إلى سابقة الحديبية، تداول المستشرقون في إسرائيل تفسيرات شتى لهذه الفتوى. كان هناك من فهم منها أن المؤسسة المصرية تضفي شرعية على انتهاك اتفاقية السلام مع إسرائيل، وشرعية لمهاجمتها عندما يرى المصريون أن ميزان القوى العسكرية في مواجهة إسرائيل يميل إلى صالحهم. وقد وجهت انتقادات إسرائيلية أكثر حدة، في مرحلة متأخرة، حين تعرضت للمقارنة التي أجراها رئيس السلطة الفلسطينية في حينه، ياسر عرفات، بين اتفاقية أوسلو ومعاهدة صلح الحديبية، في خطاب له في مسجد جوهانسبرج في أيار 1994 (سوف نناقش هذا الموضوع لاحقا). وفي المقابل، كان هناك بعض المؤرخين الذين نفوا التفسيرات التآمرية وادعوا أنه يجب التعاطي مع الأقوال وفقا للسياق الذي قيلت فيه.[279] وقد رأوا في فتوى مفتي مصر تعبيرا صادقا لدعم السلام الثابت مع إسرائيل، بينما فسّرت أقوال عرفات، في المقابل، على أنها خفيفة، لكن أفعاله في المستقبل ستكشف عن نواياه.

يمكن الوقوف على أسس التفسير التآمري للحديبية من خلال استعراض فكر علماء المسلمين الذين يشيرون إلى الإنجازات الاستراتيجية الكامنة في هذا الاتفاق - اتفاق عدم القتال في إحدى الجبهات- مما أتاح للمسلمين التفرغ للقتال في جبهة أقل صلابة. يصور محمد خير هيكل، على سبيل المثال، معاهدة الحديبية على أنها مثال للاستراتيجية بعيدة النظر من جانب النبي محمد (صلعم)، بينما لن يقف أصحابه على ميزاتها.[280] وكتب المفكر

محمد عفيفي، أنه كانت للنبي أهداف بعيدة المدى لم يرغب في الكشف عنها عندما اتخذ القرار بالتفاوض حول المعاهدة مع أهل مكة. وقد عرض النبي (صلعم) شروط المعاهدة لفترة طويلة، وذلك من أجل طمأنة أهل قريش بأن لا نوايا حربية لديه، غير أنه كان يعلم أنهم سينتهكون المعاهدة. في الواقع أن النبي (صلعم) كان يعرف مسبقا أن الخصم ليس متجانسا، وأنه لا يوجد لدى أهل قريش قيادة موحدة تستطيع الحفاظ على المعاهدة بشكل يوفر الحماية للجميع. كان يعلم أن النقاش الداخلي فيما بينهم كاد يؤدي إلى انهيارهم، وأن النصر سيكون فقط حليف من أجاد استغلال الوقت لتحقيق أهدافه وتنفيذ الاستراتيجية الخاصة به.[281] وقد دخل النبي (صلعم) إلى مكة بعد التوقيع على المعاهدة بعامين، وكان ذلك بعد أن انتشر الإسلام فيها بصورة سرية (عن طريق مسلمين بقوا فيها).[282]

هناك تفسير أكثر تطرفا، لكنه يعبر عن رأي قلة من المفكرين في التيار الإسلامي، وهو تفسير الفلسطيني إياد هلال. فقد كتب هلال أنه ينبغي على الحاكم المسلم أن يخفي نواياه الحقيقية عن الطرف الآخر، حتى عن المسلمين، عند التفاوض مع الخصم، لأنه لو كشف عن هدفه مسبقا، فقد يؤدي الأمر إلى عرقلة التوصل إلى اتفاق. هذا ما فعله النبي (صلعم) مع قريش عندما تظاهر بأنه قادم لأداء العمرة مهما يكن، وأخفى نواياه الحقيقية، وهي التوصل إلى اتفاق عدم اعتداء لكي يتمكن من التفرغ للجهد الأساسي في مواجهة اليهود في خيبر وقبائل العرب.[283] وفقا لأقوال هلال، كان النبي (صلعم) يعرف أن قريشا وخيبر خططتا لعقد حلف بينهما من أجل القضاء على المعسكر الإسلامي، ولهذا بادر هو إلى إبرام اتفاق مع قريش، هادفا إلى تعطيل الحلف المنسوج بينهما. بعد أن هزم النبي (صلعم) خيبر وقبائل عربية، صار "يتحين الفرص الملائمة للقيام بعمل ما"، وفي اللحظة التي انتهكت فيها قريش معاهدة الحديبية غيّر سياسة السلام التي كان يتبعها تجاه قريش. لقد رفض محاولات قريش الاستمرار في الهدنة وتحرك لفتح مكة. بناء عليه فإن الاتفاقيات في الإسلام تعتبر بمثابة طريقة هامة للانتظار ولاستغلال الفرص والظروف الدولية من أجل العودة إلى نشر الإسلام في العالم.[284]

قد تستعمل مثل هذه الأقوال كمصدر إلهام لمن يدعي أن استعمال الحديبية كمبرر شرعي لاتفاقية السلام مع إسرائيل هو استعمال شيطاني. لكن علينا أن نؤكد أن هذا الرأي هو رأي الأقلية في أوساط المحللين في عصرنا، فالغالبية العظمى من المفكرين المسلمين الذين تناولوا هذه القضية اعتبرت معاهدة الحديبية تعبيرا صادقا عن السلام. سنتطرق الآن إلى التفسيرات على خلفية "خطاب جوهانسبرج" الذي ألقاه ياسر عرفات.

ز. سابقة الحديبية في خطاب ياسر عرفات في جوهانسبرج

في أيار 1994 قام ياسر عرفات، رئيس منظمة التحرير الفلسطينية، بزيارة إلى جنوب إفريقيا وحل ضيفا على نيلسون مانديلا، وذلك بعد مرور وقت قصير على التوقيع على

"اتفاقية القاهرةـ أ" ("اتفاق غزةـ أريحا")، وبعد مرور ستة أيام على وصول عرفات بصورة احتفالية من تونس إلى قطاع غزة. ألقى عرفات خلال زيارته خطابا باللغة الإنجليزية في مسجد جوهانسبرج، ذكر فيه سابقة الحديبية من أجل تبرير توقيعه على اتفاقية أوسلو. لم يكن عرفات يعلم أن خطابه سجله سرا صحفي محلي من إذاعة 702 في جوهانسبرج. نقل التسجيل إلى مواطن إسرائيلي من مستوطنة كارني شومرون، يدعى نيد جولدفاسر، كان يقيم في تلك الفترة في جنوب إفريقيا، ومن ثم أذيعت المادة المسجلة في القناة 7 وفي صوت إسرائيل[285]. أما العبارات التي أثارت الإشكالية في الخطاب فكانت في الفقره التالية: "... هذا الاتفاق، لا أرى فيه أكثر من الاتفاق الذي وقعه النبي محمد (صلعم) مع قريش، وأنتم تذكرون أن الخليفة عمر بن الخطاب رفض التوقيع على الاتفاق واعتبره صلح الدنية، غير أن محمدا وافق على الاتفاق، وهكذا نقبل نحن اليوم باتفاق السلام هذا [أوسلو] لكننا [نعمل] على الاستمرار في طريقنا إلى القدس، أولى القبلتين، معكم وليس وحدنا...".

لقد دفع خطاب جوهانسبرج بكتلة "الليكود" في الكنيست إلى دعوة رئيس الحكومة الإسرائيلي، يتسحاق رابين، إلى الاعتراف بخطأه وإلغاء اتفاقية أوسلو. كما قدمت كتل المعارضة الإسرائيلية اقتراحات لنزع الثقة عن الحكومة على هذه الخلفية. سعى عرفات من خلال هذا الخطاب إلى استمالة المستمعين بخصوص قضية القدس، وهي قضية أشير إليها في اتفاقية أوسلو، وذكر أنه سيتم بحثها في مرحلة لاحقة، عند المفاوضات بخصوص الاتفاق الدائم. كان عرفات قد عاد من اجتماع القمة في القاهرة، حيث أصر هناك على إلقاء خطاب بشأن القدس كشرط للتوقيع على الاتفاق، وأطلع سامعيه على هذه القضية مضيفا أنه يتوقع صراعا على القدس، وأن إسرائيل تستغل الوقت لتثبيت الحقائق على الأرض. بناء على ذلك قام بدعوة سامعيه إلى الاستعداد للجهاد لتحرير القدس.

إن الإشارة إلى الحديبية، في نسق واحد مع الجهاد، فسرها بعض المستشرقين في إسرائيل كاعتراف من عرفات بأنه ينوي خرق اتفاقيات أوسلو عندما تسنح له الفرصة. وقد أوردوا الادعاء بأنه مثلما استغل النبي محمد (صلعم) حادثة واحدة كمبرر لإلغاء الاتفاق مع قريش، فإن عرفات سيفعل ذلك عندما تصبح الظروف مواتية.[286] وقد صُوّر عرفات كمن "وقع على اتفاق مع غمز".[287] وكان هناك من ادعى أن النبي محمدا (صلعم) وقع على اتفاق "لم ينو مطلقا تطبيقه"، وأنه فعل ذلك بغرض التشويش على يقظة الطرف الآخر، فقد رغب في عقد اتفاق لفترة طويلة نسبيا، تصل إلى عشر سنوات. وصُوّر تصرف النبي (صلعم) على أنه انتهاك واضح للاتفاق دون أي استفزاز من أهل مكة.[288] هناك من رأى أن عرفات سيجد المبرر والفرصة المناسبة لانتهاك الاتفاق، مثلما فعل النبي (صلعم) من قبل، وذلك من خلال اتهام الطرف الإسرائيلي بعدم الوفاء بجميع بنود الاتفاق الذي أبرم مع منظمة التحرير الفلسطينية.[289] في المقابل اعتقد مستشرقون آخرون أنه لا يمكن للنص وحده أن يكون قاعدة للتفسير الصحيح، دون أخذ السياق السياسي بعين الاعتبار. وقد عزوا ذلك إلى حاجة عرفات إلى خطاب ذي طابع إسلامي من أجل تبرير التنازلات الكبيرة التي

قدمها في اتفاق أوسلو، وقد قصد بأقواله تقديم التبرير والقول لسامعيه إن الأمر لا يعبر عن هزيمة عامة. هذا هو السبب الذي استخدم من أجله اتفاق الحديبية الذي يبدو في ظاهره اتفاقا أبرم من منطلق الدونية والهزيمة، بينما تحول في نهاية الأمر إلى انتصار دبلوماسي وعسكري كبير. ورأى هؤلاء في هذا التصرف "استعانة نفسية وإنسانية لشخص مهزوم"، وأضافوا "أن الحديبية أبرمت في سياق قبائلي، بينما تتسم اتفاقية أوسلو بكونها نشاطا دوليا".[290] كان هناك أيضا من أشار إلى أن معاهدة الحديبية متعددة التفسيرات، ومن بينها التفسير الذي يطمح إلى مواءمة الشريعة الإسلامية، بمفهومها التقليدي (أحكام الشريعة كما تبلورت خلال القرون الوسطى) مع قبول تبعات القانون الدولي وتبرير التنازل عن استخدام العنف لفض النزاعات، وأن اختيار عرفات هو الاختيار العملي".[291]

يذكر أن التحليلات الإسلامية المعاصرة منقسمة على نفسها، بشأن سابقة الحديبية، إلى قطبين سياسيين: الإسلام الأصولي المتطرف الذي يدعي أنه يمكن نقض الاتفاق مع العدو، والإسلام الوسطي المعتدل الذي يرى أن الأمر محظور. هكذا هو الحال أيضا مع المستشرقين الإسرائيليين في هذه القضية، إذ يتوافق رأي كل منهم مع وجهة نظره الآيديولوجية. كتب الباحثون الفلسطينيون أن التحليل الإسرائيلي الذي ينسب لعرفات الاستعمال المفرط لسابقة الحديبية هو تفسير خاطئ. هذا هو، على سبيل المثال، رأي كل من الدكتور سامي مسلم[292] والدكتور مصطفى أبو صوي[293]، إذ لا يتعاطى الكاتبان مع حقيقة كون كتب الشريعة الإسلامية التقليدية ترى في أي معاهدة لوقف القتال تهدئة مؤقتة فقط، إلى حين استجماع القوة للاستمرار في القتال. تعاود هذه الحقيقة التأكيد على أهمية تفسير المفتي المصري، الشيخ جاد الحق، الذي كان أول من تعاطى مع هذه المصادر وادعى أن الحرب غير مسموحة في الإسلام إلا في حالة الاضطرار المفروضة، وأن الشريعة تتيح التوقيع على أية اتفاقية سلام تعود بالنفع على المسلمين.

أعتقد أن عرفات أراد من خلال خطابه في جوهانسبرج الإمساك بطرفي العصا: تبرير توقيعه على اتفاقيات أوسلو في مواجهة معارضي السلام في معسكره، وإرسال رسالة قتالية عشية الصراعات السياسية التي كانت تنتظره بخصوص القدس وباقي المواضيع الجوهرية. كان عرفات يتعامل بصورة مزدوجة مع اتفاق أوسلو الذي أبقى المشاكل الحقيقية في المفاوضات السلمية إلى موعد لاحق يناقش فيه الطرفان الاتفاق الدائم. يبدو أن عرفات لم يكن متقبلا للاتفاق، لكنه كان بحاجة إليه، فيما اضطره غياب المماثلة في ميزان القوى إلى قبول الاتفاق رغم نواقصه. لقد تجسدت الرسالة السلبية التي بثها عرفات في خطاب جوهانسبرج في استعمال الفقرة التالية بصيغة النفي: "لا أرى فيه أكثر من الاتفاق الذي وقعه النبي محمد (صلعم) مع قريش..." وأشار إلى أن الاتفاق يعتبر اتفاقا دنيّا. ولو أراد عرفات أن يعرض معاهدة الحديبية على أنها اتفاق إيجابي لكان بمقدوره أن يتناولها في سياق إيجابي كأن يقول: "أنا أعتبر هذا الاتفاق مثل الاتفاق الذي وقعه النبي..." عوضا عن ذلك، اختار عرفات تفسير مصطلح "الاتفاق الدنيّ" الذي يعرض الصلح على أنه اتفاق

في حالة من الدونية. بالفعل، بعد مرور أربع سنوات على خطاب جوهانسبرج، وفي تاريخ 18.4.98، قال عرفات في مقابلة مع قناة "أوربيت" التلفزيونية المصرية: "أنا بالطبع لا أقارن نفسي بالنبي، لكنني أقول إنه ينبغي علينا أن نتعلم من خطواته، وكذلك من خطوات صلاح الدين. اتفاقية السلام التي وقعنا عليها هي سلام دوني. الظروف كانت ظروف انتفاضة استمرت سبع سنوات. نحن نحترم الاتفاقيات كما احترم النبي محمد وصلاح الدين الاتفاقيات التي وقعا عليها".[294]

من هنا فإن عرفات يقول عمليا إن الحديث يدور حول اتفاق دوني لأن الطرف الإسلامي وقع على شروط مذلة، وهو يؤكد أن عمر بن الخطاب عارض الشروط المذلة التي وافق النبي (صلعم) عليها. هكذا فعل قادة منظمة التحرير أيضا، مثل فاروق القدومي، وفلسطينيون في مخيمات اللاجئين، الذين عارضوا اتفاق أوسلو. في العام 1998، عندما كانت عملية أوسلو توشك على الانهيار، تعلق عرفات بصلاح الدين الذي حرر فلسطين والقدس من أيدي الصليبيين. وقد احترم صلاح الدين معاهدات الهدنة التي أبرمها مع الصليبيين، غير أن النتيجة النهائية كانت طرد الصليبيين من البلاد.[295] إلى جانب ذلك هناك ناحية إيجابية علينا تذكرها، وهي أنه وجهت إلى عرفات انتقادات من داخل المعسكر الفلسطيني، ومن أوساط مسلحة في العالم العربي، لأنه وقع على اتفاقية سلام دون أن يحصل فعليا على دولة، ودون أن يوفر حلا لمشكلة اللاجئين، وقضية القدس، وقضية حدود الدولة في المستقبل. كان ينبغي على عرفات أن يبرر موقفه، وقد اختار أن يتحدث أمام جمهور المصلين المسلمين في جوهانسبرج عن السابقة الأكثر شهرة، وهو الاتفاق الذي أبرمه النبي مع غير المسلمين. أما بالنسبة لقضية شرقي القدس، التي تعتبر موضع الخلاف الأشد، فقد رغب عرفات في تجنيد العالم الإسلامي في صراع سياسي، من خلال التهديدات بـ"الجهاد لتحرير القدس". كما إن الجهاد مصطلح قابل للتفسير على هذا الشكل أو ذاك، التفسير السياسي والتفسير العنيف. بمعنى آخر، إذا لم يحصل الفلسطينيون على القدس ضمن مفاوضات سياسية، فإنهم سيعملون على تحريرها بالعنف. في سياق تاريخي لاحق، يتعلق بقمة كامب ديفيد 2000، وانتفاضة الأقصى (التي استنتجت شعبة الاستخبارات العسكرية في الجيش الإسرائيلي أن عرفات لم يخطط لها لكنه لم يفعل شيئا لوقفها) يمكن القول إن التحليل الذي نعرضه هنا تجسد في مواقفه وخطواته السياسية اللاحقة.

في الختام، أعتقد بخصوص خطاب عرفات في جوهانسبرج، أنه يتوجب فهم الإشارة إلى الحديبية بالمعنى المزدوج. لكن بخصوص الفتاوى التي تساند السلام مع إسرائيل، فإن اتفاقية الحديبية تحمل معنى واحدا. على النقيض من الاستخدام المزدوج الذي قام به عرفات، فقد استند مفتي مصر (كما سنرى ذلك في الفصل التالي) إلى الحديبية كسابقة ملزمة بالسلام والصلح والوفاء بالاتفاقيات.

ح. تفسيرات "حماس" والجماعات الإسلامية الأصولية

هنالك تفسيرات خاصة للجماعات الإسلامية الأصولية بخصوص سابقة الحديبية، وهي تفسيرات تهدف إلى اعتبار كل مبرر إسلامي للتوقيع على اتفاقية سلام مع إسرائيل مبررا عقيما. سأسوق هنا أقوال الدكتور نواف هايل التكروري، من قيادات "حماس"، الذي عمل محاضرا في جامعات فلسطينية،[296] والذي نشر مقالا في مجلة "فلسطين المسلمة" في نيسان 2000، قارن فيه بين اتفاق الحديبية واتفاقيات السلام مع إسرائيل.

رفض المقال إضفاء أي صبغة شرعية على اتفاقيات السلام مع إسرائيل[297] ورأى أن هناك ما لا يقل عن عشرة فوارق بين معاهدة الحديبية وبين السلام مع اليهود:

1) **خلال التوقيع على معاهدة الحديبية لم تكن مكة بعد جزءا من دار الإسلام بل من دار الحرب (خاضعة للكفار وينبغي احتلالها).** كانت لقبيلة قريش ممتلكات حقيقية في مكة ولم يكن تواجدها فيها مصادفة، أي أن كفار قريش لم يدخلوا إلى مكة كناهبين وعدوانيين. اعتداءات قبيلة قريش على ممتلكات المسلمين التي بقيت في مكة، هي عدوانية تجاه ممتلكات شخصية وليس تجاه الحق العام. في المقابل، فإن فلسطين أرض إسلامية، وهي جزء من دار الإسلام، سرت على سكانها في السابق أحكام الإسلام، حتى جاء اليهود وسلبوا الحكم والأرض، وبسطوا على البلاد والمساكن قوانينهم التي تتعارض مع الإسلام ومسوا بالأماكن المقدسة.

2) **معاهدة الحديبية كانت اتفاقية مؤقتة لمدة عشر سنوات، بينما الاتفاقيات التي وقعت مع اليهود هي أبدية غير مقيدة بوقت.** علاوة على ذلك، فقد كان الاتفاق في الأصل يهدف إلى وقف القتال ولا يتضمن تنازلا عن أرض المسلمين أو عن أي حق من حقوقهم.

3) **كانت لمعاهدة الحديبية أهداف سياسية وعسكرية ودعائية.** وقد أراد النبي (صلعم) تحييد قبيلة قريش وحماية جانبه من أي اعتداء قد يصدر عنهم، لكي يتفرغ لقتال أعداء آخرين للمسلمين [خيبر اليهودية]. من الناحية العملية، لم تتضمن معاهدة الحديبية إرغام المسلمين على تغيير خطتهم. في المقابل، فإن أحد شروط الاتفاق مع إسرائيل والمصالحة معها، هو تغيير خطط المسلمين، مثل حذف الآيات التي تتناول اليهود ومعاداتهم، وفريضة الجهاد، من برامج التعليم، وكل هذا تحت عنوان "أجواء الصلح والسلام".

4) **اعترفت قريش من خلال معاهدة الحديبية بالنبي ودولته.** تحولت رسالة النبي (صلعم) إلى حقيقة واقعة لا يمكن تجاهلها. لقد رغبت قريش في مصالحة النبي (صلعم) وأتاحت له العودة وزيارة الكعبة، الأمر الذي كانوا يرفضونه بشدة قبل ذلك. في مقابل ذلك فإن

الاتفاقيات مع اليهود منحتهم الأفضليات التي حاز عليها النبي (صلعم): بلاد إسلامية اعترفت بهم بعد أن امتنعت عن ذلك من قبل وفتحت الأسواق أمامهم، حيث فتح هذا الاتفاق أمام اليهود بوابات العالم الإسلامي الذي يعاديهم.

5) **القبائل التي خشيت من التحالف مع النبي خوفا على علاقاتها مع قريش، صارت حرة في عقد مثل تلك التحالفات في أعقاب الاتفاق.** في مقابل ذلك أدى الاتفاق مع إسرائيل إلى إلغاء مقاطعتها. الكثير من الدول التي امتنعت عن إقامة علاقات سياسية وتجارية مع إسرائيل، خشية فقدان العلاقات مع الدول الإسلامية، أقامت العلاقات مع إسرائيل في أعقاب هذا الاتفاق.

6) **في أعقاب الصلح توقف العدو عن الدعاية المناهضة للنبي وعقيدته.** في مقابل ذلك في اتفاقية السلام مع إسرائيل واليهود، حظي هؤلاء بامتناع العرب الموقعين عليها عن أي مظهر من المظاهر الإعلامية، أو التثقيفية، التي تتناول عدوانية اليهود وسلبهم. ليس هذا وحسب، بل ألزم المسلمون بتهيئة الأجواء لقبول اليهود والاعتراف بسيادتهم على فلسطين.

7) **رغم الاتفاق مع قريش، لم يتنازل النبي مطلقا عن خيار الحرب، بل كان يستعد لها حتى خلال المفاوضات، وبعد توقيع الصلح.** في مقابل ذلك، فإن المسلمين الذين وقعوا على اتفاقية السلام مع إسرائيل يعتبرون الصلح والسلام مع إسرائيل خيارا وحيدا، وهو موقف يقوي الأعداء.

8) **كانت معاهدة الحديبية مقدمة لاحتلال مكة وانتصارا كبيرا للإسلام، بينما كانت الاتفاقيات مع اليهود مقدمة للمزيد من الأعمال العدوانية ضد المسلمين.** هكذا على سبيل المثال، كانت اتفاقية كامب ديفيد [السلام مع مصر] مقدمة لغزو لبنان في العام 1982.

9) **الموقع على معاهدة الحديبية هو النبي محمد الذي كان مرجعا يستمد صلاحياته من الربّ الأعلى،** أما الاتفاقيات المبرمة مع اليهود فقد وقعتها مجموعة من المسلمين الذين لا صلاحية لهم. وقد اشترط اليهود في الاتفاقيات أن تمثل كل دولة عربية نفسها على حدة، وذلك من أجل إضعاف المسلمين وإرغامهم على تقديم تنازلات أكثر.

10) **كان اتفاق الحديبية أمرا إلهيا، ولهذا ينبغي عدم الاعتراض عليه، أو على شروطه، وينبغي قبوله كحكم مقضي من الربّ الأعلى.** وهذا ليس هو الحال في اتفاق السلام مع إسرائيل، الذي كان من صنع بشر عاديين، وهو يفتقر إلى الشرعية من **الربّ الأعلى**، كما إنه يمس بالمسلمين.

هنالك ثلاثة ادعاءات أساسية في مقارنات التكروري: الادعاء الأول يتوافق مع توجه الشريعة الإسلامية، الذي يعتبر غير المسلم، الذي يحتل أرضا من أرض دار الإسلام، بمثابة عدو ينبغي جهاده. الادعاء الثاني، أنه على النقيض من الحديبية، فإن السلام مع إسرائيل يعني التنازل عن أرض نهبت من المسلمين وشرعنة الظلم. الادعاء الثالث، يعتبر معاهدة الحديبية مؤامرة، وهو النقطة السابعة في مقاله، قوامه عدم تنازل النبي (صلعم) مطلقا عن خيار الحرب. وأنه استعد لها حتى خلال المفاوضات وبعد إبرام الاتفاق. خلاصة الأمر، كانت إسرائيل هي من حظي بجميع الأفضليات السياسية في أعقاب الاتفاق مع مصر، بينما منحت معاهدة الحديبية الأفضلية للمسلمين. كما ذكرنا، فإن هذه هي تفسيرات الجهات الأصولية المتطرفة فقط.

أما مفتي سوريا السابق، الشيخ أحمد كفتارو، فقد أفتى بأن المقارنة بين اتفاقيات السلام الموقعة مع إسرائيل، ومعاهدة الحديبية لا مكان لها، وذلك لوجهين:
الأول هو أنّ صلح الحديبية هو هدنة بين عدوين، ولا يقارن بإقامة السلام والتطبيع مع عدو ما زال يغتصب الأرض العربية ويشرد أهلها، والسلام والتطبيع في هذه الظروف لا يجوز شرعا بينما الهدنة جائزة.
الوجه الآخر هو أن صلح الحديبية عقده قائد الأمة آنذاك، فكان اتفاقا واحدا صان للأمة وحدتها ولم يمكن أعداءها منها. أما الاتفاقيات المنفردة فقد فرطت عقد الأمة، وأضعفت شوكتها، وقوت أعداءها، ومكنت "سرطان الصهيونية الفتاك" من التجرؤ على عقيدتها وفكرها[298].

أما موقف الدكتور يوسف القرضاوي فقد عبر عنه في قناة "الجزيرة" التلفزيونية إذ قال:
أنا منذ سنوات طويلة أصدرت فتاوى في تحريم الصلح مع إسرائيل، ونشرتها الصحف، وذكرناها هنا في القناة، وقامت بيني وبين بعض كبار العلماء مناقشات ومعارضات من بعض العلماء الذين قالوا إنه يجوز الهدنة مع العدو... وكذا. وقلت لهم إنه ما يجري من صلح مع اليهود ليس مجرد هدنة، لأن الهدنة أن تكف يدك عن عدوك ويكف عدوك يده عنك، وإنما الصلح مع إسرائيل يتضمن الاعتراف بدولة إسرائيل، فهذا أمر آخر غير مجرد الهدنة التي أجازها الفقهاء اتباعا لما فعله النبي ―صلى الله عليه وسلم― من الهدنة مع قريش في صلح الحديبية. هذا أمر أن تعترف بإسرائيل.. ومعنى تعترف بإسرائيل يعني تعترف بأن ما أخذته من أرض المسلمين أصبح لها السيادة الشرعية والقانونية عليه، ولم يعد لنا حق في المطالبة به فهل هذا جائز شرعا!؟ أنا ناقشت هذا وناقشت علماء كبارا ومعروفين في المنطقة كانوا يجيزون هذا وأنا لم أقر هذا وهذا مكتوب عندي في

كتابي "فتاوى معاصرة". في الجزء الثاني من الكتاب عدة فتاوى ومناقشات مع كبار العلماء، فهذا أمر ليس جديدا بالنسبة لي فأنا لا أقر هذا وأنا كما قلت إن الشيء الوحيد الذي أقره... حتى يأخذ الفلسطينيون حقوقهم، هو المقاومة. المقاومة هي مقاومة مشروعة ضد عدو غاصب معتد لا يعترف بشيء ولا يرده إلا القوة. صحيح ليس عندنا ما... عندهم من قوة، ولكن القرآن الكريم يقول: "وأعدوا لهم ما استطعتم من قوة". والله الذي في استطاعتنا وفي استطاعة إخواننا الفلسطينيين ومن يساعدهم يقومون به. والله سبحانه وتعالى يكمل نقصهم ويساعدهم على عدوهم.

على ضوء مواقف الجهات الإسلامية الأصولية (مثل "حماس")، التي تعارض بشدة أي اتفاق سلام ثابت مع إسرائيل، فإنه ينبغي عدم المبالغة في أهمية الفتاوى التي كتبها علماء معتمدون في الشريعة الإسلامية، مثل جاد الحق (الفصل الخامس)، الذين وجدوا في الشريعة شرعية للسلام مع إسرائيل، على أساس قاعدة سابقة الحديبية وعلى أساس مبررات إضافية ستتم الإشارة إليها لاحقا. إن النقاش بشأن ما وقع بالضبط في الحديبية في العام 628، وما الذي أدى إلى إنهاء المعاهدة، أو الإخلال بها في العام 630، هو نقاش عقيم لسببين: الأول يتعلق بوجود روايات مختلفة بخصوص الأحداث.[299] والثاني هو عدم أهمية الحقيقة التاريخية الصرفة- إن كانت موجودة حقا- بل كيف يفهم جمهور المسلمين صلح الحديبية وكيف يفسرونه. بمعنى آخر، ينبغي فحص التفسيرات من القرون الوسطى والمعاصرة على السواء. كما يجب فحص طريقة استخدام مصطلح "صلح الحديبية" من قبل أهل الإفتاء، والمحللين السياسيين، والسياسيين أنفسهم. ما هي أهداف هذا الاستخدام طبقا للسياق، وطبقا للهدف الذي من أجله تتم الإشارة إليه؟ ينبغي أن نتذكر أن معاهدة الحديبية هي السابقة الوحيدة التي يمكن للمسلمين استخدامها عند محاولة فهم موقف الإسلام من اتفاقيات السلام الدولية المعاصرة. يدور الحديث حول اتفاق مع الكافرين لأطول فترة قام بها النبي محمد (صلعم)، وهي عشر سنوات طبقا لغالبية الروايات التاريخية. لا يوجد أي اتفاق آخر مع حيثيات أفضل من هذه الناحية. ومن هنا، فإن استعمال الحديبية لغرض التفسيرات المعاصرة هو الأمر الطبيعي والأصوب، من ناحية المفتي الذي يسعى إلى تبرير اتفاق السلام مع إسرائيل، ومع جهات غير إسلامية.

إن استخدام الحديبية كسابقة تاريخية وشرعية إسلامية، ليس بالضرورة شأنا تآمريا أو متحيزا. وسنلاحظ في الفصل التالي أن معاهدة الحديبية معروضة في فتوى الشيخ جاد الحق كسابقة لسلام حقيقي بالمعنى المتعارف عليه في الاتفاقيات الدولية (رغم أن عرفات استعمل هذه السابقة بمعنى مزدوج في خطاب جوهانسبرج).

الفصل الرابع: فتاوى مصر 1947-1970

أ. علماء الأزهر يرفضون قرار تقسيم فلسطين الصادر عن الأمم المتحدة في شهر تشرين الثاني من عام 1947.

اتخذت الجمعية العامة للأمم المتحدة يوم 29 تشرين الثاني من عام 1947 قرارا يحمل الرقم 181، أوصت بموجبه بإنهاء الانتداب البريطاني على أرض فلسطين، وبتقسيم منطقتها إلى دولتين، الأولى يهودية والثانية عربية، على أن تحصل منطقة القدس وبيت لحم على مكانة تحظى بالرعاية الدولية، وتديرها الأمم المتحدة. سارعت جميع الدول العربية، وكذلك الفلسطينيون، إلى رفض القرار، فاندلعت الحرب خلال وقت قصير بينها وبين المجتمع اليهودي في فلسطين. وجه علماء الأزهر نداء إلى العرب والمسلمين بأن: "يهبوا لإنقاذ فلسطين والدفاع عن المسجد الأقصى". فيما يلي نص النداء:[300]

نص النداء

بسم الله الرحمن الرحيم
يا معشر المسلمين: قضي الأمر وتألبت عوامل البغي والطغيان على فلسطين وفيها المسجد الأقصى، أولى القبلتين وثالث الحرمين ومنتهى إسراء خاتم النبي صلوات الله وسلامه عليه.
قضي الأمر وتبين لكم أن الباطل ما زال في غلوائه وأن الهوى ما فتئ على العقول مسيطرا وأن الميثاق الذي زعموه سبيلا للعدل والإنصاف ما هو إلا تنظيم لظلم ولإجحاف. ولم يبق بعد اليوم صبر على تلكم الهضيمة التي يريدون أن يرهقونا بها في بلادنا وأن يجثموا بها على صدورنا وأن يمزقوا بها أوصال شعوب وحد الله بينها في الدين واللغة والشعور.
إن قرار هيئة الأمم المتحدة، قرار من هيئة لا تملكه، وهو قرار باطل جائر ليس له نصيب من الحق ولا العدالة، ففلسطين ملك العرب والمسلمين بذلوا فيها النفوس الغالية والدماء الزكية وستبقى- إن شاء الله- ملك العرب والمسلمين رغم تحالف المبطلين ليس لأحد كائنا من كان أن ينازعهم فيها أو يمزقها.
وإذا كان البغاة العتاة قصدوا بالسوء من قبل هذه الأماكن المقدسة فوجدوا من أبناء العروبة والإسلام قساورة ضراغم ذادوا عن الحمى وردوا البغي على أعقابه مقلم الأظافر محطم الأسنة، فإن في

السويداء اليوم رجالًا وفي الشرى آسادًا وإن التاريخ لعائد بهم سيرته الأولى وسيعلم الذين ظلموا أي منقلب ينقلبون.

يا أبناء العروبة والإسلام: لقد أعذرتم من قبل، وناضلتم حتى تبين للناس وجه الحق سافرًا ولكن دسائس الصهيونية وفتنها وأموالها قد استطاعت أن تلب على هذا الحق المقدس بخيلها ورجالها فعميت عنه العيون وصُمّت الآذان والتوت الأعناق فإذا بكم تقفون في هيئة الأمم وحدكم، ومدعو نصرة العدالة يتسللون عنكم لواذا بين مُستهين بكم وممالئ لأعدائكم ومتستر بالصمت متصنع للحياد.

فإذا كنتم قد استنفدتم بذلك جهاد الحجة والبيان فإن وراء هذا الجهاد لإنقاذ الحق وحمايته جهادا سبله مشروعة وكلمته مسموعة، تدافعون به عن كيانكم ومستقبل أبنائكم وأحفادكم.

فذودوا عن الحمى وادفعوا الذئاب عن العرين وجاهدوا في الله حق جهاده (فَلْيُقَاتِلْ فِي سَبِيلِ الله الَّذِينَ يَشْرُونَ الْحَيَاةَ الدُّنْيَا بِالآخِرَةِ وَمَنْ يُقَاتِلْ فِي سَبِيلِ الله فَيُقْتَلْ أَوْ يَغْلِبْ فَسَوْفَ نُؤْتِيهِ أَجْرًا عَظِيمًا)، (74) النساء (4). (الَّذِينَ آمَنُوا يُقَاتِلُونَ فِي سَبِيلِ الله وَالَّذِينَ كَفَرُوا يُقَاتِلُونَ فِي سَبِيلِ الطَّاغُوتِ فَقَاتِلُوا أَوْلِيَاءَ الشَّيْطَانِ إِنَّ كَيْدَ الشَّيْطَانِ كَانَ ضَعِيفًا)، (76) النساء (4):

يا أبناء العروبة والإسلام! خُذُوا حِذْرَكُمْ فَانْفِرُوا ثُبَاتٍ أَوِ انْفِرُوا جَمِيعًا وإياكم أن يكتب التاريخ أن العرب الأباة الأماجد قد خروا أمام الظلم ساجدين أو قبلوا الذل صاغرين. إن الخطب جلل وإن هذا اليوم الفصل وما هو بالهزل. فليبذل كل عربي وكل مسلم في أقصى الأرض وأدناها من ذات نفسه وماله ما يرد عن الحمى كيد الكائدين وعدوان المعتدين.

سُدوا عليهم السبل واقعدوا لهم كل مرصد، وقاطعوهم في تجارتهم ومعاملاتهم وأعدوا فيما بينكم كتائب الجهاد وقوموا بفرض الله عليكم واعلموا أن الجهاد الآن قد أصبح فرض عين على كل قادر بنفسه أو ماله وأن من يتخلف عن هذا الواجب فقد باء بغضب من الله وإثم عظيم (إِنَّ الله اشْتَرَى مِنَ الْمُؤْمِنِينَ أَنْفُسَهُمْ وَأَمْوَالَهُمْ بِأَنَّ لَهُمُ الْجَنَّةَ يُقَاتِلُونَ فِي سَبِيلِ الله فَيَقْتُلُونَ وَيُقْتَلُونَ وَعْدًا عَلَيْهِ حَقًّا فِي التَّوْرَاةِ وَالإِنْجِيلِ وَالْقُرْآنِ وَمَنْ أَوْفَى بِعَهْدِهِ مِنَ الله فَاسْتَبْشِرُوا بِبَيْعِكُمُ الَّذِي بَايَعْتُمْ بِهِ وَذَلِكَ هُوَ الْفَوْزُ الْعَظِيمُ)، (111) التوبة (9).

فإذا كنتم بإيمانكم قد بعتم الله أنفسكم وأموالكم فها هو ذا وقت البذل والتسليم وأوفوا بعهد الله يوف بعهدكم.

ولْيشهد العالم غضبتكم للكرامة وذودكم عن الحق ولتكن غضبتكم هذه على أعداء الحق وأعدائكم، لا على المُحتمين بكم ممن لهم حق المواطن عليكم وحق الاحتماء بكم، فاحذروا أن تعتدوا على أحد منهم إن الله لا يحب المعتدين، ولتتجاوب الأصداء في كل مشرق ومغرب بالكلمة المحببة إلى المؤمنين: الجهاد الجهاد والله معكم.

تحليل

كان هذا هو الموقف الأساسي للعرب المسلمين في عام 1947. في الواقع أن الحرب نشبت بين إسرائيل ومصر، كواحدة من الدول العربية الخمس التي دفعت بجيوشها من أجل إحباط تنفيذ قرار التقسيم الذي اتخذته الأمم المتحدة. بعد حرب العام 1948، التي يعتبرونها هزيمة عسكرية، لا بل "نكبة"، وُقعت بين إسرائيل وأربع من جاراتها اتفاقيات هدنة برعاية الأمم المتحدة. لقد ثبتت هذه الاتفاقيات حدود دولة إسرائيل إلى حد ما على امتداد خطوط وقف اطلاق النار، وهذا يعني أنها تجاوزت قرار التقسيم رقم 181، الصادر عن الأمم المتحدة في تشرين الثاني من عام 1947. فالاتفاقية بين مصر وإسرائيل مثلا، التي وُقعت في نهاية المفاوضات (التي بدأت بوساطة رالف بانتش، واستمرت كمفاوضات مباشرة بين الطرفين في شباط من عام 1949)، نصت على أن يبقى النقب في نطاق دولة إسرائيل، وأن تعاد الثكنة العسكرية التي كانت تحت سيطرة جيش الدفاع الإسرائيلي (ثكنة المقبرة) إلى مصر، وأن تظل منطقة عوجة الحفير منطقة منزوعة السلاح. تعتبر قرارات الأمم المتحدة الصادرة في شهر تشرين الثاني عام 1948، من وجهة نظر الاتفاق، مرجعية لإدارة المفاوضات بشأن الهدنة التي "تهدف إلى تسهيل الانتقال من الهدنة إلى اتفاقية سلام دائم في فلسطين التاريخية".

إضافة إلى ذلك، اتفق الطرفان على أن تعبر خطوط الهدنة عن واقع عسكري، وأن يحتفظا لنفسيهما بالحق في طرح مطالب إقليمية وأخرى غيرها خلال المفاوضات المنفصلة للتوصل إلى اتفاق دائم بينهما. يستشف من الاتفاقية أن مصر تعترف بإسرائيل استنادا إلى قرارات الأمم المتحدة، ولكن حدود الـ 1948- 1949 غير معترف بها كحدود نهائية بين الدولتين.[301] لست أعلم بوجود أي فتوى تؤيد هذا الاتفاق، ولكن يمكننا الافتراض أن وجود الكتيبة المصرية تحت الحصار في جيب الفلوجة يستوفي المعايير التي يتطلبها توقيع اتفاقية من منطلقات (المسوغات الشرعية) الضرورة والهزيمة العسكرية.

ب. علماء الأزهر ضد مفتي الديار المصرية في أزمة كانون الثاني 1956

لقد عثرنا على فتويين، صيغت الأولى في شهر كانون الثاني 1956، وهي تتطرق إلى مسألة ما إذا كان من المسموح أم لا توقيع اتفاقية سلام مع إسرائيل. دوّن الفتوى الأولى

مفتي الديار المصرية، الشيخ حسن مأمون، وأبقت المجال مفتوحا أمام عقد اتفاقية مستقبلية. وصل الشيخ حسن مأمون (المتوفى سنة 1973) إلى كرسي الإفتاء من خلال الجهاز القضائي الشرعي في مصر، وارتقى بعد إنهاء وظيفته هذه إلى منصب شيخ الأزهر، كما عمل في هذه الفترة أيضا على إعداد موسوعة في الفقه الشرعي[302].

أما الفتوى الثانية فقد دوّنتها لجنة الفتوى التابعة لمؤسسة الأزهر، برئاسة مفتي الديار المصرية السابق، الشيخ حسنين مخلوف، وبمشاركة فقهاء شريعة من المذاهب الأربعة الكبرى (من بينهم الشيخ محمد شلتوت الذي سبق ذكره، وصار فيما بعد رئيسا لمؤسسة الأزهر) وتقرر بموجبها أنه من الناحية الشرعية لا يسمح بعقد اتفاقية سلام مع إسرائيل.

ما هي الخلفية التي أدت إلى نشر هذين الرأيين الشرعيين؟ في سنة 1955 ازداد التوتر العسكري بين إسرائيل ومصر. لم تسمح مصر للسفن الإسرائيلية، ولا للسفن الأجنبية التي تنقل البضائع إلى إسرائيل، بالعبور في قناة السويس (السفينة الإسرائيلية "بات غاليم"، التي كان هدفها اختبار نوايا المصريين صُدت واعتقل طاقمها). قررت مصر في شهر أيلول، سنة 1955 إغلاق مضائق تيران في وجه السفن المبحرة إلى إيلات، وأطلقت التهديدات باتجاه الطيران الإسرائيلي إذا ما مر في هذا المسار. وقعت مصر آنذاك على صفقة أسلحة مع تشيكوسلوفاكيا، مما حدا بإسرائيل إلى الاقتناع بأن الحرب هي مسألة وقت لا غير. في نفس الوقت نفذت إسرائيل تحركات ضد الفدائيين ترافقت أحيانا باجتياز الحدود مع مصر. لذلك كله نشطت في أواخر سنة 1955 بعثات وساطة أمريكية بين إسرائيل ومصر، وقدمت إسرائيل للأمريكيين في نهاية شهر كانون الأول 1955 خطة سلام رسمية مع مصر، حظيت بشهرة كبيرة في وقت لاحق.[303]

على هذه الخلفية نشر مفتي الديار المصرية بتاريخ 9 كانون الثاني من عام 1956 فتوى مفادها أنه يؤيد سياسة بلاده فيما يتعلق بفرض الحظر على الممر الجنوبي لإسرائيل باتجاه البحر الأحمر، وقرر أيضا أن إسرائيل، وليس مصر، هي من خرق اتفاقية الهدنة التي وقعت عام 1949. أفتى الشيخ حسن مأمون بأن الصلح إذا كان على أساس استرداد الجزء الذي اعتدي عليه كان صلحا جائزا، أما إذا كان يشتمل على إقرار الاعتداء وتثبيته فإنه يكون صلحا باطلا، لأنه إقرار باعتداء باطل وما يترتب على الباطل يكون باطلا مثله. يبدو أن الفتوى الثانية، التي صدرت عن لجنة الفتوى التابعة لمؤسسة الأزهر، جاءت ردا على فتوى الشيخ مأمون بغرض نقضها. وقد كتب تمهيد في نشرة الإفتاء التي أصدرتها مؤسسة الأزهر، وفيها نشرت الفتوى، يقول إن اللجنة خاضت وبحثت في أمر السؤال الذي وجه إليها. يعرض نص السؤال كل الادعاءات التي تعارض الاتفاقية مع إسرائيل. يُفهم بوضوح من إجابة لجنة الفتوى أنها إنما ترد على مواقف "من يسمون الاتفاقية صلحا مع إسرائيل". وعليه فإنه يبدو أن الحديث لا يدور عن سؤال بريء ساذج بل يتعلق الأمر بمبادرة لنقض ودحض موقف المفتي الرئيسي للديار المصرية. كما أن القرب الزمني بين نشر الفتويين يدعم هذا الاحتمال. إننا نشهد في هذه الحالة وضعا تنشر فيه مؤسستان دينيتان

في مصر (دار الإفتاء والأزهر) فتاوى متناقضة. يسعى مفتي الديار المصرية، المفتي الرسمي، كما يبدو، إلى خدمة مصالح السلطة بحيث يبقي المجال مفتوحا أمام عقد اتفاقية مستقبلية، في حين يتخذ فقهاء الأزهر موقفا متشددا تقليديا.

نشرت هذه الفتوى، التي أصدرها علماء الأزهر، مرة أخرى عام 1970 كرد على خطة السلام التي اقترحها ويليام روجرز، وزير الخارجية الأمريكي، في شهر كانون الأول من عام 1969 أثناء حرب الاستنزاف بين إسرائيل ومصر. من الجدير ذكره أن كلا الجانبين رفض هذه الخطة.[304] وكان المقصود من إعادة نشر الفتوى خدمة سياسات الحكم الذي عارض خطة روجرز، وقد أريد لها، على ما يبدو، تلبية الاحتياجات الإعلامية الداخلية والمساعدة في تحشيد الرأي العام المحلي داخل مصر (لم أجد فتوى تتطرق إلى خطة روجرز - ب – اتفاقية الهدنة ووقف حرب الاستنزاف في آب 1970). يذكر أنه قبل نشر هذه الفتوى بشهور معدودة وقعت عملية إحراق المسجد الأقصى على أيدي سائح أسترالي متطرف، وعلى إثر عملية الإحراق هذه وقع علماء الأزهر على فتوى تدعو إلى الجهاد ضد إسرائيل كفرض عين على كل مسلم. وشكل المسجد الأقصى في هذه الحالة رمزا للنضال من أجل تحرير القدس والمناطق التي احتلتها إسرائيل عام 1967.

من المثير للاهتمام أن قسما كبيرا من الأشخاص الذين وقعوا على الفتوى المعارضة لاتفاقية سلام مع إسرائيل في إطار مبادرة روجرز، قاموا بعد مرور تسع سنوات، بالتوقيع على بيان ملحق بالفتوى التي أصدرها الشيخ جاد الحق يؤيد السلام بين مصر وإسرائيل. وهذا يبيّن أن الموقف الشرعي في القضايا السياسية المعاصرة يتسم بالليونة، كما تؤثر مواقف الحكام على علماء الدين، فيجد هؤلاء المصادر المطلوبة للتفسير الشرعي المختلف، بما يتوافق مع الظروف السائدة.

ج. نص فتوى الشيخ حسن مأمون [305، 306]

بســـم الله الرحمن الرحيـــم
الموضوع (1114) الصلح مع اليهود والمعاهدات مع الدول المعادية.
المفتي: فضيلة الشيخ حسن مأمون.
25 جمادى الأولى 1375 هجرية - 8 يناير 1956.
المبادئ:

1 - هجوم العدو على بلد إسلامي يوجب على أهله الجهاد ضده بالقوة، وهو في هذه الحالة فرض عين.

2 - يتعين الجهاد في ثلاثة أحوال: عند التقاء الزحفين، وعند نزول الكفار ببلد، وعند استنفار الإمام لقوم للجهاد حيث يلزمهم النفير.

3 - الاستعداد للحروب الدفاعية واجب على كل حكومة إسلامية.

4 - ما فعله اليهود بفلسطين اعتداء على بلد إسلامي يوجب على أهليه أولا رده بالقوة، كما يوجبه ذلك ثانيا على كل مسلم في البلاد الإسلامية.

5 - الصلح مع العدو على أساس رد ما اعتدى عليه إلى المسلمين جائز، أما إذا كان على أساس تثبيت الاعتداء فهو باطل شرعا.

6 - موادعة أهل الحرب أو جماعة منهم جائزة شرعا، ولكن بشرط أن تكون لمدة معينة وأن يكون فيها مصلحة للمسلمين، فإن لم تكن فيها مصلحة فهي غير جائزة بالإجماع.

7 - قوله تعالى "وإِنْ جَنَحُوا للسَّلم فاجْنَحْ لَهَا وَتَوَكَّلْ عَلَى اللهِ"، وإذا كانت مطلقة، لكن إجماع الفقهاء على تقييدها برؤية مصلحة للمسلمين في ذلك أخذا من قوله تعالى "وَلا تَهِنُوا وَتدْعُوا إِلَى السّلمِ وَأنتُم الأعْلَوْنَ".

8 - المعاهدات التى يعقدها المسلمون مع دول أخرى غير إسلامية جائزة شرعا إذا كانت فيها مصلحة للمسلمين، أما إذا كانت لتأييد دولة معتدية على بلد إسلامي، فإنها تكون تقوية لمن اعتدى وذلك غير جائز شرعا.

9 - لليهود في فلسطين موقف خاص، فهم موجودون فيها بحكم سياسي، هو الهدنة التى فرضتها الدول على الفريقين ونزلت الحكومات الإسلامية على حكمها إلى حين وجود حل عادل للمسألة.

10 - ما فعله المسلمون، من منع السلاح والذخيرة عن اليهود بعدم السماح بمرور ناقلاتهم في بلادهم، جائز ولا شيء فيه وإن كان اليهود يعتبرون ذلك اعتداء عليهم.

سئل الشيخ: من السيدا ...

قال ما بيان الحكم الشرعى في الصلح مع دولة اليهود المحتلة، وفى التحالفات مع الدول الاستعمارية والأجنبية المعادية للمسلمين والعرب، والمؤيدة لليهود في عدوانهم.

أجاب: يظهر من السؤال أن فلسطين أرض فتحها المسلمون وأقاموا فيها زمنا طويلا فصارت جزءا من البلاد الإسلامية أغلب أهلها

مسلمون، وتقيم معهم أقلية من الديانات فصارت دار إسلام، تجرى عليها أحكامها، وأن اليهود اقتطعوا جزءا من أرض فلسطين وأقاموا فيه حكومة لهم غير إسلامية، وأجلوا عن هذا الجزء أكثر أهله من المسلمين. ولكي نعرف حكم الشريعة الإسلامية في الصلح مع اليهود في فلسطين المحتلة، دون النظر إلى الناحية السياسية - يجب أن نعرف حكم هجوم العدو على أي بلد من بلاد المسلمين: هل هو جائز أم غير جائز. وإذا كان غير جائز فما الذي يجب على المسلمين عمله إزاء هذا العدوان؟ إن هجوم العدو على بلد إسلامي لا تجيزه الشريعة الإسلامية مهما كانت بواعثه وأسبابه، فدار الإسلام يجب أن تبقى بيد أهلها ولا يجوز أن يعتدي عليها أي معتد، وأما ما يجب على المسلمين فعله، في حالة العدوان على أي بلد إسلامي، فلا خلاف بين المسلمين في أن جهاد العدو بالقوة في هذه الحالة فرض عين على أهلها. يقول صاحب المغني: يتعين الجهاد في ثلاثة، الأول: إذا التقى الزحفان وتقابل الصفان. والثاني: إذا نزل الكفار ببلد تعين على أهله قتالهم ودفعهم. والثالث: إذا استنفر الإمام قوما لزمهم النفير. ولهذا أوجب الله على المسلمين أن يكونوا مستعدين لدفع أي اعتداء قد يقع على بلادهم.

قال الله تعالى: "وَأَعِدُّوا لَهُم مَّا اسْتَطَعْتُم مِنْ قُوَّة وَمِنْ رِبَاطِ الْخَيْلِ تُرْهِبُونَ بِهِ عَدُوَّ اللهِ وَعَدُوَّكُم"، (الأنفال: 60). فالاستعداد للحرب الدفاعية واجب على كل حكومة إسلامية ضد كل من يعتدي عليهم لدينهم، وضد كل من يطمع في بلادهم، فإنهم بغير هذا الاستعداد يكونون أمة ضعيفة يسهل على الغير الاعتداء عليها. والخلاف بين العلماء في بقاء الجهاد أو عدم بقائه، وفي أنه فرض عين أو فرض كفاية، إنما هو في غير حالة الاعتداء على أي بلد إسلامي، أما إذا وقع الاعتداء فعلا على أي بلد إسلامي فإن الجهاد يكون فرض عين على أهله. وقد بحث موضوع الجهاد الحافظ بن حجر وانتهى إلى أن الجهاد فرض كفاية على المشهور، إلا أن تدعو الحاجة إليه، كأن يدهم العدو، وإلى أن التحقيق أن جنس جهاد الكفار متعين على كل مسلم إما بيده وإما بلسانه وإما بماله وإما بقلبه. وعلى ضوء هذه الأحكام يعتبر ما فعله اليهود في فلسطين اعتداء على بلد إسلامي يتعين على أهله أن يردوا هذا الاعتداء بالقوة حتى يجلوهم عن بلادهم ويعيدوها إلى حظيرة البلاد الإسلامية وهو فرض عين على كل منهم، وليس فرض كفاية إذا قام به البعض سقط عن الآخرين.

ولما كانت البلاد الإسلامية تعتبر كلها دارا لكل مسلم فإن فريضة الجهاد فى حالة الاعتداء تكون واقعة على أهلها أولا، وعلى غيرهم من المسلمين المقيمين في بلاد إسلامية أخرى ثانيا، لأنهم وإن لم يعتد على بلادهم مباشرة إلا أن الاعتداء قد وقع عليهم بالاعتداء على بلد إسلامي هو جزء من البلاد الإسلامية، وبعد أن عرفنا حكم الشريعة فى الاعتداء على بلد إسلامي يمكننا أن نعرف حكم الشريعة في الصلح مع المعتدي، هل هو جائز أم غير جائز، والجواب هو أن الصلح إذا كان على أساس رد الجزء الذى اعتدي عليه إلى أهله كان صلحا جائزا، وإذا كان على إقرار الاعتداء وتثبيته فإنه يكون صلحا باطلا لأنه إقرار باعتداء باطل، وما يترتب على الباطل يكون باطلا مثله. وقد أجاز الفقهاء الموادعة مدة معينة مع أهل دار الحرب أو مع فريق منهم إذا كان فيها مصلحة للمسلمين. لقوله تعالى: "وَإِنْ جَنَحُوا لِلسَّلْمِ فَاجْنَحْ لَهَا وَتَوَكَّلْ عَلَى اللهِ"، (الأنفال: 61). وقالوا إن الآية، وإن كَانت مطلقة، إلا أن الفقهاء أجمعوا على تقييدها برؤية مصلحة للمسلمين في ذلك، في آية أخرى هي قوله تعالى: "فَلا تَهِنُوا وَتدعُوا إِلَى السّلم وأنْتم الأعْلوْن"، (محمد: 35)، فأما إذا لم يكن في الموادعة مصلحةَ فلا تجوز بالإجماع. ونحن نرى أن الصلح على أن تبقى البلاد التى سلبها اليهود من فلسطين تحت أيديهم وعلى عدم إعادة أهلها إليها لا يحقق إلا مصلحتهم، وليس فيه مصلحة للمسلمين، ولذلك لا نجيزه من الوجهة الشرعية إلا بشروط وقيود تحقق مصلحة المسلمين. أما هذه الشروط والقيود فلا نتعرض لها، لأن غيرنا ممن اشتغل بهذه القضية أقدر على معرفتها وبيانها على وجه التفصيل منا. والجواب عن السؤال الثاني إن الأحلاف والمعاهدات، التى يعقدها المسلمون مع دول أخرى غير إسلامية، جائزة من الناحية الشرعية إذا كانت في مصلحة المسلمين. أما إذا كانت لتأييد دولة معتدية على بلد إسلامي، كاليهود المعتدية على فلسطين، فإنه يكون تقوية لجانب المعتدي يستفيد منه في الاستمرار في اعتدائه، وربما في التوسع فيه أيضا، وذلك غير جائز شرعا، ونفضل على هذه الأحلاف أن يتعاون المسلمون على رد أي اعتداء يقع على بلادهم، وأن يعقدوا فيما بينهم عهودا وأحلافا تظهرهم قولا وعملا يدا واحدة تبطش بكل من تحدثه نفسه بأن يهاجم أي بلد إسلامي. وإذا أضيف إلى هذه العهود والمواثيق التى لا يراد منها الاعتداء على أحد، وإنما يراد منها منع الاعتداء، السعي الحثيث، بكل وسيلة ممكنة في

شراء الأسلحة من جميع الجهات التي تصنع الأسلحة، والمبادرة إلى صنع الأسلحة في بلادهم لتقوية الجيوش الإسلامية المتحالفة، فإن ذلك كله يكون أمرا واجبا وضروريا لضمان السلام الذي يسعى إليه المسلم ويتمناه لبلده ولسائر البلاد الإسلامية، بل ولغيرها من البلاد غير الإسلامية. ويظهر أن لليهود موقفا خاصا فلم يعقد مع أهل فلسطين، ولا مع أية حكومة إسلامية، صلح ولم تجل إسرائيل بعد عن الأرض المحتلة وهي موجودة بحكم سياسي، هو الهدنة التي فرضتها الدول على الفريقين ونزلت على حكمها الحكومات الإسلامية إلى أن يجدوا حلا عادلا للمسألة ولم يرض بها اليهود ونقضوها باعتداءاتهم المتكررة التي لم تعد تخفى على أحد. وكل ما فعله المسلمون واعتبره اليهود اعتداء على حقوقهم هو محاصرتهم ومنع السلاح والذخيرة التي تمر ببلادهم عنهم.

ولكي نعرف حكم الشريعة في هذه المسألة نذكر أن ما يرسل إلى أهل الحرب نوعان: الأول، السلاح وما هو في حكمه. الثاني، الطعام ونحوه، وقد منع الفقهاء أن يرسل إليهم عن طريق البيع السلاح لأن فيه تقويتهم على قتال المسلمين، وكذا الكراع والحديد والخشب وكل ما يستفاد به في صنع الأسلحة سواء حصل ذلك قبل الموادعة أو بعدها لأنها على شرف النقض والانقضاء فكانوا حربا علينا ولا شك في أن حال اليهود أقل شأنا من حال من وادعهم المسلمون مدة معينة على ترك القتال وعلى فرض تسمية الهدنة موادعة، فقد نقضها اليهود باعتداءاتهم ونقض الموادعة من جانب يبطلها ويحل الجانب الآخر منها، وأما النوع الثاني، فقد قالوا إن القياس يقضي في الطعام والثوب ونحوهما بمنعها عنهم إلا أننا عرفنا بالنص حكمه وهو أنه صلى الله عليه وسلم أمر ثمامة أن يمير أهل مكة وهم حرب عليه، وقد ورد النص فيمن تربطه بالنبى صلة الرحم ولذلك أجابهم إلى طلبهم بعد أن ساءت حالتهم. وليس هذا حال اليهود في فلسطين.

ولذلك نختار عدم جواز إرسال أي شيء إليهم أخذا بالقياس، فإن إرسال غير الأسلحة إليهم يقويهم ويغريهم على التشبث بموقفهم الذي لا تبرره الشريعة.

والله تعالى أعلم.

د. نقاط مركزية في فتوى الشيخ حسن مأمون

إسرائيل هي كيان يحتل *دار الإسلام*

يطرح الشيخ حسن مأمون الادعاء المتبع في العالم العربي، وفي أوساط علماء الشريعة، وهو أن "ميلاد دولة إسرائيل" في حدود الـ 1948 هو تصرف عدواني وغزو لبلاد الإسلام وسلب للأراضي الإسلامية التي احتلت. ولذلك لا يمكن الاعتراف بإسرائيل وصنع السلام معها، إذ إن اتفاقية كهذه ستعتبر نوعا من إضفاء الشرعية على طرف غير مسلم سلب أرضا إسلامية، ولكن للأمر جانبا آخر سيفصل لاحقا.

إذا قام الصلح على أساس رد الجزء الذي اعتُدي عليه إلى أهله، كان صلحا جائزا، وذلك على أساس مبدأ المصلحة التي ستعود بالفائدة على المسلمين

يرى مفتي الديار المصرية أنه من الجائز التوقيع مع العدو على اتفاق، حين يكون الهدف منه إعادة الأرض التي سلبت إلى أهلها، وليس إضفاء الشرعية على العدوانية. ثمة تناقض في هذا الموقف، ويبدو أن المفتي عمد إلى إبقاء المسألة محفوفة بالضبابية مما سيتيح تفسيرا مستقبليا يحتمل منح التأييد لمعاهدة سلام مع إسرائيل. يتطرق الشيخ مأمون إلى كل الأرض التي تسيطر عليها إسرائيل ("جزء من فلسطين") باعتبارها أرضا محتلة على إسرائيل إعادتها في إطار أي اتفاقية سلام تبرم معها. إذا كان على إسرائيل إعادة كل الأراضي التي تتواجد عليها، فأي قيمة يمكن أن تكون في اتفاق مع كيان لا أرض له؟ في الواقع أن المفتي المصري يناقض نفسه حين يقول إن المعاهدات جائزة "إذا كانت في مصلحة المسلمين". وهكذا يترك الشيخ مجالا واسعا أمام التفسيرات المستقبلية، بقوله إن علماء الفقه طالما انشغلوا بمثل هذه الشروط في الماضي. نحن نرى أنّ وضع مبدأ مصلحة المسلمين كمعيار وحيد لإبرام اتفاقيات سلام، فتح المجال منذ سنة 1956 أمام تفسيرات شرعية ميسرة من شأنها إتاحة الإمكانية أمام التوقيع على اتفاقية سلام مع إسرائيل من وجهة النظر الدينية الشرعية. نحن، عمليا، بصدد توجه نفعي، يعتمد على رؤية رزينة أو على إجراء حساب "بارد" وعقلاني للفوائد والمنافع مقابل التكاليف.

المسلمون يسعون إلى السلام

يواصل الشيخ حسن مأمون طريق المحدثين، الذين اعترفوا بمنظومة العلاقات الدولية الحديثة، حيث يقول إن السلام هو ما يسعى إليه المسلم، ويتمناه لبلده ولسائر البلاد الإسلامية، بل ولغيرها من البلاد غير الإسلامية.

شرعية اتفاقيات الهدنة في رودوس

يشير مفتي مصر إلى أن لليهود في فلسطين مكانة خاصة بحكم اتفاقيات الهدنة التي وقعتها معهم الدول العربية سنة 1949 "بضغط من الدول العظمى". علاوة على ذلك، فإن هذه الحكومات العربية الإسلامية تعتبر الهدنة اتفاقية مؤقتة [بالرغم من أنه لم يحدد لها، في الواقع، أي إطار زمني] "إلى أن يجدوا للقضية حلا عادلا". من خلال هذه الأقوال يقر الشيخ مأمون بأن إسرائيل حصلت عمليا على شرعية إسلامية ودولية على حد سواء.

على خلفية إغلاق المصريين لمضائق تيران، كتب الشيخ مأمون أن إسرائيل نقضت اتفاقيات الهدنة باعتداءاتها المتكررة ضد جاراتها، وبناء عليه فإن الجانب الإسلامي العربي يستطيع من ناحيته نقض الاتفاق والجهاد ضدها بالقوة.

وللإجمال نقول، إن فتوى الشيخ حسن مأمون تثير الدهشة إلى حد كبير، إن كان على أساس خلفية التوتر الحربي في فترة كتابتها، والموقف القومي العروبي الذي اتخذه الرئيس المصري جمال عبد الناصر ضد إسرائيل، أو من ناحية كونها تبقي مجالا واسعا أمام التفسيرات التي تتيح عقد اتفاقية سلام مع إسرائيل في المستقبل، بشروط معينة.

من الجدير ذكره أنه في شهر آب من عام 1969، بعد الحريق الذي أشعله في المسجد الأقصى سائح أسترالي، كتب الشيخ حسن مأمون إلى الرئيس المصري، باسم شيوخ الأزهر، ما يلي: *"إن عدو الله لن ينسحب من أرض السلام إلا بالجهاد، لتعود القدس إسلامية كما شاء الله".*[307] يتجلى هنا مثال للتبدل الذي طرأ على موقف المفتي وفقا للظروف السياسية.

هـ. نص الفتوى التي أصدرتها لجنة الفتاوى في الأزهر[308]

الحمد لله رب العالمين، والصلاة والسلام على سيد المرسلين، سيدنا محمد، وعلى آله وصحبه أجمعين. أما بعد، فقد اطلعت لجنة الفتوى في الأزهر الشريف على الاستفتاء المقدم إليها عن حكم الشريعة الإسلامية في إبرام الصلح مع إسرائيل التي اغتصبت فلسطين من أهلها، وأخرجتهم من ديارهم، وشردتهم نساء وأطفالا وشيبا وشبانا في آفاق الأرض، واستلبت أموالهم، واقترفت أفظع الآثام في أماكن العبادة والآثار والمشاهد الإسلامية المقدسة، وعن حكم التواد والتعاون مع دول الاستعمار التي ناصرتها وتناصرها في هذا العدوان الأثيم، وأمدتها بالعون السياسي والمادي لإقامتها دولة يهودية في هذا القطر الإسلامي بين دول الإسلام، وعن حكم الأحلاف التي تدعو إليها دول الاستعمار، والتي من مراميها تمكين إسرائيل من البقاء في أرض فلسطين لتنفيذ السياسة الاستعمارية،

وعن واجب المسلمين حيال فلسطين وردها إلى أهلها، وحيال المشروعات التي تحاول إسرائيل، ومن ورائها الدول الاستعمارية، أن توسع بها رقعتها وتستجلب بها المهاجرين إليها، وفي ذلك تركيز لكيانها، وتقوية لسلطانها، مما يضيق الخناق على جيرانها، ويزيد في تهديدها لهم، ويهيء للقضاء عليهم.
وتفيد اللجنة أن الصلح مع إسرائيل، كما يريده الداعون إليه، لا يجوز شرعا، لما فيه من إقرار الغاصب على الاستمرار في غصبه، والاعتراف بحقية يده على ما اغتصبه، وتمكين المعتدي من البقاء على عدوانه. وقد أجمعت الشرائع السماوية والوضعية على حرمة الغصب ووجوب رد المغصوب إلى أهله، وحثت صاحب الحق على الدفاع والمطالبة بحقه . ففي الحديث الشريف: "من قتل دون ماله فهو شهيد، ومن قتل دون عرضه فهو شهيد". وفي حديث آخر: "على اليد ما أخذت حتى ترد"، فلا يجوز للمسلمين أن يصالحوا هؤلاء اليهود الذين اغتصبوا فلسطين، واعتدوا فيها على أهلها وعلى أموالهم، على أي وجه يمكن اليهود من البقاء كدولة في أرض هذه البلاد الإسلامية المقدسة، بل يجب عليهم أن يتعاونوا جميعا على اختلاف ألسنتهم وألوانهم وأجناسهم لرد هذه البلاد إلى أهلها، وصيانة المسجد الأقصى مهبط الوحي ومصلى الأنبياء الذي بارك الله حوله، وصيانة الآثار والمشاهد الإسلامية، من أيدي هؤلاء الغاصبين، وأن يعينوا المجاهدين بالسلاح وسائر القوى على الجهاد في هذا السبيل، وأن يبذلوا فيه كل ما يستطيعون، حتى تطهر البلاد من آثار هؤلاء الطغاة المعتدين؛ قال تعالى :"وَأعدوا لهم ما استطعتم من رباط الخيل ترهبون به عدو الله وعدوكم وآخرين من دونهم لا تعلمونهم الله يعلمهم". ومن قصر في ذلك، أو فرط فيه، أو خذل المسلمين عنه، أو دعا إلى ما من شأنه تفريق الكلمة وتشتيت الشمل والتمكين لدول الاستعمار والصهيونية من تنفيذ خططهم ضد العرب والإسلام وضد هذا القطر العربي الإسلامي، فهو في حكم الإسلام مفارق جماعة المسلمين، ومقترف أعظم الآثام. كيف ويعلم الناس جميعا أن اليهود يكيدون للإسلام وأهله ودياره أشد الكيد، منذ عهد الرسالة إلى الآن، وأنهم يعتزمون ألا يقفوا عند حد الاعتداء على فلسطين والمسجد الأقصى، وإنما تمتد خططهم المدبرة إلى امتلاك البلاد الإسلامية الواقعة بين نهري النيل والفرات.

وإذا كان المسلمون جميعا، وحدة لا تتجزأ بالنسبة إلى الدفاع عن بيضة الإسلام، فإن الواجب شرعا أن تجتمع كلمتهم لدرء هذا الخطر والدفاع عن البلاد واستنقاذها من أيدي الغاصبين، قال تعالى :"واعتصموا بحبل الله جميعا ولا تفرقوا"، وقال أيضا :"إن الله اشترى من المؤمنين أنفسهم وأموالهم بأن لهم الجنة يقاتلون في سبيل الله فيقتلون ويقتلون وعدا عليه حقا في التوراة والإنجيل والقرآن، ومن أوفى بعهده من الله فاستبشروا ببيعكم الذي بايعتم به وذلك هو الفوز العظيم". وقال: "الذين آمنوا يقاتلون في سبيل الله والذين كفروا يقاتلون في سبيل الطاغوت فقاتلوا أولياء الشيطان إن كيد الشيطان كان ضعيفا". وأما التعاون مع الدول التي تشد أزر هذه الفئة الباغية، وتمدها بالمال والعتاد، وتمكن لها من البقاء في هذه الديار، فهو غير جائز شرعا، لما فيه من الإعانة لها على هذا البغي والمناصرة لها في موقفها العدائي ضد الإسلام ودياره . قال تعالى: "إنما ينهاكم الله عن الذين قاتلوكم في الدين وأخرجوكم من دياركم وظاهروا على إخراجكم أن تولوهم، ومن يتولهم فأولئك هم الظالمون" .

وقال تعالى: "لا تجد قوما يؤمنون بالله واليوم الآخر يوادّون من حاد الله ورسوله ولو كانوا آباءهم أو أبناءهم أو إخوانهم أو عشيرتهم، أولئك كتب الله في قلوبهم الإيمان وأيدهم بروح منه ويدخلهم جنات تجري من تحتها الأنهار خالدين فيها رضي الله عنهم ورضوا عنه أولئك حزب الله ألا إن حزب الله هم المفلحون" .

وقد جمع الله سبحانه في آية واحدة جميع ما تخيله الإنسان من دوافع الحرص على قراباته وصلاته، وعلى تجارته التي يخشى كسادها بمقاطعة الأعداء، وحذر المؤمنين من التأثر بشيء من ذلك واتخاذه سببا لموالاتهم فقال تعالى: "قل إن كان آباؤكم وأبناؤكم وإخوانكم وأزواجكم وعشيرتكم وأموال اقترفتموها وتجارة تخشون كسادها ومساكن ترضونها أحب إليكم من الله ورسوله وجهاد في سبيله فتربصوا حتى يأتي الله بأمره والله لا يهدي القوم الفاسقين" .

ولا ريب أن مظاهرة الأعداء وموادتهم يستوي فيها إمدادهم بما يقوي جانبهم ويثبت أقدامهم بالرأي والفكرة، وبالسلاح والقوة، سرا وعلانية، مباشرة وغير مباشرة، وكل ذلك مما يحرم على المسلم مهما تخيل من أعذار ومبررات.

93

ومن ذلك يعلم أن هذه الأحلاف التي تدعو لها الدول الاستعمارية، وتعمل جاهدة لعقدها بين الدول الإسلامية، ابتغاء الفتنة، وتفريق الكلمة، والتمكين لها في البلاد الإسلامية، والمضي في تنفيذ سياستها حيال شعوبها، لا يجوز لأية دولة إسلامية أن تستجيب لها وتشترك فيها، لما في ذلك من الخطر العظيم على البلاد الإسلامية، وبخاصة فلسطين الشهيدة التي سلمتها هذه الدول الاستعمارية إلى الصهيونية الباغية نكاية في الإسلام وأهله وسعيا لإيجاد دولة لها وسط البلاد الإسلامية، لتكون تكأة لها في تنفيذ مآربها الاستعمارية الضارة بالمسلمين في أنفسهم وأموالهم وديارهم، وهي في الوقت نفسه من أقوى مظاهر الموالاة المنهي عنها والتي قال الله تعالى فيها: "ومن يتولهم منكم فإنه منهم". وقد أشار القرآن الكريم إلى أن موالاة الأعداء إنما تنشأ عن مرض في القلوب يدفع أصحابها إلى هذه الذلة التي تظهر بموالاة الأعداء فقال تعالى :"فترى الذين في قلوبهم مرض يسارعون فيهم يقولون نخشى أن تصيبنا دائرة فعسى الله أن يأتي بالفتح أو أمر من عنده فيصبحوا على ما أسروا في أنفسهم نادمين".

وكذلك يحرم شرعا على المسلمين أن يمكنوا إسرائيل ومن ورائها الدول الاستعمارية التي كفلت لها الحماية والبقاء، من تنفيذ تلك المشروعات التي لا يراد بها إلا ازدهار دولة اليهود وبقاؤها في رغد العيش وخصوبة في الأرض، حتى تعيش كدولة تناوئ العرب والإسلام في أعز دياره، وتفسد في البلاد أشد الفساد، وتكيد للمسلمين في أقطارهم، ويجب على المسلمين أن يحولوا بكل قوة دون تنفيذها، ويقفوا صفا واحدا في الدفاع عن حوزة الإسلام؛ وفي إحباط هذه المؤامرات الخبيثة التي من أولها هذه المشروعات الضارة. ومن قصر في ذلك أو ساعد على تنفيذها أو وقف موقفا سلبيا منها، فقد ارتكب إثما عظيما.

وعلى المسلمين أن ينهجوا نهج الرسول صلى الله عليه وسلم، ويقتدوا به، وهو القدوة الحسنة، في موقفه من أهل مكة وطغيانهم بعد أن أخرجوه منها ومعه أصحابه رضوان الله عليهم من ديارهم وحالوا بينهم وبين أموالهم وإقامة شعائرهم، ودنسوا البيت الحرام بعبادة الأوثان والأصنام، فقد أمره الله تعالى أن يعد العدة لإنقاذ حرمه من المعتدين، وأن يضيق عليهم سبل الحياة التي بها يستظهرون، فأخذ عليه الصلاة والسلام يضيق عليهم في اقتصادياتهم التي عليها

يعتمدون، حتى نشبت بينه وبينهم الحروب، واستمرت رحى القتال بين جيش الهدى وجيوش الضلال، حتى أتم الله عليه النعمة، وفتح على يديه مكة، وقد كانت معقل المشركين، فأنقذ المستضعفين من الرجال والنساء والولدان وطهر بيته الحرام من رجس الأوثان، وقلم أظافر الشرك والطغيان.

وما أشبه الاعتداء بالاعتداء، مع فارق لا بد من رعايته، وهو أن مكة كان بلدا مشتركا بين المؤمنين والمشركين، ووطنا لهم أجمعين، بخلاف أرض فلسطين، فإنها ملك للمسلمين، وليس لليهود فيها حكم ولا دولة، ومع ذلك أبى الله تعالى إلا أن يظهر في مكة الحق ويخذل الباطل ويردها إلى المؤمنين، ويقمع الشرك فيها والمشركين، فأمر سبحانه وتعالى نبيه صلى الله عليه وسلم بقتال المعتدين . فقال تعالى: "واقتلوهم حيث ثقفتموهم وأخرجوهم من حيث أخرجوكم".

والله سبحانه وتعالى نبه المسلمين على رد الاعتداء بقوله تعالى: "فمن اعتدى عليكم فاعتدوا عليه بمثل ما اعتدى عليكم". ومن مبادئ الإسلام محاربة كل منكر يضر بالعباد والبلاد، وإذا كانت إزالته واجبة في كل حال، فهي في حالة هذا العدوان أوجب وألزم، فإن هولاء المعتدين لم يقف اعتداؤهم عند إخراج المسلمين من ديارهم وسلب أموالهم وتشريدهم في البلاد، بل تجاوز ذلك إلى أمور تقدسها الأديان السماوية كلها وهي احترام المساجد وأماكن العبادة. وقد جاء في ذلك قوله تعالى: "ومن أظلم ممن منع مساجد الله أن يذكر فيها اسمه وسعى في خرابها أولئك ما كان لهم أن يدخلوها إلا خائفين لهم في الدنيا خزي ولهم في الآخرة عذاب عظيم".

أما بعد، فهذا حكم الإسلام في قضية فلسطين، وفي شأن إسرائيل والمناصرين لها من دول الاستعمار وغيرها، وفيما تريده إسرائيل ومناصروها من مشروعات ترفع من شأنها، وفي واجب المسلمين حيال ذلك، تنبيه لجنة الفتوى في الأزهر الشريف، وتهيب بالمسلمين عامة أن يعتصموا بحبل الله المتين، وأن ينهضوا بما يحقق لهم العزة والكرامة، وأن يقدروا عواقب الوهن والاستكانة أمام اعتداء الباغين، وتدبير الكائدين، وأن يجمعوا أمرهم على القيام بحق الله تعالى وحق الأجيال المقبلة في ذلك، إعزازا لدينه القويم.

نسأل الله تعالى أن يثبت قلوبهم على الإيمان به، وعلى نصرة دينه، وعلى العمل بما يرضيه .

والله أعلم.

النقاط المركزية في الفتوى التي أصدرتها لجنة الفتاوى في الأزهر:

الفتوى الشرعية، التي أصدرتها لجنة الفتاوى، تصور دولة إسرائيل كنبتة غريبة زرعتها القوى الاستعمارية في قلب الأمة الإسلامية المقدسة، ومن الواجب اجتثاثها. يصوّر كاتبو الفتوى اليهود بمنظور سلبي عهدناه في النصوص اللاسامية، كمن يزرعون الدمار ويكيدون المكائد للتسلط على أجزاء إضافية من الأرض. وهم يعتمدون على آيات الحرب في القرآن، ويجرون مقارنات بين اليهود والكفار من قبيلة قريش في مكة، حتى إنهم يدعون أن حالة إسرائيل أسوأ مما ورد عن السالفين لأن الحديث هنا عن جسم غريب لم تكن له أية حقوق على الأرض.

تدعو الفتوى الدول العربية إلى عدم التعاون مع القوى العظمى والدول التي تدعم إسرائيل، وإلى عدم عقد معاهدات عسكرية معها، لأن تلك القوى والدول تستخدم إسرائيل كنقطة انطلاق من أجل السيطرة على بلاد الإسلام في المستقبل. اعتبرت إسرائيل كمن سلبت الأملاك ـ والمقصود بذلك الأرض التي ليست لها ـ وعليه فإن هذه عدوانية يتوجب على المسلمين محاربتها والتضحية بأرواحهم في سبيل ردها، فهذا دفاع عن النفس والملك. في نهاية الأمر من المثير النظر إلى الادعاء المطروح بالنسبة للمسجد الأقصى، إذ إن الأقصى كان لحظة كتابة الفتوى تحت سيطرة الأردن وليس بأيدي إسرائيل، وبالرغم من ذلك تصوّر الفتوى الحرب مع إسرائيل على أنها نضال من أجل تحرير المسجد الأقصى، ومن أجل إقامة الصلاة في المساجد.

الفصل الخامس: مفتي مصر، الشيخ جاد الحق علي جاد الحق، يؤيد اتفاقية السلام بين مصر وإسرائيل (1979)

أ. الخلفية السياسية لفتوى الشيخ جاد الحق

قوبلت اتفاقية السلام، التي وقعها الرئيس المصري محمد أنور السادات مع إسرائيل بتاريخ 26 آذار 1979، على ساحة العشب الأخضر في كامب ديفد، بغضب شديد من الدول العربية، وفي أوساط جماعات إسلامية متطرفة في مصر، حيث اعتبروها اتفاقية استسلام من طرف مصر، اتفاقية سلام منفرد، وهي ليست إلا تصرفا ينطوي على خيانة لفلسطين ولدول المواجهة الأخرى مع إسرائيل.

وجاءت المعارضة لاتفاق السلام الإسرائيلي- المصري من أوساط سياسية من خارج مصر أيضا. ارتكزت الادعاءات التي وجهت ضد مصر على أن الاتفاق الذي وقعه رئيسها لا يقتصر على كونه إتفاقا منفردا لا يعبر إطلاقا عن المصالح السيادية العربية، بل يتعارض مع "مصلحة المسلمين"، والتنازلات التي قدمها السادات تلحق الضرر بمصالح العرب. ادعى منتقدو الاتفاق أن أقوال السادات التي تحدث فيها عن أن "حقوق العرب ستعود إليهم كاملة في المستقبل القريب"، ليس لها أساس في الواقع. فقد قال فهد بن عبد العزيز، ولي العهد السعودي في حينه، إن القيادة السعودية عاقدة العزم على معارضة الاتفاق وذلك لأن *"ما يقترحه الرئيس السادات، لا يستطيع أي عربي قبوله... يريد الرئيس السادات أن يتبع كل العرب خطاه، كنا نود ذلك لو كانت هذه الطريق تؤدي إلى تحقيق آمال العرب"*. كما رفض الأمير فهد الموقف الذي اتخذه السادات، والذي ينص على وجوب أن يؤخذ ما يمكن أخذه، واتخذ موقفا خاصا يقضي بوجوب المطالبة بكامل الحقوق على أساس "كل شيء أو لا شيء". وأضاف قائلا:

> *" عندما فاجأنا السادات بسفره إلى القدس، اعتقد الكثيرون من بيننا أنه بالتأكيد ثمة اتفاق مسبق، يضمن له استرجاع الحقوق العربية كاملة، وإلا لما كان سافر، ولكن من خلال مجريات المحادثات في كل المراحل، فهمنا أنه، لا فائدة ترجى منها. توقعنا أن يستغل السادات هذه الحقيقة ويعلن أنه اختبر صدق نوايا إسرائيل إلى أقصى حدود استطاعته ويعود إلى الصف العربي، ولكنه استمر في طريقه حتى توقيع المعاهدة، وهاهو يتضح أنه اكتفى بما هو أقل من الحد الأدنى الضروري لإحلال سلام عادل.... نحن لا نؤمن بأن سياسة السادات ستؤدي إلى استرجاع الحقوق العربية، كما يواصل الادعاء. سنعمل كل ما باستطاعتنا سوية مع جميع باقي الدول العربية، من أجل أن*

يغير موقفه... حاولنا أن نمنحه فرصة لذلك في مؤتمر بغداد الأول، ولم نرد على الهجوم الذي شننته ضدنا الصحافة المصرية، لأننا لا نؤمن بالمعارك الكلامية". [309]

يذكر أنه بعد سنتين من حينه عرض الملك فهد بن عبد العزيز خطة النقاط الثماني لسلام شامل بين إسرائيل والدول العربية، شكلت قاعدة لخطة السلام السعودية، وهي تسمى اليوم بـ "مبادرة السلام العربية". [310]

يتمثل النموذج الآخر لممانعة الدول العربية في موقف سوريا كما عبرت عنه أقوال الدكتورة نجاح العطار، وزيرة الثقافة والإرشاد القومي في حينه. في مقالة نشرت في صحيفة *"البعث"* السورية. وجهت العطار انتقادا لاذعا للاتفاق بين إسرائيل ومصر ووصفته بأنه استسلام مطلق من جانب مصر، بل ذهبت بعيدا في تفسيرها للاتفاق واعتبرته مؤامرة أريد منها تمكين الولايات المتحدة من اتخاذ مواقع اسراتيجية في الشرق الأوسط:

"الآن، بالتوقيع على معاهدة السلام المنفرد تكون المؤامرة قد حدثت، وما هي إلا استسلام مطلق من قبل نظام السادات، لأنه كان بامكان مصر تحرير سيناء في حرب أكتوبر لولا المؤامرة التي كانت قد أعدت سلفا بين القيادة السياسة المصرية والولايات المتحدة وإسرائيل. وفقا للاتفاق ستظل سيناء مرهونة لصالح إسرائيل لمدة ثلاث سنوات – وهي مدة الاتفاق... كضمانة مرهونة طوال الوقت للسلاح الأمريكي الذي سيتواجد هناك، ولن يكون بالإمكان استعمالها بدون موافقة أمريكية..." [311]

لقد اختارت سوريا، التي يقودها نظام البعث العلماني، أن تهاجم السادات، على المستوى الديني- الإسلامي بشكل خاص، وذلك من منطلق إدراكها لقوة "الإخوان المسلمين" في مصر، وهم من المعارضين للنظام. لقد فعلت ذلك عن طريق استخدام الفتوى التي أصدرها رؤساء مؤسسة الأزهر في عام 1956، وفي عام 1970، أي أنها صدرت عن الشخصيات الدينية الرسمية في مصر ذاتها، وقد سبق أن خضنا فيها في الفصل الرابع. نشرت جريدة "تشرين" الحكومية السورية نص الفتوى المذكورة، وأشارت إلى أن علماء الأزهر في سنة 1970 "بدلوا جلودهم" وتحولوا إلى مؤيدين للسلام مع إسرائيل.

اضطر النظام المصري، الذي وجد نفسه يتعرض إلى هجمات من جانب الأطراف الإسلامية المتشددة في مصر، ومن دول عربية على حد سواء، إلى خوض معركة إعلامية لكسب الرأي العام العربي والإسلامي. بادرت القيادة المصرية إلى نشر سلسلة مقالات في صحيفة "الأهرام" الموالية للحكومة. ففي نفس اليوم الذي نشرت فيه صحيفة *"تشرين"* فتوى علماء الأزهر المذكورة (13 نيسان 1979)، قامت *"الأهرام"* بنشر مقال بقلم محمد

حسن التهامي، الأمين العام السابق لمنظمة المؤتمر الإسلامي (OIC) التي تضم سبعا وخمسين دولة إسلامية. في المقال، الذي أعد ظاهريا على شرف مؤتمر وزراء خارجية الدول الإسلامية الذي كان سينعقد في شهر أيار 1979، كتب التهامي ما يلي:

> *"... طريقنا إلى الخير والمصالحة تمر عبر الأحداث السياسية التي بدأت تتبلور بشكل جدي بعد أن احتل بنو إسرائيل القدس في سنة 67- وبعد أن أحرقوا المسجد الأقصى سنة 69. أنا أتحدث إلى إخواني عن هذا الأسى المتواصل، منذ ضاعت القدس من أيدينا بالعدوان وحتى يومنا هذا، والذي ما زال يتوق فيه مليار من المسلمين والعرب إلى استرجاع الحق المغتصب".* [312]

يجد التهامي في القرآن الكريم التبريرات اللازمة للجهود المصرية لصنع السلام، ويصور معاهدة السلام وكأنها أمر من الله:

> *جاء في القرآن: "وإن جنحوا للسلم فاجنح لها وتوكل على الله". وجاء في موقع آخر: "وإن يريدوا أن يخدعوك فإن حسبك الله". طريق السلام الذي نسير فيه ليس سلام استسلام، بل سلام عادل على هدي تعاليم الله. يخاطب الله بني إسرائيل بقوله: "إن أحسنتم أحسنتم لأنفسكم وإن أسأتم فلها..."*. [313]

يلجأ التهامي لاحقا إلى، موضوع القدس، على أساس الفرضية التي ترى أن معاهدة السلام ستؤدي في نهاية الأمر إلى إعادة القدس إلى الأيدي العربية. وبحسب أقواله، فقد اختارت مصر شكلا آخر من الجهاد لإعادة القدس إلى حضن الإسلام والعروبة. وهو يشير إلى أن السادات وضع القدس نصب عينيه *"وأعلن عن قرار مصر الحاسم في العودة إلى القدس وتحريرها، وأنه لا أمل في السلام بدون القدس"*. وتصدى التهامي للادعاءات التي أطلقتها الدول العربية ضد مصر لأنها وقعت على اتفاق منفرد، مدعيا أن المصالح الإسلامية والعربية هي فقط ما مثل نصب عينيها وقد استغلت الفرصة السانحة من أجل النهوض بهذه المصالح:

> *"في الماضي نادى الآخرون بالثورة حتى النصر*[شعار منظمة التحرير الفلسطينية]*. قرر المؤتمر الإسلامي حينها الخروج إلى الجهاد من أجل تحرير القدس. وكان هذا بعد انتصار رمضان. لم يواصل الناس هذا الطريق، بسبب مواقف وانتماءات مختلفة. حينها دعونا نحن إلى التفاوض والسعي إلى اتصالات مباشرة من قبل كل دولة على حدة، بحيث تستطيع كل دولة إنقاذ أرضها وحقها*

وسيادتها. سار البعض منا في هذا الطريق وقد تحقق شيء من الأمل [بإنقاذ الأرض]..." [314]

كان الهدف من نشر المقالات *في "الأهرام"*، ومن نشر آراء علماء شريعة مصريين، هو التثقيف والإعلام لأغراض مصرية داخلية.[315] بدت الساحة الدينية الإسلامية من وجهة نظر نظام السادات كحيز يصلح لخوض معركة من أجل إضفاء الشرعية على معاهدة السلام مع إسرائيل. ولهذا السبب بالذات، كان لمقال نشرته شخصية اضطلعت بوظيفة رسمية في العالم الإسلامي سابقا، مثل التهامي، أهمية كبيرة، إذ يؤيد المقال المعاهدة ويبررها من الناحية الإسلامية. وبالرغم من ذلك لم يكتف النظام بذلك، بل دأب على نشر سلسلة من المقالات في *"الأهرام"* بأقلام شخصيات من قيادات مؤسسة الأزهر ووزير الأوقاف (وهو الآخر من قيادات الأزهر سابقا)، ادعوا فيها أن المعاهدة تتفق مع الشريعة. نشر المقال الأول بعد ستة أسابيع من التوقيع على معاهدة السلام بين مصر وإسرائيل، كرد على تعليق عضوية مصر في مؤتمر وزراء خارجية الدول الإسلامية، الذي عقد في مدينة فاس في المغرب بتاريخ التاسع من أيار عام 1979.[316]

نشرت *"الأهرام"* [317]، غداة تعليق العضوية، بتاريخ العاشر من أيار عام 1979، بيانا صادرا عن قيادات مؤسسة الأزهر، ادعى من خلاله فقهاء المسلمين أن معاهدة السلام "قد انطوت تحت لواء أحكام الإسلام"، لأنها نشأت *"من موقف قوة وبعد [أن أدارت مصر] حربا جهادية ونصرا"*. من هذه الناحية، أضاف البيان، تكون اتفاقية السلام شبيهة بصلح الحديبية الذي عقده الرسول محمد (صلعم) مع أهل مكة، من موقف قوة، حيث قاد جيشا منتصرا مما مكنه من فرض إرادته. كانت هذه حجة تبريرية اعتمدت على معطيات غير صحيحة. في الواقع كان وضع جيش الرسول متدنيا بالنسبة لوضع أهل مكة. وحسب الأحاديث النبوية اعتبر النبي محمد (صلعم) كمن قدم الكثير من التنازلات إذا أخذنا بعين الاعتبار قدره ومكانته كرسول الله، زد على ذلك أنه اضطر إلى التنازل عن الهدف الذي خرج إلى الحرب من أجله متوجها إلى مكة. الاعتمار ـ حيث أجله إلى السنة التالية وذلك نزولا عند طلب قبيلة قريش. إذا عدنا إلى موضوعنا، نرى أن المؤسسة المصرية تخلت عن المبدأ الشرعي، الذي لا يمكن بموجبه التصالح مع العدو إلا من خلال موقف يتسم بضعف عسكري في المعسكر الإسلامي، وذلك لتجنب مواجهة ادّعاء مفاده أن الرئيس المصري تصرف من موقع ضعف وفي هذا إذلال ومهانة.

وجه بيان قيادات الأزهر انتقادا إلى الأطراف الإسلامية المتشددة التي هاجمت معاهدة السلام، وصورهم على أنهم جهلة لا يفقهون في الشريعة. كان الادعاء أن مصر هي واحدة من معاقل الإسلام، لذلك فمن صلاحيات رئيس الدولة أن ينظر في ما إذا كان عقد المعاهدة مع الأعداء يصب في مصلحة الإسلام. يأمر القرآن الكريم المسلمين بإبرام معاهدات الصلح مع العدو، وذلك في حال وجد الحاكم في ذلك مصلحة للمسلمين. وتتلخص المصلحة

100

في الحالة التي أمامنا بإعادة الأراضي الإسلامية إلى أهلها، بعضها مباشرة والبعض الآخر في موعد لاحق. الادعاء الآخر الذي طرح في البيان ولكنه لم يظهر فيما بعد في الفتوى الشرعية التي أصدرها الشيخ جاد الحق، كان أنه من خلال معاهدة السلام التي وقعتها مصر مع إسرائيل وجهت الدعوة إلى أطراف إسلامية إضافية للانضمام إلى المعاهدة والاستفادة منها، بدعوى أنهم سيحصلون بذلك على أراضيهم. وادعى من خلال البيان أن الاتفاقية تحافظ على حق الفلسطينيين في تقرير المصير، وهو مبدأ حظي بالقبول على الساحة الدولية بفضل مصر. كان الادعاء، أن مصر لا تستهين بقضايا شرقي القدس العربية والإسلامية، لا بل إنها متمسكة بالقدس باسم ملايين المسلمين. كما وجه علماء الأزهر نداء إلى الحكام المسلمين في العالم، وإلى علماء الدين، وإلى الشعوب الإسلامية، مطالبا إياهم أن يتحدوا [في دعمهم للموقف المصري]. لقد كان الهدف من هذا النداء، بطبيعة الحال، اعتذاريا وتبريريا إزاء الأطراف العربية التي ادعت أن مصر وقعت على اتفاقية منفردة وتخلت عن بقية العرب. شكلت الادعاءات والتبريرات السياسة مادة خام استخدمت في صياغة تفسير مبدأ مصلحة المسلمين الكامن في التوقيع على معاهدة السلام.

بعد أن تم تعليق عضوية مصر في منظمة المؤتمر الإسلامي، خلال مؤتمرها الذي انعقد في مدينة فاس بالمغرب في شهر أيار 1979، وجه التهامي كلمات شديدة اللهجة ضد القرار وقال في مقابلة مع جريدة *"الأهرام"* بتاريخ 11.5.1979: إن المجتمعين في المؤتمر في فاس غشيت عيونهم عن رؤية الحق والحقيقة.[318] يدّعون أن مصر حادت عن طريق الإسلام[319] وأنه يجب إخراجها من دائرة العمل الإسلامي والعربي، ولكن عليهم ألا ينسوا مكانة مصر ودورها في صياغة السياسات الإسلامية، وكونها الدعامة الحقيقية للعالم الإسلامي على مر التاريخ. وبحسب رأي التهامي، فإن القرآن والحديث النبوي حددا مكانة مصر: *"إذا دخلتم مصر فخذوا منها الجنود فهم خير الأجناد في الأرض ولكم منها رحم وصهر".*[320] *ويتساءل التهامي: هل نغير مشيئة القدر "هل نلغي ما ورد في القرآن والحديث؟ هل انتهى دور مصر في قيادة المقدسات الإسلامية؟ هل هي [بقية الدول الإسلامية] قادرة على حمل راية أمجاد الإسلام والخروج للجهاد كما فعلت مصر، عندما أدت رسالتها التاريخية؟"* [321]

يستمر التهامي في مواجهة معارضي مصر من خلال مقابلته الصحفية فيقول: *"هذا القرار- العاجل- الذي اتخذه المؤتمر ليس له أي أساس في أحكام الشريعة الإسلامية، ولا حق لأحد باتخاذه. إن من اتخذوه جهلة غافلون وبعون الله سيخيب أملهم".*[322] أكد التهامي على أن قرار مؤتمر فاس بشأن الخروج للجهاد من أجل تحرير القدس ليس عمليا ولا واقعيا. وبالمقابل فإن مصر دعت إلى مؤتمر خاص للتباحث في خطة عمل من أجل استرجاع القدس قبل أن فكرت بالأمر أي دولة إسلامية أخرى. وقد عبر عن أمله في أن تتوصل الدول العربية في نهاية المطاف إلى نفس الاستنتاج الذي توصلت إليه مصر، لأن طريق الاتصالات السياسية هو الطريق الوحيد لإنقاذ القدس.

بعد مرور أسبوع على نشر رأي علماء الأزهر علنا، نشرت *"الأهرام"* بتاريخ 18 أيار 1979 مقالا لوزير الأوقاف المصري، الدكتور الشيخ عبد المنعم النمر، اقتبس فيه وبتفصيل كبير، مقاطع من الرأي الذي أصدره علماء الأزهر، وادعى أن الرسول (صلعم) احترم معاهدة الحديبية إلى أن نقضها الطرف الآخر (حتى نقضوها).[323] وادعى النمر أن لعلماء الدين المسلمين صلاحية تخولهم بإعلان الحرب إذا كانت ضرورية للمسلمين من باب الضرورة والمصلحة، وبأن يعلنوا السلام إن كانت فيه مصلحة. أما العقيدة الإسلامية (الأصل)، بشأن العلاقات بين المسلمين وغير المسلمين، فهي السلام، طالما لا يقوم الطرف الآخر بمهاجمتهم، وهذا هو الرأي السائد في الشريعة.[324]

ما أن انقضت أربعة أسابيع حتى نشرت *"الأهرام"* (14.6.1979) بيانا بذات الروح صادرا عن مفتي الديار المصرية، الشيخ جاد الحق علي جاد الحق.[325] وقد سجل هذا البيان بتاريخ 26 تشرين الثاني 1979 في سجل الفتاوى الرسمي في مصر، *الفتاوى الإسلامية، والذي يعرض لاحقا*.[326]

قرر بيان مفتي الديار المصرية أن المعاهدة مع إسرائيل تستند إلى أحكام الشريعة الإسلامية، وأن السادات حافظ على حقوق العرب. وقد وجه المفتي انتقاداته لما كتب حول المعاهدة خارج مصر، بشأن توقيع مصر على اتفاقية سلام منفرد. *بل إن جاد الحق أضاف قائلا: صلح الحديبية كان خيرا وبركة على الإسلام والمسلمين. حتى إن الله أنزل سورة الفتح [القرآن:48:1] التي عرفت الصلح على أنه انتصار، فقال: "إنا فتحنا لك فتحا مبينا".[327] وقد مهد الأرضية، في نهاية الأمر لانتشار الإسلام، حتى صحابة النبي عارضوا الصلح، مع أن صحابته كانوا له من الرافضين وعن تنفيذه من القاعدين، حتى علموا خيره فانصاعوا لأمر الله ورسوله. ونحن في صلحنا المعاصر مع إسرائيل نتفاءل، ونأمل أن يكون فتحا نسترد به الأرض، ونسترد به العرض، وتعود به القدس مقدسة عزيزة إلى رحاب الإسلام وفي ظل السلام".[328]* المبادئ التي اعتمد عليها هذا الادعاء من قبل المؤسسة الرسمية تفيد أن فريضة الجهاد لا تتعارض مع عملية صنع السلام. صحيح أن فريضة الجهاد واجبة حتى اليوم الذي تسود فيه أحكام الشريعة الإسلامية في كل أطراف الأرض، ولكن الظروف الراهنة والمصلحة السلامية تجيزان التوقيع على معاهدة سلام.[329]

في الخط الموازي لذلك شن النظام حربا ضد نشاطات المعارضة، التي مارستها مجموعات الجهاد الإسلامي في مصر فاعتقل 1600 من النشطاء الإسلاميين. ولكن هذا لم يمنع مقتل الرئيس السادات، مطلع شهر تشرين الأول عام 1981، أثناء تواجده على المنصة لمشاهدة العرض العسكري السنوي لمناسبة "الانتصار في حرب أكتوبر 1973". اغتيل الرئيس المصري بأيدي أعضاء إحدى جماعات الجهاد الإسلامي، الذين استمدوا الإلهام لهذا الاغتيال من مؤلف لمهندس يبلغ الـ 26 عاما، اسمه عبد السلام فرج، كان قد نشر ووزعته مجموعات ثورية إسلامية. حمل هذا المؤلف عنوان (الفريضة الغائبة)، كانت الفكرة الرئيسية التي تضمنها هذا الكتيب أن أهم الفرائض المفروضة على الحاكم

المسلم هي الجهاد، وقد تركت، وأن الحكم في مصر مثله مثل حكم التتار (المغول) الكفار (كما وصفهم في حينه شيخ الإسلام وعالم الشريعة من القرن الـ 14 – ابن تيمية).[330] نشر مفتي الديار المصرية بعد اغتيال السادات، فتوى خاصة واجه فيها ادعاءات المسلمين المتطرفين الذين نشروا المؤلف، واحدة تلو الأخرى، وذلك كجزء من المجهود الإعلامي الذي بذله النظام في مواجهة الأطراف الإسلامية المتشددة.[331]

درس الشيخ جاد الحق، الذي كتب الفتوى التي تناولناها في هذا الفصل، في الأزهر، وتخصص في القضاء الشرعي وعمل قاضيا ومساعدا لمفتي الديار المصرية، ثم عُيِّن أمينا للفتوى بدار الإفتاء المصرية، ومستشارا في محاكم الاستئناف. عيِّن الشيخ جاد الحق مفتيا للديار المصرية في شهر آب من عام 1978، وكانت تلك فترة ساد فيها التوتر بين الدولة والجماعات الإسلامية الأصولية المتشددة التي اغتالت الرئيس السادات فيما بعد. في سنة 1982 عُيِّن جاد الحق وزيرا للأوقاف، في ما يبدو أنه تعبير عن الامتنان والتقدير للفتوى التي أصدرها ونشرها ردًّا على مؤلف "الفريضة الغائبة". أصدر جاد الحق، خلال السنوات الأربع التي أشغل فيها منصب المفتي، 1415 فتوى، نشرت منها 243 فتوى، كانت في أغلبها طويلة، ومن أهمها تلك التي تناولت المواضيع السياسية.[332]

على الرغم من أن الشيخ جاد الحق (المتوفى سنة 1996) أيد السلام مع إسرائيل، إلا أنه اعتبر دائما محافظا في آرائه وفي فتاواه، وقد عبر فيما بعد عن آراء انطوت على مهاجمة التطبيع مع إسرائيل.

نص الفتوى الشرعية[333]

الموضوع - اتفاقية السلام بين مصر وإسرائيل وأثرها.
المفتى : فضيلة الشيخ جاد الحق علي جاد الحق. 6 محرم 1400 هجرية - 26 نوفمبر 1979

المبادئ:
١ - الإسلام دين الأمن والسلام.
٢ - جنوح العدو للسلم أثناء الحرب واجب القبول.
٣ - المعاهدات بين المسلمين وغيرهم جائزة ويجب الوفاء بها ما لم يطرأ ما يقتضى نقضها.
٤ - بدء المسلمين بالصلح جائز ما دام ذلك لجلب مصلحة لهم أو لدفع مفسدة عنهم.
٥ - قبول المسلمين لبعض الضيم جائز ما دام في ذلك دفع لضرر أعظم.

٦ - نصوص اتفاقية السلام وملحقاتها لم تضيع حقا ولم تقر احتلالا.

٧- ما كان لقلة من العلماء أن تنساق أو تساق إلى الحكم بغير ما أنزل الله وتنزل إلى السباب دون الرجوع إلى أحكام شريعة الله.

٨ - صلح الحديبية كان خيرا وبركة على المسلمين، وفى صلحنا المعاصر مع إسرائيل نتفاءل ونأمل أن يكون فتحا نسترد به الأرض ونحمى العرض، وتعود به القدس عزيزة إلى رحاب الإسلام وفى ظل السلام.

سئل عن حكم اتفاقية السلام بين مصر وإسرائيل وأثرها.

أجاب:

كان الإسلام ولا زال دين الأمن والأمان والسلام والسكينة والصفاء والمودة والإخاء وليس دين حرب أو شحناء أو بغضاء، لم يستخدم السيف للتحكم والتسلط إنما كانت حروبه وسيلة لتأمين دعوته، وقد أمر القرآن الكريم المؤمنين بالامتناع عن القتال إذا لم تكن هناك ضرورة، ففي كتاب الله قوله سبحانه: "فإن اعتزلوكم فلم يقاتلوكم وألقوا إليكم السلم فما جعل الله لكم عليهم سبيلا"، (النساء: 90)، وقوله تعالى: "وإن جنحوا للسلم فاجنح لها وتوكل على الله"، (الأنفال: 61).

ومن تعاليم الإسلام للمسلمين أن يردوا كل ما يختلفون في معرفة أحكامه إلى الله ورسوله. قال تعالى: "فإن تنازعتم في شيء فردوه إلى الله والرسول إن كنتم تؤمنون بالله واليوم الآخر"، (النساء: 59).

وأكد الله سبحانه هذا المبدأ بوجوب الإذعان لحكمه وحكم رسوله في قوله في القرآن الكريم: "إنما كان قول المؤمنين إذا دعوا إلى الله ورسوله ليحكم بينهم أن يقولوا سمعنا وأطعنا"، (النور: 51).

وها نحن العرب قد اختلفنا مع اليهود، وقامت الحرب بيننا سنوات ثم قامت لهم دولة اعترف بها المجتمع الدولي، وظاهرتها أقوى دول العالم وعقدنا معها اتفاقية الهدنة بعد الحرب الأولى بيننا سنة 1948 ثم وقعت حرب سنة 1956 مع مصر وقامت هدنة أخرى ثم حرب سنة 1967 حيث احتلت إسرائيل جميع أراضي فلسطين وزادت فاحتلت سيناء من أرض مصر والجولان من سوريا، ولم

ترض مصر بهذه الهزيمة وما استكانت، بل استعدت وجندت أبناءها وعبأت مواردها ثم ضربت ضربة رمضان المنتصرة فاستردت بها هيبة العرب واضطرت معها إسرائيل أن تستغيث بنظرائها، وفى أوج النصر العسكرى عرض رئيس مصر السلام أملا في أن يسود هذه المنطقة الأمن وأن يسترد العرب أنفاسهم من حرب طالت واستطالت دون أن يبدو في أفقها نهاية، واستطاع رئيس مصر أن يسترد أجزاء كبيرة من سيناء سلما، فوق ما استرده بالحرب، ثم كانت مبادرته ونداؤه بالسلام في القدس، وفى حضور الخصوم، ليشهد عليهم العالم إن أبوا الدخول فيه، وصبر وجادلهم بالحجة والمنطق كما جالدهم بقوة السلاح وعزم الرجال، حتى جنحوا للسلم وارتضوه عهدا تنحل به هذه الأزمة وقبلوا بحرب رمضان - أن يرحلوا عن الأرض التى احتلوها فوق العشر سنوات ورضوا من الغنيمة بالإياب والمسالمة فما حكم الله ورسوله في هذا الصلح الذي تم بين مصر وإسرائيل بعد تلك الحروب وإنما كان قول المؤمنين إذا دعوا إلى الله ورسوله ليحكم بينهم أن يقولوا سمعنا وأطعنا.

إننا إذا نظرنا في كتاب الله قرآنه الكريم نجد أنه قد قرر أن العلاقة الأساسية بين الناس جميعا هى السلم. نجد هذا واضحا في قوله تعالى: "يا أيها الناس إنا خلقناكم من ذكر وأنثى وجعلناكم شعوبا وقبائل لتعارفوا إن أكرمكم عند الله أتقاكم"، (الحجرات: 13)، وقوله سبحانه: "يا أيها الناس اتقوا ربكم الذي خلقكم من نفس واحدة وخلق منها زوجها وبث منهما رجالا كثيرا ونساء واتقوا الله الذي تساءلون به والأرحام"، (النساء: 1).

وبهذا النداء للناس، بوصفهم بنى الإنسان، كان السلم هو الحالة الأصلية التى تشيع المودة والتعاون الخير بين الناس، وكانت الدعوة إلى غير المسلمين بأنهم إذا سالموا كانوا سواء مع المسلمين في نظر أحكام الإسلام لأنهم جميعا بنو الإنسان، ولم يجز الإسلام الحرب إلا لعلاج حالة طارئة ضرورية، وإذا كانت هذه هى منزلة الحرب في الإسلام فإنه يقرر بأنها إذا وقعت، وجنح أحد الطرفين المتحاربين إلى السلم، وجب حقن الدماء. نرى هذا واضحا وجليا في قوله تعالى: "وإن جنحوا للسلم فاجنح لها وتوكل على الله إنه هو السميع العليم. وإن يريدوا أن يخدعوك فإن حسبك الله"، (الأنفال: 61، 62).

هذا حكم الله أنزله إلينا، وهو يجيز لنا أن نتعاهد ونقيم المعاهدات مع غير المسلمين إبقاء على السلم أصلا، أو رجوعا إليه بوقف الحرب

وقفا مؤقتا بمدة أو وقفا دائما، كما يجيز أن تتضمن المعاهدة مع غير المسلمين تحالفا حربيا وتعاونا على رد عدو مشترك.
قال القرطبي: إن كان للمسلمين مصلحة في الصلح لنفع يجتلبونه أو ضرر يدفعونه، فلا بأس أن يبتدىء المسلمون إذا احتاجوا غليه، وقد صالح رسول الله صلى الله عليه وسلم أهل خيبر على شروط نقضوها فنقض صلحهم، وهادن قريشا عشرة أعوام حتى نقضوا عهده، ثم قال ومازالت الخلفاء والصحابة على هذه السبيل التى شرعناها سالكة وبالوجوه التى شرحناها عاملة. ثم نقل قول الإمام مالك رضى الله عنه فقال: تجوز مهادنة المشركين السنة والسنتين والثلاث وإلى غير مدة. (الجامع لأحكام القرآن ج:8 ، ص:41-39، في تفسير سورة الأنفال).
وفى التعقيب على تفسير الآيتين 89، 90 من سورة النساء، حيث انتهت الأخيرة بقوله تعالى: "فإن اعتزلوكم فلم يقاتلوكم وألقوا إليكم السلم فما جعل الله لكم عليهم سبيلا"، قال القرطبي (ص: 309، ج: 5): في هذه الآية دليل على إثبات الموادعة بين أهل الحرب وأهل السلام إذا كان في الموادعة مصلحة للمسلمين.
وفي فتح الباري، لابن حجر العسقلاني، بشرح صحيح البخاري، في باب الموادعة والمصالحة مع المشركين، تعليقا على الآية الكريمة: "وإن جنحوا للسلم"، أن هذه الآية دالة على مشروعية المصالحة مع المشركين.
وفى "منتقى الأخبار من أحاديث سيد الأخيار وشرحه نيل الأوطار" للشوكاني (ج: 8، ص: 39) في غزوة الحديبية، بعد أن نقل الأحاديث في شأنها أن مصالحة العدو ببعض ما فيه ضيم على المسلمين جائزة للحاجة والضرورة دفعا لمحظور أعظم منه.
وإذا تتبعنا سيرة الرسول، صلى الله عليه وسلم، وأصحابه من بعده، نجد أنهم قد تعاهدوا مع غير المسلمين ولم ينقضوا عهدا عقدوه إلا أن ينقض من الغير، ولعل فاتحة عهود الرسول ومعاهداته كان العهد مع يهود المدينة وتحالفه معهم، ثم تعامله وصحبه اقتصاديا، ولقد ظل وفيا بهذا الوعد والعهد حتى نقضه اليهود فانتقض، وصلح الحديبية وشروطه مشهور واعتراض الصحابة عليه، كل ذلك فعله رسول الله، ولنا فيه القدوة ولأنه فعل ما فيه المصلحة للمسلمين، ولقد عاهد خالد بن الوليد أهل الحيرة وصالحهم، وصالح عمر بن الخطاب أهل إيلياء وكان يستدعي الزعماء غير المسلمين ويشاورهم

ويستأنس بآرائهم، كما فعل عندما أراد تنظيم الطرق بعد فتحها، وكما استشار المقوقس عظيم القبط في مصر، بعد الفتح.

وقد عقد الفقهاء المسلمون، على اختلاف مذاهبهم الفقهية، أبوابا في كتبهم أبانوا فيها أحكام المهادنة والمصالحة مع غير المسلمين، واتفقت كلمتهم على أن لرئيس الدولة المسلمة أن يهادن ويصالح محاربيه من غير المسلمين بوقف الحرب معهم مادام في هذا مصلحة للسلمين، واستندوا في هذا إلى قول الله سبحانه: "وإن جنحوا للسلم فاجنح لها"، (الأنفال:61)، وإلى صلح الرسول صلى الله عليه وسلم مع أهل مكة عام الحديبية، وأضاف الفقهاء قولهم: ولأن الموادعة جهاد معنى إذا كان خيرا للمسلمين، لأن المقصود هو دفع الشر الحاصل بالحرب. (كتاب "البحر الرائق شرح كنز الدقائق"، لابن نجيم الحنفي، ص: 87، وما بعدها، ج: 5، وكتاب "بدائع الصنائع"، للكاساني الحنفي، ص: 108، وما بعدها، ج: 7، وكتاب "مجمع الأنهر شرح ملتقى الأبحر" - فقه حنفي، ج:1، ص: 645، وما بعدها، وكتاب "المغني"، لابن قدامة الحنبلي، ج: 10، ص: 517، وما بعدها، وكتاب "حاشية الدسوقي على الشرح الكبير فقه مالكي"، ج: 2، ص: 232، وحواشي "تحفة المحتاج بشرح المنهاج"، ج: 9، ص: 304، وما بعدها، وكتاب "قواعد الأحكام في مصالح الأنام"، للسلطان العز بن عبد السلام الشافعي، ج: 1، ص: 103).

بل إن فقهاء الشيعة الإمامية صرحوا بهذا في كتبهم. ففي كتاب "المختصر النافع"، في فقه هذا المذهب، ج: 1، ص:11، في كتاب الجهاد: وإن اقتضت المصلحة المهادنة جاز لكن يتولا ها الإمام ومن يأذن له.

ويقول الفقيه ابن القيم في كتابه "زاد المعاد"، ج: 2، ص: 184: ولما قدم النبى صلى الله عليه وسلم المدينة صار الكفار معه ثلاثة أقسام: قسم صالحهم ووادعهم على ألا يحاربوه ولا يظاهروا عليه ولا يوالوا عليه عدوه وهم على كفرهم آمنون على دمائهم وأموالهم. وقسم حاربوه ونصبوا له العداوة. وقسم تاركوه فلم يصالحوه ولم يحاربوه بل انتظروا ما يؤول إليه أمره وأمر أعدائه.

فقابل كل طائفة من هذه الطوائف بما أمره به ربه تبارك وتعالى.

ثم قال، في ص 200 في "فقه صلح خيبر": وفى القصة دليل على جواز عقد الهدنة مطلقا من غير توقيت بل ما شاء الإمام، ولم يجيء

ما ينسخ هذا الحكم البتة، فالصواب جوازه وصحته. وقد نص عليه الشافعي في رواية المزني، ونص عليه غيره من الأئمة.

ويقول العلامة ابن تيمية في كتابه "الاختبارات"، ص 188، في باب الهدنة: ويجوز عقدها مطلقا ومؤقتا، والمؤقت لازم من الطرفين يجب الوفاء به ما لم ينقضه العدو، ولا ينقض بمجرد خوف الخيانة في أظهر قول العلماء، وأما المطلق فهو عقد جائز يعمل الإمام فيه بالمصلحة.

أسس المعاهدات في الإسلام

وحينما نطالع أقوال علمائنا في تفسير آيات القرآن وأحاديث رسول الله صلى الله عليه وسلم، في شأن الحرب والصلح، ونطلع كذلك على ما نقله الفقهاء في هذا الشأن، نرى أنهم قد استوجبوا توافر الأسس التالية لقيام المعاهدات مع غير المسلمين شرعا.

الأول: ما دل عليه قول الرسول عليه الصلاة والسلام (كل شرط ليس في كتاب الله فهو باطل) وهذا مفاده أنه يتعين على ولي أمر المسلمين، الذى يتعاهد مع غير المسلمين، ألا يقبل شرطا يتعارض صراحة أو دلالة مع نصوص القرآن الكريم، محافظة على سمة الشريعة العامة واحتفاظا بعزة الإسلام والمسلمين قال تعالى: "ولله العزة ولرسوله وللمؤمنين"، (المنافقون: 8).

ومثال الشروط الباطله أن تتضمن المعاهدة التحالف مع غير المسلمين ضد المسلمين، أو التعهد بمقتضاها بالقعود عن نجدة المسلمين عند الاعتداء على ديارهم وأموالهم.

الثاني: تحديد الشروط في المعاهدات بينة واضحة على مثال المصالحات التى عقدها الرسول عليه الصلاة والسلام، فقد كانت محددة في الحقوق والالتزامات المتبادلة بين المتعاقدين وذلك حتى لا تكون وسيلة للغش والخداع واستلاب الحقوق.

الثالث: أن تعقد المعاهدة في نطاق التكافؤ بين طرفيها، فلا يجوز لولي أمر المسلمين أن يعاهد ويصالح تحت التهديد، لأن مبدأ الإسلام التراضي في كل العقود.

ومسالمة المسلمين لمخالفيهم في الدين أمر يقره الإسلام ، فمن المبادئ العامة التى قررتها الشريعة في معاملة أهل الكتاب تركهم وما يدينون، والمنع من التعرض لهم متى سالموا، بل والتسوية بينهم وبين المسلمين في الحقوق والواجبات العامة، وأجازت مواساتهم وإعانة المنكوبين، وأباحت الاختلاط بهم ومصاهرتهم، وما أباحت

قتالهم إلا ردّا لعدوان، قال تعالى: "فما استقاموا لكم فاستقيموا لهم"، (التوبة: 7)، وقال سبحانه: "وطعام الذين أوتوا الكتاب حل لكم وطعامكم حل لهم والمحصنات من المؤمنات والمحصنات من الذين أوتوا الكتاب من قبلكم إذا آتيتموهن أجورهن محصنين غير مسافحين ولا متخذي أخدان"، (المائدة: 5).
وكان من أوامر الإسلام الوفاء بهذه المعاهدات إذا انعقدت بشروطها داخلة في نطاقه غير خارجة على أحكامه وحافظ عليها الطرف الآخر ولم تنفذ ظروف انعقادها، وها هو القرآن الكريم يقول: "إلا الذين عاهدتم من المشركين ثم لم ينقصوكم شيئا ولم يظاهروا عليكم أحدا فأتموا إليهم عهدهم إلى مدتهم"، (التوبة: 4).
ويقول في شأن توقع الخيانة من المعاهدة دعوة إلى اليقظة والحذر: "وإما تخافن من قوم خيانة فانبذ إليهم على سواء إن الله لا يحب الخائنين"، (الأنفال: 58) .
ذلك هو حكم الإسلام في التعاهد والمصالحة، بل والمحالفة مع غير المسلمين، يقر المعاهدات التى تضمن السلام المستقر وتحفظ الحقوق، وهو في ذات الوقت ينهى عن خيانة العهد ويأمر بالوفاء بالوعد، فالعلاقة بين الناس في دستور الإسلام علاقة سلم حتى يضطروا إلى الحرب للدفاع عن النفس أو للوقاية منها، ومع هذا يأمر الإسلام بأن يكتفى من الحرب بالقدر الذى يكفل دفع الأذى، ويأمر كذلك بتأخيرها ما بقيت وسيلة إلى الصبر والمسالمة، ولم يجعل الإسلام الوفاء بالعقود والعهود من أعمال السياسة التى تجوز فيها المراوغة عند القدرة عليها، بل جعله أمانة من الأمانات واجبة الأداء يكاد الخارج عنها أن يخرج عن الإسلام، بل ويخرج عن آدميته ويصبح بهذا في عداد السائمة، قال تعالى: "وأوفوا بعهد الله إذا عاهدتم ولا تنقضوا الأيمان بعد توكيدها وقد جعلتم الله عليكم كفيلا إن الله يعلم ما تفعلون. ولا تكونوا كالتى نقضت غزلها من بعد قوة أنكاثا تتخذون أيمانكم دخلا بينكم أن تكون أمة هى أربى من أمة إنما يبلوكم الله به وليبينن لكم يوم القيامة ما كنتم فيه تختلفون"، (النحل: 91، 92).
وبعد، فإن الإسلام صاغ الحياة البشرية من خلال قوله تعالى: "ولقد كرمنا بنى آدم وحملناهم في البر والبحر ورزقناهم من الطيبات وفضلناهم على كثير ممن خلقنا تفضيلا"، (الإسراء: 70). هذا التكريم للإنسان، أي إنسان، بغض النظر عن لونه أو دينه أو جنسه

أو وطنه، أعاد إلى فكر الإنسان وقلبه أن الناس جميعا بنو آدم وحواء جعلهم الله شعوبا وقبائل ليتعارفوا، وأرسل إليهم الرسل لهدايتهم من الضلال، حتى كان الإسلام خاتما لجميع الرسالات، يحوي كتابه ما حملته الكتب السابقة عليه منقيا عقيدته وعبادته وتشريعه مما لم يعد ملائما لدين الله الخالد إلى يوم الدين.

ثم حث الإسلام على الدعوة إلى الله بالمنطق والعقل، فجعل توحيد الله أساسا تتعاون في ظله كل الديانات قال تعالى: "قل يا أهل الكتاب تعالوا إلى كلمة سواء بيننا وبينكم ألا نعبد إلا الله ولا نشرك به شيئا ولا يتخذ بعضنا بعضا أربابا من دون الله"، (آل عمران: 64).

ووجه القرآن الكريم رسول الله صلى الله عليه وسلم لنمط الدعوة المطلوب فقال: "ادع إلى سبيل ربك بالحكمة والموعظة الحسنة وجادلهم بالتي هي أحسن"، (النحل: 125).

وفي نطاق هذا الاتجاه والتوجيه، عقد الرسول، حين قدم المدينة مهاجرا، معاهدة بين المسلمين واليهود وباقي الأقليات التي كانت تسكن في المدينة وما حولها، رسم بها خريطة دولة الإسلام في التعاون المشترك مع مواطنيها وجبرتها من أهل الأديان الأخرى، وهذه المعاهدة التي قد نسميها بأسلوبنا المعاصر (معاهدة دفاع مشترك) يرشدنا فقهها إلى أن نسلك هذا السبيل ونقتدي بها ما دام في مثلها مصلحة للمسلمين.

ولقد كان من آثار هذه المعاهدة، كما سبق، التعاون المالي والاقتصادي بين جميع القاطنين في المدينة وما حولها، دون نظر إلى الاختلاف في العقيدة والدين.

والإسلام يضع بذلك إطارا للتعايش بين بني الإنسان على اختلاف مللهم ونحلهم بهذا الوصف الإنساني، ويخاطبهم به داعيا إياهم للتراحم والتعاطف والتساند في الشدائد والملمات.

ثم يخص المسلمين بتوجيه أوفى وتوصيف أوسع وأسمى، فيجعل أخوتهم الدينية أعلى نسبا وأقوى لحمة من كل الأنساب والأحساب التي يتفاخرون بها، ويضع لهم نماذج نقية لما يجب أن يأخذوا أنفسهم به فقال تعالى: "وتعاونوا على البر والتقوى ولا تعاونوا على الإثم والعدوان"، (المائدة: 2)، وقال جل شأنه: "والمؤمنون والمؤمنات بعضهم أولياء بعض يأمرون بالمعروف وينهون عن المنكر"، (التوبة: 71)، وقال أيضا: "ولتكن منكم أمة يدعون إلى الخير ويأمرون بالمعروف وينهون عن المنكر"، (آل عمران: 104).

بهذا المنطق كان توجيه القرآن الكريم للمسلمين إلى أحسن السبل للتعاون وتنقية المجتمع والحفاظ على مصالح المسلمين.
وبنفس المنطق يحدد الرسول، صلى الله عليه وسلم، المسئولية ويضعها على عاتق أولياء الأمور كل في موقعه فيقول: (كلكم راع ومسئول عن رعيته، الإمام راع ومسئول عن رعيته)، (رواه البخاري)، ويقول: (ما من أمتي أحد ولي من أمر الناس شيئا لم يحفظهم بما يحفظ به نفسه إلا لم يجد رائحة الجنة..)، (رواه الطبراني عن ابن عباس في الصغير والأوسط).
ومن هنا يتبين مدى مسئولية رئيس الدولة في الإسلام، وأن عليه أن يحفظ الرعية مما يحفظ به نفسه، لأنه قد التزم العمل لمصلحتها، وفى نطاق هذه المسئولية، وفى خضم نزاع العرب وإسرائيل، وفى ظلال هزيمة سنة 1967، التى لحقت بالعرب، كل العرب، فنكست رؤوسهم، خطط رئيس مصر لرفع هذا العار وحاربت مصر في رمضان، وكان النصر من عند الله للمؤمنين الذين رابطوا وجاهدوا حتى محوا خزي العار ووضعوا أكاليل الغار.
ثم كانت تلك النظرة الثاقبة الفاحصة للمجتمع الدولى وموقفه من النزاع، هذه النظرة التى تمثلت في مبادرة السلام في تشرين الثاني 1977، السلام المطلوب سلام العزة ومن موضع القوة لا من موقع الضعف والهزيمة، وجاهد رئيس مصر وفاوض وكافح حتى سلم الخصم أو استسلم بعد إذ رأى مفاوضا قوي الحجة، ثابت الجنان، مستمسكا بأرض العرب كل العرب ومقدسات المسلمين، لم يفرط في حق ولم تلن عزيمته، بل كان صابرا ومثابرا للوصول إلى غاية الطريق بعد أن بدأ بخطوات رشيدة شديدة، ومازال يهدف إلى الغاية ويحث الخطى حتى يصل الحق إلى أصحابه بعون من الله وتأييده.
قال تعالى: "إن تنصروا الله ينصركم ويثبت أقدامكم"، (محمد: 7).
إذا عرضنا اتفاقية السلام بين مصر وإسرائيل على قواعد الإسلام التى أصلها القرآن وفصلتها السنة، وبينها فقهاء المذاهب جميعا على نحو ما أجملنا الإشارة إليه، نجد أنها قد انطوت تحت لواء أحكام الإسلام، فهي قد استخلصت قسما كبيرا من الأرض التى احتلتها إسرائيل في هزيمة سنة 1967، بما فيها وعليها من مواطنين عادت إليهم حريتهم وثروات نستفيد بها بدلا من أن يستنزفها الخصوم، فهل استرداد الأرض والثروة مما يأمر به الإسلام، أو مما ينهى عنه، وهل في هذا مصلحة محققة للمسلمين أو شر ماحق لاحق

بهم، وهل في عودة المواطنين الذين تحررت أرضهم إلى دولتهم ترعى شئونهم من تعليم وصحة ودعوة وتجارة وكل مسئوليات الدولة نحوهم، هل هذا مما أمر به الإسلام أو مما نهى عنه؟

حين نعرض هذه الاتفاقية في ضوء مسئوليات الحاكم المسلم نجد أن رئيس مصر قد نصح الأمة وقام بالمسئولية، فحافظ على الرعية حفاظه على نفسه، حارب حين وجد ألا مندوحة من الحرب بعد أن استعد وأعد، وفاوض وسالم حين ظهر ألا مفر من السلم وأنه يستطيع الوصول إلى الحق والحصول عليه سلما لا حربا، والإسلام يقرر أن الحرب ليست حرفة ولا غاية، وإنما هي ضرورة دفاع أو وقاية، وكما قال الرسول الأكرم: "إن الله يحب الرفق في الأمر كله"، (رواه البخاري ومسلم)، أي أن الله سبحانه يحب لين الجانب في الفعل والقول، كما يحب الأخذ بالأيسر الأسهل في أمور الدين والدنيا ومعاشرة الناس فإذا استعصت الحرب كوسيلة لاسترداد الحق، وتيسر السلم أفلا يكون هو الأول والأولى؟

اللهم إن السلام تحية الإسلام وخلق الإسلام وصمام أمنه وأمانه يتمثل هذا في قول رسول الله عليه الصلاة والسلام: "إن الله جعل السلام تحية لأمتنا وأمانا لأهل ذمتنا"، (رواه الطبراني والبيهقي)، وإنما كانت تحية المسلمين بهذا اللفظ للإشعار بأن دينهم السلام والأمان، وأنهم أهل السلم محبون للسلام.

بقى أنه قد يقال: إن مصر انفردت بالصلح مع إسرائيل وخرجت بذلك عن تعاهد العرب على حل جماعة، ولكن هذا القول لا يلتقي مع الواقع، واقع الاتفاق الذي تم والخطوات المترتبة عليه، فالعرب متفقون على الحل السلمي بعد أن استحالت الحرب للظروف الدولية التي لا يمكن الإغضاء عنها، فإذا تقاعس بعض العرب عن السعي إلى الحل السلمي دون سبب ولا سند، كان على من يستطيع كسب الموقف السباق إليه وصولا للغاية المرجوة، والأمر موكول إلى القدرة على الحركة، فمن استطاع تقدير الأمور وارتباطاتها الدولية، ووجد من نفسه القدرة على استخلاص الحق، كان له، بل كان عليه، أن يسعى إليه، لأن هذه مسئولية ولي أمر المسلمين يعمل لصالح الجماعة ويحافظ عليها.

وإذا كانت نصرة المسلم للمسلم واجبة، "انصر أخاك ظالما أو مظلوما"، (متفق عليه من حديث أنس)، فقد كان واجب الحكام العرب، بل المسلمين، أن ينصروا رئيس مصر وهو يكافح وينافح

في سبيل استرداد الأرض والمقدسات، لا أن يخذلوه ويقيموا العراقيل في سبيله بينما هو يعمل لصالح الجميع. "المسلمون يد على من سواهم ويسعى بذمتهم أدناهم".

حين نستعرض نصوص اتفاقية السلام وملحقاتها ونعرضها على القرآن والسنة، ولا نجد فيها ما ينأى بها عن أحكامهما إذ لم تضيع حقا وما أقرت احتلال أرض وإنما حررت واستردت.

وما دامت هذه الاتفاقية قد أفادت المسلمين ووافقت مصلحتهم فإنه لا يليق بمسلم أن يبخسها حقها من التقدير.

قال تعالى: "ولا تبخسوا الناس أشياءهم ولا تفسدوا في الأرض بعد إصلاحها ذلكم خير لكم إن كنتم مؤمنين"، (الأعراف: 85).

بل إن الغض من شأنها والغش في بيان أهدافها وآثارها لا يليق بمسلم، لأن من واجبه، بحكم القرآن والسنة، أن يشد من أزر من ثابر وبذل الجهد بل غاية الوسع في سبيل استخلاص الحقوق التي لولا حرب مصر في رمضان لصارت نسيا منسيا، ولصارت سياسة الأمر الواقع واللاسلم واللاحرب قانونا يقضي به على رقاب العرب، وتضيع في ظلاله حقوقهم ولكن الله قيض خير أجناد الأرض، وشد من عزمهم، فكانت رمية الله هي رمايتهم، فصعق العدو من بأسهم بعد أن أخذوا بتلابيبه وسر الصديق بنصر الله.

ولعلنا نذكر الإخوة المسلمين بوصايا الرسول صلى الله عليه وسلم بمثل قوله: "المؤمن للمؤمن كالبنيان يشد بعضه بعضا"، (متفق عليه).

ولا إيذاء بين المسلمين بقول أو فعل، "المسلم من سلم المسلمون من لسانه ويده"، (متفق عليه من حديث عبد الله بن عمرو).

ويقول في ختام حديث طويل يأمر فيه بالفضائل: "فإن لم تقدر فدع الناس من الشر فإنها صدقة تصدقت بها على نفسك". (متفق عليه من حديث أبي ذر).

وبعد، فإنه لا بد من كلمة وجيزة أوجهها لعلماء المسلمين في كافة أنحاء الأرض على اختلاف جنسياتهم السياسية، هي أن الله وكل إليهم الأمر بالمعروف والنهي عن المنكر، قال جل شأنه: "ولتكن منكم أمة يدعون إلى الخير ويأمرون بالمعروف وينهون عن المنكر"، (آل عمران: 104). وقال: "فلولا نفر من كل فرقة منهم طائفة ليتفقهوا في الدين ولينذروا قومهم إذا رجعوا إليهم"، (التوبة: 122)، هذا هو واجب العلماء الذين سماهم فقهاء الإسلام

أهل الحل والعقد أهل العلم والبصر بأمور الدين والدنيا، كل ذي خبرة في ناحية من نواحي الحياة، علماء المسلمين قد فاه بعضهم بما ليس حكما لله تعالى ولا لرسوله، بما ليس نصحا لله ولا لرسوله ولا لأئمة المسلمين وعامتهم. إرضاء للساسة الذين لا يحتكمون إلى الله ورسوله قال تعالى: "والله ورسوله أحق أن يرضوه إن كانوا مؤمنين"، (التوبة: 62)، وما كان لبعض من رمى مصر والمصريين بالخروج بهذه الاتفاقية عن الإسلام. ما كان لهؤلاء أن يسارعوا إلى حكم لا يملكون إصداره قال تعالى: "يا أيها الذين آمنوا إذا ضربتم في سبيل الله فتبينوا ولا تقولوا لمن ألقى إليكم السلام لست مؤمنا تبتغون عرض الحياة الدنيا"، (النساء: 94)، ما كان لهذه القلة من العلماء الذين انساقوا أو سيقوا إلى الحكم بغير ما أنزل الله، ثم انزلقوا إلى السباب دون أن يراجعوا أحكام شريعة الله، ومن غير أن يتثبتوا وزعوا الكفر على المسلمين دون رؤية أو استظهار لحكم الإسلام، مع أن القرآن علمنا ألا نتقدم على حكم الله فقال تعالى: "يا أيها الذين آمنوا لا تقدموا بين يدى الله ورسوله واتقوا الله إن الله سميع عليم"، (الحجرات: 1). لهؤلاء الذين تسرعوا في الحكم دون علم أو عن غرض نتلو قول الله تعالى: "بل كذبوا بما لم يحيطوا بعلمه ولما يأتهم تأويله كذلك كذب الذين من قبلهم فانظر كيف كان عاقبة الظالمين"، (يونس: 39).

إن كل مسلم بلغه حكم الله في أي أمر من الأمور، يجب عليه أن يتبعه ولا يحل له أن يتخطاه، بل وعليه أن يعلنه ويعلمه الناس، سيما إذا كان من العلماء الذين وكل الله إليهم علم دينه وبيان أحكام شريعته.

إن ربنا سبحانه يقول: "ولو ردوه إلى الرسول وإلى أولي الأمر منهم لعلمه الذين يستنبطونه منهم"، (النساء: 83).

ويقول: "لقد كان لكم في رسول الله أسوة حسنة"، (الأحزاب: 21). ولقد رددنا أمر اتفاقية السلام بين مصر وإسرائيل وعرضناها على القرآن والسنة فوسعتها أحكامهما. قال تعالى: "إن الحكم إلا لله يقص الحق وهو خير الفاصلين"، (الأنعام: 57).

وبعد، فإن الإسلام دين الوحدة، وحدة المعبود ووحدة العبادة ووحدة القبلة، ومن أجل هذا دعا الله سبحانه إلى الاعتصام بحبله، قال تعالى: "واعتصموا بحبل الله جميعا ولا تفرقوا"، (آل عمران: 103)، فكونوا أيها العلماء دعاة وحدة وإخاء كما أمر الله، وبصروا

الحكام بأوامر الله حتى تجتمع الأمة على كلمة الله لا تفرقها الأهواء، واستمعوا لقول رسول الإسلام "لا تدابروا ولا تباغضوا ولا تحاسدوا ولا تقاطعوا وكونوا عباد الله إخوانا، المسلم أخ المسلم لا يظلمه ولا يحرمه ولا يخذله، بحسب المرء من الشر أن يحقر أخاه المسلم"، (متفق عليه من حديث أبى هريرة).

وهذا أمر الله سبحانه للمسلمين حكاما وعلماء ومحكومين قال تعالى: "فاتقوا الله وأصلحوا ذات بينكم وأطيعوا الله ورسوله إن كنتم مؤمنين"، (الأنفال: 1)، وقال سبحانه: "إن أريد إلا الإصلاح ما استطعت وما توفيقى إلا بالله عليه توكلت وإليه أنيب"، (هود: 88).

وقال جل شأنه: "ذلكم حكم الله يحكم بينكم والله عليم حكيم"، (الممتحنة: 10). وبعد، فإن صلح الحديبية كان خيرا وبركة على الإسلام والمسلمين، فتح الله به قلوبا غلفا آمنت بالله وبرسوله وانضوت تحت لواء القرآن على بصيرة من الله، وفي طريق عودة الرسول صلى الله عليه وسلم من الحديبية أنزل الله عليه أكرم بشرى (سورة الفتح).

قال تعالى: "إنا فتحنا لك فتحا مبينا"، (الفتح: 1)، فانظروا أيها العرب والمسلمون كيف كان هذا الصلح فتحا ونصرا لدين الله ولرسوله، وكيف مهد الأرض لانتشار الإسلام، مع أن أصحاب الرسول كانوا له من الرافضين وعن تنفيذه من القاعدين، حتى علموا خيره فانصاعوا لأمر الله ورسوله.

ونحن وفى صلحنا المعاصر مع إسرائيل نتفاءل، ونأمل أن يكون فتحا نسترد به الأرض، ونسترد به العرض، وتعود به القدس مقدسة عزيزة إلى رحاب الإسلام وفى ظل السلام.

ج. تحليل تبريرات الشيخ جاد الحق لمعاهدة السلام الإسرائيلية- المصرية

من الواجب الاستجابة لعرض العدو الذي يطلب السلام، حتى وإن كانت للمسلمين الغلبة

رأينا في الفصل الأول، أن نظرية الجهاد تقضي في الأصل بأن وقف الحرب وعقد الصلح والمعاهدات مع العدو لا يمكن أن يحدث إلا إذا كان المسلمون في حالة ضعف عسكري. وهو صلح مؤقت مردّه إلى أسباب فرضتها الضرورة. يقوم الشيخ جاد الحق من خلال تفسيراته بقلب الأمور رأسا على عقب. وهو يقول إنه وفقا لتعاليم القرآن ("آية السلام"،

61:8) السلم هو الحالة الأصلية، ولا تجوز الحرب إلا لعلاج حالة لا مفر منها وضرورة فرضت على المسلمين. إن المنطق الذي يعتمد عليه في أقواله يذكرنا بأقوال المفكر العسكري كارل فون كلاوزوفيتش الذي قال ما معناه "ليست الحرب إلا استمرارا للسياسة بأساليب أخرى مختلفة". تدعم هذا المنطق الفكرة التي تقول إن الأعمال الحربية هي أعمال الغاية منها بلوغ نتائج سياسية، وهي ليست هدفا بحد ذاته.[334] إنه يضع الأساس لمناخ عالمي حديث، وذلك من خلال استخدامه مصطلحات حديثة حين يقول إن الإسلام صاغ الحياة البشرية، كرم كل إنسان، بغض النظر عن لونه أو دينه أو جنسه أو وطنه. ويحث الإسلام، حسب رأيه، على دعوة غير المسلمين إلى الدخول في دين الإسلام عن طريق التوجه اليهم بالمنطق والعقل (وليس عن طريق السيف). مفاهيم السلام التي يستخدمها هي مفاهيم حديثة وشاملة، "معاهدة دفاع مشترك" و"التعاون المالي والاقتصادي".

وفقا لهذا التفسير الذي يسوقه الشيخ جاد الحق نفهم أن للجهاد هدفا واحدا، وهو إدخال غير المسلمين إلى كنف الإسلام. وإذا أصروا على رفضهم فإنه يصير لزاما على المسلمين الخروج إلى "حرب الضرورة التي لا مفر منها"، ولذلك ففي الوقت الذي يطلب فيه العدو غير المسلم إيقاف الحرب وعقد الصلح، يعتبر الأمر جنوحا من جانب العدو للسلم وهو واجب القبول. المنطق الذي يبرر هذا الموقف هو أنه إذا كان بمقدور المسلمين الحصول على نفس الغاية (سلم الخصم أو استسلامه) بطرق سلمية، فما المبرر لسفك الدماء وهدر موارد المسلمين على الحرب؟ ثمة تناغم بين موقف الشيخ جاد الحق وموقف الذين سبقوه من التيار الواقعي، الذين ارتكزوا على أن الفرضية هي أن *الدعوة* هي ما يسعى إليه الإسلام، وأنه من أجل نشر الدين يجب إنشاء علاقات سلام تساعد على فتح المجال للعمل على نشر الدعوة الدينية كما وضحنا في الفصل الثاني أعلاه.

بدء المسلمين بالصلح جائز ما دام في الأمر جلب مصلحة لهم

يعرض الشيخ جاد الحق المعاهدات التي عقدها النبي محمد (صلعم) مع غير المسلمين كسوابق تؤكد على المبدأ الذي ينص على أنه يجب أن يكون في معاهدة الصلح مع غير المسلمين **مصلحة للمسلمين.** كما سنرى لاحقا، يتكرر مبدأ المنفعة والمصلحة الإسلامية في كل الفتاوى التي تتناول اتفاقيات السلام مع غير المسلمين. يعتبر هذا المبدأ شرطا ضروريا وملزما لعقد المعاهدات. في فتوى الشيخ جاد الحق تأكيد على أن ما فيه مصلحة للمسلمين يبرر اتفاقية دائمة لوقف الحرب، والتي يحظر عدم الوفاء بها من طرف واحد. وقد اختار أن يقتبس من ابن تيمية في موضوع الهدنة غير المحددة بالوقت، وذلك لأن عالِم الشريعة هذا الذي ينتمي إلى القرن الـ 14 هو مصدر الإلهام الرئيسي بالنسبة للإسلام الأصولي.

الخير والمنفعة المقرونة بالمعاهدة بين إسرائيل ومصر واضحة جلية: استرداد قسم من الأرض الإسلامية- شبه جزيرة سيناء وسكانها، والتوقعات هي أنه سيتم في المستقبل توقيع

المزيد من المعاهدات بين إسرائيل وجاراتها، حيث ستؤدي هذه إلى استعادة أراض إضافية إلى رحاب الإسلام بما فيها القدس (شرقي القدس)[335].

الحديبية كسابقة لسلام ثابت

يرتكز الشيخ جاد الحق على صلح الحديبية كسابقة لمعاهدات سلام مع الكفار. لقد صمد صلح الحديبية لمدة سنتين [كما سبق ذكره في الفصل الثالث أعلاه. ثمة اختلاف في الرأي بالنسبة إلى قضية من تقع عليه مسؤولية نقضه]. ارتكاز الشيخ جاد الحق على صلح الحديبية مرده إلى استخدام هذا الصلح كنموذج للاتفاقيات التي عقدها الرسول محمد (صلعم)، وكذلك لأن مدة المعاهدة- عشر سنوات- هي الأطول من بين مدد المعاهدات التي عقدها الرسول. كما ذكر أعلاه، بخلاف التفسير الذي يتحدث عن صلح الحديبية كمثال يدل على أنه من الممكن نقض اتفاقيات السلام، يعتبر الشيخ جاد الحق الصلح سابقة إيجابية تبرر التوقيع على معاهدة سلام ثابت، وفي هذه الحالة مع إسرائيل.

في الفقرة الأخيرة من الفتوى، يسترجع الشيخ جاد الحق نتائج صلح الحديبية، التي كانت بشرى بفتح ونصر كبير لدين الله ولرسوله، مع أن أصحاب الرسول كانوا له من الرافضين (لأنّه صلح الدنيّة) ويرتبط هذا بنتائج محتملة قد تتمخض عنها معاهدة السلام بين مصر وإسرائيل. لست أعتقد أن مفتي الديار المصرية عنى بذلك أن حكم الإسرائيليين سيكون كحكم أهل مكة التي أعيد احتلالها في نهاية الأمر، زد على ذلك أن جاد الحق يتحفظ على أقواله ويعبر عن تفاؤله في أن تسترد الأرض وتعود القدس عزيزة "إلى رحاب الإسلام وفى ظل السلام"، بالرغم من أنه يمكننا أن نرى في ذلك نوعا من الطعم الذي يهدف إلى تمكين منتقدي المعاهدة من التراجع عن معارضتهم والتشبث بفكرة إعادة القدس إلى الإسلام، فضلا عن أن هذه الأمور طمست بسبب التأكيد المفرط على واجب الوفاء بالمعاهدات. يؤكد الشيخ جاد الحق على أن الإسلام يأمر بالوفاء بالمعاهدات ويعتبر نقض معاهدة الصلح مخالفة خطيرة يكاد الخارج عنها أن يخرج عن الإسلام. هذه المقولة القوية كانت قد ذكرت بشكل مموه وضبابي في بضعة سطور سابقة، حيث قيل إنه من غير الجائز نقض الصلح، "ما لم تنفذ ظروف انعقاد هذه المعاهدات". خلاصة الأمر أن جاد الحق يفسر الحديبية كمعاهدة سلام بكل المفاهيم، من الواجب احترامها ولم ينقضها الرسول (صلعم)، بل نقضها معسكر قريش.

من الواجب استرداد الأرض الإسلامية المحتلة وأهلها المسلمين لتعود إلى رحاب الإسلام

تلزم الشريعة الإسلامية المسلمين بالخروج إلى الحرب من أجل حماية الأرض الإسلامية، فكيف الحال إذا كان ذلك من أجل استرداد الأرض التي احتلها العدو وإعادتها إلى رحاب

الإسلام. تشبث جاد الحق بواجب استرداد الأرض الإسلامية المحتلة، بما فيها وعليها من المواطنين المسلمين (المقصود: شبه جزيرة سيناء)، إلى رحاب *دار الإسلام*. وكتب أن استعادة الأرض عن طريق معاهدة السلام، إذا تيسر السلم، هي الطريق الأول والأولى من طريق الحرب.

يتحاور جاد الحق مع الادعاءات التي أطلقها منتقدو المعاهدة بين إسرائيل ومصر في العالم العربي، وقد ادعى المنتقدون أن إسرائيل وعدت بالانسحاب من شبه جزيرة سيناء ولكنها ما زالت تتمسك بالأراضي الأخرى التي احتلتها عام 1967، ولذلك فإن المعاهدة تمنح الشرعية لاحتلالها ولعدوانيتها. ومما كتبه الشيخ جاد الحق أن اتفاقية السلام بين مصر وإسرائيل وملحقاتها لم تضيع حقا وما أقرت احتلالا للأرض، بل العكس هو الصحيح، إذ حررت واستردت الأراضي التي سبق أن احتلت. وقد تعامل مع الاتفاقية بين إسرائيل ومصر على أنها الاتفاقية الأولى ضمن سلسلة من الاتفاقيات التي ستوقع وستؤدي إلى استرداد كل الأراضي التي احتلت عام 1967 وبضمنها القدس الشرقية. ولكنه مع ذلك كان واعيا إلى أن هذه مجرد إمكانية نظرية، على ضوء مواقف سوريا ومنظمة التحرير الفلسطينية وباقي منتقدي الاتفاقية. بحسب أقوال مفتي الديار المصرية، فإن توقيع مصر على اتفاقية سلام مع إسرائيل لم يُخرج العرب من إمكانية التوصل إلى اتفاق مع إسرائيل، بل بالعكس فقد مهد لهم الطريق لذلك. تشير الظروف الدولية إلى أنه من الأفضل للمسلمين إبرام اتفاقية سلام مع إسرائيل، وفي مثل هذه الحالة على الحاكم، ولي أمر المسلمين، أن يعمل لصالح المسلمين. ينتقد جاد الحق الدول العربية والسياسات التي تتبعها "سياسة الأمر الواقع واللاسلم واللاحرب"، بحيث تلقي بعبء جدي ثقيل على مواطني هذه الدول. وهو يرى أن الدول العربية أضاعت الفرصة في الصعود إلى مركبة السلام والاستفادة من الاتفاقية التي تم توقيعها. من وجهة نظره، أن مصر الواقعية، مهدت، عمليا، الطريق أمام العالم الإسلامي من أجل استرداد حقوقه وأرضه السليبة. وضعت مصر نصب عيونها المصلحة العربية ككل، ومصالح المسلمين كافة، وهي ما ستثمر عنه الاتفاقية مع إسرائيل، ولم تكن تسعى إلى تحقيق مصلحتها الذاتية فقط. لقد تغاضت الدول الأخرى عن رؤية الميزات التي من شأن الاتفاق أن يثمر عنها والمنافع التي يمكنها أن تجنيها منه.

إسرائيل هي حقيقة واقعة اعترفت بها اتفاقيات سابقة

يؤكد جاد الحق أن مصر لم تقر عرفا جديدا عندما وقعت على معاهدة السلام مع إسرائيل في شهر آذار عام 1979. ويضيف أنه في أعقاب حرب عام 1948 تم توقيع الاتفاقيات الأولى بين الدول العربية وإسرائيل، وهي اتفاقيات وقف إطلاق النار (اتفاقيات رودوس سنة 1949) والتي سميت بالعربية بـ"الهدنة". يكمن هنا توجه ثوري آخر في التفسير الذي يقدمه الشيخ جاد الحق، وهو الاعتراف بإسرائيل كحقيقة واقعة وليس كجزء من دار

الإسلام وقع تحت الاحتلال والاستيطان الكولونيالي- إذ كانت هذه هي الرواية الرائجة في العالم العربي. هذا ما كان قاله مفتي الديار المصرية الشيخ حسن مأمون منذ عام 1956 كما سبق ورأينا في الفصل السابق، إلا أن الحديث كان حينها بصدد فترة أخرى سبقت حزيران 1967. أشك في أن جاد الحق كان على علم بالفتوى التي أصدرها حسن مأمون، فلو علم بها لكان باستطاعته الاعتماد عليها، ولكنه لا يذكرها أبدا. خلاصة القول أن جاد الحق يعتبر دولة إسرائيل كيانا شرعيا حصل على الشرعية الإسلامية من خلال اتفاقيات رودوس سنة 1949، والتي لم تحدد بأجل معين بل كانت أشبه بهدنة أبدية من الناحية الشرعية.

يضيف جاد الحق فيقول إنه تم التوقيع في أعقاب حرب سيناء (1956) على اتفاقية وقف إطلاق نار بين مصر وإسرائيل. لنا ملاحظة حول ذلك، فهو مخطئ في هذه النقطة، إذ التزمت مصر في عام 1956 تجاه الأمم المتحدة ووافقت على إدخال قوات دولية إلى سيناء، ولكنها لم توقع على اتفاقية مباشرة مع إسرائيل. عمليا، كانت طريقة إنهاء الحرب، والترتيبات التي أعقبتها فيما يتعلق بفتح مضائق تيران مجددا لمرور القطع البحرية الإسرائيلية، ووقف نشاط الفدائيين من قطاع غزة ونشر القوات الدولية، قد فرضت في واقع الحال على مصر ضمن هذه الاتفاقيات، من الدول العظمى.

مكانة اليهود الخاصة

ثمة نقطة إضافية يوردها مفتي الديار المصرية ضمن ادعاءاته، وهي أنه في حالة معاهدة السلام بين مصر وإسرائيل، يدور الحديث عن اليهود الذين يتمتعون، لكونهم من أهل الكتاب، بمكانة خاصة في الإسلام، وليس عن كفار مشركين، حيث أن الحرب ضد هؤلاء هي حرب لا هوادة فيها حتى يُسلموا. يورد جاد الحق آيات من القرآن تنص على أنه من المسموح مخالطة اليهود والمسيحيين، بل ومصاهرتهم وتناول طعامهم.[336] ومن هنا يمكن الاستخلاص أنه لا مانع في إنشاء علاقات سلام مع اليهود. ولكن جاد الحق يتجاهل بشكل مطلق، حين يعرض طرحه هذا، المصادر الشرعية التي ذكرت أنه عند عقد معاهدات السلام مع أهل الكتاب يجب على هؤلاء قبول العيش في ذمة الإسلام حسب أحكام الشريعة الإسلامية، ودفع الجزية.

كان توقيع السلام من موقع قوة لا من موقع ضعف

كان على جاد الحق أن يتعامل مع التناقض الداخلي بين القيم الشرعية والقيم الاجتماعية-النفسية الحديثة التي علقت بالمجتمع الذي يعيش في كنفه بكل ما يتعلق بإمكانية التوقيع على معاهدة سلام. رأينا أعلاه أن الشريعة لا تجيز إبرام معاهدات سلام مع العدو إلا حين يكون له قوة وكثرة مقارنة بمعسكر المسلمين. عندما يحتاج المسلمون إلى فترة للراحة

حتى يقووا، أو إن كان الهدف من وقف القتال هو دفع مفسدة عنهم. كان يمكن لمفتي الديار المصرية التشبث بهذه القاعدة الشرعية والقول إنه على الرغم من أن مصر فاجأت إسرائيل بحرب رمضان التي دارت فيها المعارك على جبهتين، إذ كانت من الجهة السورية أيضا، في هضبة الجولان، فإن ما حصل عمليا هو أن كلتيهما لم تنجح في إخضاع إسرائيل، ولم يتح الوضع الاستراتيجي الإقليمي والدولي إمكانية التغلب على إسرائيل في ساحة الحرب. لا بل استطاعت إسرائيل نقل المعركة جزئيا إلى عمق الأراضي المصرية. صحيح أن جاد الحق يسلط الضوء على مصادر أحكام شرعية سابقة تحدثت عن أن التوقيع على معاهدة اللاحرب مقبول في ظروف معينة، من قبيل دفع الضرر الذي قد يتسبب للمسلمين في حال استمرت الحرب، حتى إنه يذكر أنه بعد حرب رمضان بدا وكأنه "لا مفر من السلام... ذلك بسبب الظروف الدولية التي لا يمكن تجاهلها، والتي لا تتيح الحرب"، لكن مفتي الديار المصرية اختار اتخاذ موقف معاكس وأراد أن يؤكد بذلك على العزة القومية، ووفقا لها فإن الرئيس المصري عرض مبادرة السلام "في أوج النصر العسكري" [المصري]. أعلن المصريون عن نصر كبير في الحرب وأضفوا على نتائج الحرب معاني ومضامين تاريخية – استراتيجية بعيدة المدى. فمن ناحيتهم اعتبرت حرب عام 1973 تعويضا ورد اعتبار عن العار والمهانة التي رافقت الهزيمة في حرب عام 1967.

يبدو أن مفتي الديار المصرية كان يسعى إلى الدفاع عن الموقف إزاء الانتقادات التي وجهت سهامها دول عربية أخرى إلى مصر، فقد اتهمت مصر بأنها تذل نفسها أمام إسرائيل. وكان اهتمامه ينصب على الدفاع عن كرامة مصر بقدر أكبر من حرصه على التقيد بالمبدأ الشرعي الذي يقضي بوجوب التوجه للسلام في حالة الضعف وعدم القدرة على إلحاق الهزيمة بالعدو. الكثيرون في المجتمع العربي- الإسلامي المعاصر الذي مر بفترات طويلة من المهانة والذل في ظل الاحتلال الاستعماري الذي ما زالت نتائجه واضحة للعيان في الشرق الاوسط، يعتبرون أن التوقيع على معاهدة السلام مع إسرائيل، قبل أن تكون هذه قد هزمت في الساحة العسكرية، يعني قبولا لوضع فيه مهانة قومية- دينية. وبناء على ذلك كان بإمكان الرئيس المصري التوقيع على معاهدة سلام مع إسرائيل بعد حرب أكتوبر التي استردت فيها مصر، من وجهة النظر المصرية، الكرامة والشرف المفقود وفازت بالنصر العسكري العظيم، ونحن هنا بصدد الحديث عن معاهدة "سلام العزة ومن موضع القوة لا من موقع الضعف والهزيمة". فضل جاد الحق التعامل مع الوضع النفسي العربي، حتى إنه قلب الموازين من أجل بلوغ هذا الهدف، وادعى أن مصر قامت بواجبها عمليا وساهمت بنصيبها في فريضة الجهاد وما بقي أمامها إلا قطف ثمار الانتصار الذي أحرزته في حرب أكتوبر.

البعد الاعتذاري التبريري والمجادل في ذات الوقت، يبدو جليا جدا في القسم الأخير من الفتوى، حيث يتوجه جاد الحق إلى علماء الإسلام في الدول العربية ويحثهم باسم وحدة المسلمين، على التحلي بالمسؤولية والتأثير على الحكام في دولهم من أجل تأييد المعاهدة.

يُقر جاد الحق من خلال فتواه هذه بأن الدعوة إلى المصالحة يمكنها أن تأتي بمبادرة أي طرف من أطراف النزاع – أي أن في ذلك تبادلا للمسؤوليات من قبل أطراف التعاقد - وأن المعاهدة يجب أن تعقد في نطاق التكافؤ بين طرفيها بحيث تعكس مبدأ التراضي المتبادل. وهو يكون بذلك قد تنازل عمليا عن أحد الأسس الشرعية المهمة في تفسيره حين لاءمه للزمان والظروف الجديدة – *ضرورة*- وهي حاجة ملحة وضرورية لدفع ضرر أعظم قد يصيب المسلمين نتيجة للخروج إلى القتال. وكتسويغ لشرعية معاهدة السلام يكتفي بالأساس الثاني المتبع في التفسير الحديث- *المصلحة* – مصلحة المسلمين.

إجمالا للموضوع، أعتقد أن الفتوى الشرعية التي أصدرها الشيخ جاد الحق هي بمثابة وثيقة تفسيرية طليعية رائدة في مجال إضفاء الشرعية من وجهة النظر الإسلامية على إبرام اتفاقية سلام دائم مع إسرائيل. وقد سبقتها فتاوى مصرية لم تجز السلام مع إسرائيل، باستثناء فتوى واحدة صدرت في كانون الثاني من سنة 1956 (التي وردت في الفصل الرابع)، وقد أصدرها مفتي الديار المصرية في حينه، الشيخ حسن مأمون، وأقر فيها بأن من الجائز إبرام معاهدة سلام مع إسرائيل. نلاحظ هنا إذن أن الفتوى في المسائل السياسية تستخدم كأداة لـ "إجازة" دينية شرعية لخطوات سياسية. من الطبيعي والبدهي، والحال كذلك، أن تتأثر الفتوى بالزمان والمكان والشخصية القائمة عليها، ولذلك فإن متغيرات الظروف قد تؤدي إلى تغيير الأحكام حتى تلك التي صدرت عن ذات المفتي (سيبحث هذا الأمر لاحقا).

بعد مرور ست سنوات على الفتوى التي أصدرها الشيخ جاد الحق في عام 1979، واصل التعبير عن رأيه بنفس النغمة السابقة التي أوردها لتبرير معاهدة السلام، حيث أكد على أن عقد معاهدة سلام هو أمر جائز وفقا لأحكام الشريعة "حسب الظروف الراهنة". وقد عارض بشكل مطلق الاستراتيجية العربية العامة التي اتبعتها الدول العربية وهي "كل شيء أو لا شيء"، وأكد على التوجه الواقعي والعملي الذي اتخذته مصر "أخذ ما يمكن الحصول عليه". عندما سئل جاد الحق، في مقابلة صحفية أجرتها معه صحيفة *"التضامن"* التي تصدر في لندن، بتاريخ 8.6.1986، عن موقف الأزهر من معاهدة كامب ديفيد، أجاب المفتي الأسبق: *لعلمك، فإن رسول الله عقد صلحا مع اليهود عندما هاجر إلى المدينة، وفقط بعد أن نقضوا هم العهد، قام هو بمحاربتهم مما يعني أن، بحث هذه المسألة [معاهدة السلام] أمر يخضع للظروف. نحن نرفض ومنذ 50 سنة عقد [معاهدة- سلام]، [وفي هذه الأثناء] ضاعت فلسطين، ضاعت لبنان وضاعت هضبة الجولان وغيرها، وذلك لأننا اخترنا منذ عام 1948 طريق الرفض والممانعة. كان موقفنا أنه إذا لم نحصل على كل شيء فلن نأخذ شيئا، وليس [اختيار طريق] أن نأخذ ما أمكن. على كل حال، فيما نعود للخوض في قصة كامب ديفيد وبحثها إلى ما لا نهاية – ما زال الجولان ضائعا وكذلك الأمر بالنسبة للضفة وجزء من لبنان".* [337]

لقد عاد وذكر هذا التوجه الذي تبناه جاد الحق في مصر الرسمية في تشرين أول من عام 1993، في أعقاب التوقيع على اتفاقيات أوسلو، وبعد أن كان قد انقضى نحو 30 سنة على حرب رمضان. كتب جلال دويدار- المحرر الرئيسي لصحيفة "الأخبار" اليومية المصرية الموالية للمؤسسة الحاكمة، أنه *"على الرغم من أن انتصار أوكتوبر مهد الأرضية لتحرير كل سيناء وللتوقيع على معاهدة السلام مع مصر، إلا أن بقية الأطراف العربية فشلت في استغلال الزخم الذي نشأ على إثر الحرب من أجل التوصل إلى سلام عادل وشامل، وذلك لأن ما يحركهم هي الكراهية، قصر النظر وغياب التضامن العربي. لقد أصروا على أن على مصر وحدها تحمل كل أعباء خسائر المواجهة ورفضوا الانضمام إلى سفينة السلام، في حين كان باستطاعتهم استعادة جميع حقوقهم عن طريق المفاوضات التي شُرع بها في مؤتمر مينا-هاوس في عام 1977. أما المسؤولون عن القضية الفلسطينية فقد استسلموا إلى ضغوط الأطراف العربية وكانو أكبر الخاسرين لأن هذا ما أتاح المجال أمام إسرائيل للاستمرار في التوسع وفرض الحقائق على أرض الواقع على مدى 26 سنة على حساب الحقوق الفلسطينية المشروعة. لا شك في أن الفلسطينيين لم يكونوا بحاجة إلى أي انتفاضة... لو أنهم أصغوا إلى نصيحة مصر واستفادوا من ثمار عمق التجربة وبُعد النظر عند الرئيس السادات، وهو الذي توقع ما حدث ويحدث عندما وصف المواقف العربية بمواقف إهدار الفرص"*.[338]

تغير الظروف السياسية والمكانة الأكثر استقلالية التي تمتع بها الشيخ جاد الحق، عندما عين لتولي مشيخة الأزهر، قادته إلى تغيير رأيه بشأن إسرائيل. فعندما كان يقف على رأس مؤسسة الأزهر في السنوات 1982-1996 كشف جاد الحق عن موقف مستقل إزاء المؤسسة الحاكمة، وبشكل خاص إزاء من خلفه في وظيفتة كمفتي الديار المصرية- الشيخ محمد سيد طنطاوي. بعد الانتفاضة الأولى التي اندلعت في شهر كانون أول من عام 1987، شرع جاد الحق بتوجيه الانتقادات لإسرائيل ولسياستها وكان من دعائم المعارضين للتطبيع معها، وذلك بتناقض تام مع أحكام فتواه من عام 1979. عارض جاد الحق إنهاء المقاطعة العربية لإسرائيل طالما أنها تحتل الأراضي العربية. ونُقل عنه قوله، خلال مقابلة صحفية مع جريدة *"الوفد"* المصرية سنة، 1995: "أخلّ اليهود بالتزاماتهم، ولم يفوا أبدا بتعهداتهم"، وأضاف: "إسرائيل هي خطر على الأمة العربية وعلى الأمة الإسلامية"، و "هؤلاء اليهود ليسوا بشرا".[339] إحدى الفتاوى التي صاغها جاد الحق حين كان شيخا للأزهر حظرت على المسلمين زيارة إسرائيل طالما أن القدس محتلة والمسجد الأقصى رهينة بين يديها، وذلك بخلاف موقف مفتي الديار المصرية، الشيخ محمد سيد طنطاوي، الذي عبر عن رأيه القائل إنه لا مانع من زيارة إسرائيل. كما رفض جاد الحق المشاركة في الاستقبال الذي نُظم على شرف رئيس دولة إسرائيل في حينه، عازر وايزمان، عند زيارته لمصر عام 1995.[340]

الفصل السادس: اتفاقيات أوسلو– الجدل بين القرضاوي وابن باز (1995)

في سنة 1993، إثر مفاوضات سرية جرت بين شخصيات إسرائيلية وفلسطينية في أوسلو، وقعت إسرائيل ومنظمة التحرير الفلسطينية "وثيقة إعلان مبادئ بشأن ترتيبات الحكم الذاتي الانتقالي" للفلسطينيين. وبموجب الاتفاق تنسحب إسرائيل من مناطق في الضفة الغربية وقطاع غزة، وتقام سلطة فلسطينية. لم تتناول اتفاقية أوسلو قضية مستقبل السلطة بشكل واضح، ولكنه كان مفهوما، لدى صُناع القرار في إسرائيل على الأقل، أن إقامة السلطة هي خطوة على طريق إقامة دولة فلسطينية في إطار التسوية الدائمة للنزاع بين إسرائيل والفلسطينيين. تأجّل تناول المواضيع الملحة، وبضمنها مكانة القدس، وقضية اللاجئين الفلسطينيين، ومستقبل المستوطنات الإسرائيلية، والحدود الدائمة بين إسرائيل والدولة الفلسطينية العتيدة، إلى مرحلة المفاوضات حول التسوية الدائمة، ووُضع جدول زمني لتطبيق ذلك. في شهر أيار من عام 1994 تم التوقيع على اتفاقية غزة- أريحا في القاهرة، وفي شهر أيلول من عام 1995 وقعت اتفاقية إضافية عُرفت باسم "أوسلو- ب"، أو باسمها الرسمي: الاتفاقية الفلسطينية- الإسرائيلية المرحلية حول الضفة الغربية وقطاع غزة. منحت هذه الاتفاقية للفلسطينيين حكما ذاتيا في المدن الفلسطينية في الضفة والقطاع، وفي 450 قرية فلسطينية.

شكلت اتفاقيات أوسلو الاختراق الأول لقضية النزاع الإسرائيلي- الفلسطيني، ولذلك كان من الطبيعي أن تثير خلافات داخلية شديدة لدى كل أطراف النزاع: في المجتمع الإسرائيلي وفي أوساط الفلسطينيين وفي الدول العربية على حد سواء. في الجانب الفلسطيني والعربي ككل كان هناك من عارض اتفاق أوسلو لأسباب مختلفة: لأنه اتفاق منفرد لم يحل مشكلة اللاجئين، بل أبقاهم خارج اللعبة، ولأن منظمة التحرير قدمت لإسرائيل ثمنا باهظا يتمثل بمنح الشرعية لحدود العام 1949، وذلك قبل أن تحقق مطالبها المتمثلة بدولة فلسطينية مستقلة وقابلة للحياة في حدود حزيران 1967، ولأن إسرائيل ظلت تحتفظ بزمام الأمور على الأرض بحيث تستطيع أن تعيق تنفيذ الاتفاق، أو أن تمتنع عن تطبيق أجزاء منه.

نستعرض في هذا الفصل الجانب الإسلامي للخلاف، كما انعكس في النقاش الذي دار بين مفتيين شرعيين بارزين: المفتي الرسمي للمملكة العربية السعودية، الشيخ عبد العزيز ابن باز والدكتور يوسف القرضاوي من قطر، الذي كان يحسب في الماضي البعيد على حركة "الإخوان المسلمين" في مصر. دار هذا الجدل قبل اتفاق "أوسلو- ب" (أيلول 1995)، والذي تقرر بموجبه نقل المزيد من المناطق، بما فيها جميع المدن في الضفة الغربية، إلى دائرة نفوذ السلطة الفلسطينية.

نستعرض بداية رأي أحد أبرز معارضي الاتفاق، وهو الشيخ الدكتور يوسف القرضاوي، وبعد ذلك سنأتي إلى موقف المفتي العام للمملكة العربية السعودية، الشيخ عبد العزيز بن باز.

الشيخ الدكتور يوسف القرضاوي، من مواليد عام 1926، وهوخريج جامعة الأزهر وحاصل على شهادة الدكتوراة منذ عام 1973. كان ناشطا في تنظيم "الإخوان المسلمين" في مصر واعتقل في عهد جمال عبد الناصر، ثم "أعارته" مصر، في عام 1961، لدولة قطر حيث عمل فيها مديرا للمعهد الديني الثانوي. أصدر 80 مؤلفا واعتبر رجل التيار الوسطي. القرضاوي عضو في الكثير من الهيئات الإسلامية الدولية، ورئيس هيئة الرقابة الشرعية لعدد من المصارف الإسلامية، تنقل خطبه في المسجد الرئيسي في قطر في بث مباشر على التلفزيون القطري، وهو يشارك في برنامج تلفزيوني أسبوعي يحظى بشعبية كبيرة في قناة "الجزيرة"، يتناول فيه قضايا الساعة من وجهة النظر الشرعية.

ولد الشيخ عبد العزيز عبد الله بن باز في الرياض عام 1911 وفقد بصره في طفولته. كان قاضيا ومعلما للشريعة، وترأس الجامعة الإسلامية فيما بعد. منذ عام 1975 وحتى وفاته في عام 1999، كان مفتيا عاما للمملكة العربية السعودية بدرجة وزير، وكان على رأس الجهاز الديني الرسمي في المملكة. أصدر ابن باز عشرات الكتب التي تتناول القضايا الشرعية في مجال الفرائض والأحوال الشخصية.

أ. فتويان أصدرهما الدكتور يوسف القرضاوي:

أ1. الجنوح للسلم إذا جنح لها العدو:[341]

*ومع هذا كله، يأمر القرآن المسلمين أن يستجيبوا لدعوة السلم إذا دُعوا لها، ولو بعد وقوع الحرب، واشتعال وقودها، يقول تعالى: وَإِنْ جَنَحُوا لِلسَّلْمِ فَاجْنَحْ لَهَا وَتَوَكَّلْ عَلَى الله إِنَّهُ هُوَ السَّمِيعُ الْعَلِيمُ * وَإِنْ يُرِيدُوا أَنْ يَخْدَعُوكَ فَإِنَّ حَسْبَكَ الله هُوَ الَّذِي أَيَّدَكَ بِنَصْرِهِ وَبِالْمُؤْمِنِينَ [الأنفال:61،62].*

حتى مع احتمال إرادة الخداع منهم، لا ينبغي أن تُرفض دعوة السلم بإطلاق، وإنما يجب أن نجنح لها كما جنحوا. على أن يتم ذلك بشروطه وضوابطه الشرعية.

ليس من الجنوح للسلم بحال: أن تغتصب أرضي بالسيف، ثم تفاوضني على أن أترك لك بالصلح ما أخذته مني بالسيف، وتسمّي ذلك جنوحا للسلم، فهذا أبعد ما يكون عن الجنوح للسلم، كما يفعل

ذلك الصهاينة اليوم! والشرط أن يتوافر من العدو الجنوح للسلم، وأن تظهر دلائل ذلك في مواقفه.
وهذا ما طبقه الرسول (صلعم) بالفعل، حين جنحت قريش إلى السلم يوم الحديبية، ولم يكن ذلك عن ضعف منه، ولا تقاعس من أصحابه، فقد بايعوه على الموت، ولكنه جنح للسلم، حين لمس من خصومه الجنوح إليها، فكان الصلح الشهير، والصلح خير.

تحليل

قرر القرضاوي أن "آية السلام"، التي وردت في القرآن الكريم، لا يمكن أن تنطبق على إسرائيل، لأنه لا يجوز صنع السلام مع من سلب أرضا إسلامية وجاء بعدها يطلب السلام. صحيح أن العدو هو الذي يجب أن يتبادر إلى السلام، ولكن نواياه يجب أن تنعكس من خلال عرضه. يبدو أن القرضاوي يقصد أن على إسرائيل أن تعرض تنازلا سخيا عن الأرض (أبعد من تلك التي احتلت عام 1967). يشبه موقفه بالنسبة لقضية سابقة الحديبية التفسير الذي قدمه الشيخ جاد الحق. بحسب تفسير القرضاوي، لا يُعقد الصلح من موضع ضعف عسكري. وهو يرى أن توقيع النبي محمد (صلعم) على صلح الحديبية لم يتم لكون معسكره أضعف من معسكر قريش، بل إن ذلك يعود لأسباب أخرى. يحاول القرضاوي من خلال هذا التفسير أن يتصدى للأطراف الواقعية في العالم العربي (وبضمنها ابن باز، كما سنرى لاحقا) التي تدعي أنه يجب التوقيع على معاهدة السلام مع إسرائيل بسبب تفوقها العسكري وعدم قدرة العرب على مجابهتها.

أ2. الإسلام والاعتراف بدولة إسرائيل[342]

ماهر عبد الله: الاعتراف بإسرائيل، باختصار؟

د. يوسف القرضاوي: أنا منذ سنوات طويلة أصدرت فتاوى في تحريم الصلح مع إسرائيل، ونشرتها الصحف، وذكرناها هنا في القناة، وقامت بيني وبين بعض كبار العلماء مناقشات ومعارضات، بعض العلماء الذين قالوا إنه يجوز الهدنة مع العدو، وكذا، وقلت لهم إنه ما يجري من صلح مع اليهود ليس مجرد هدنة، لأن الهدنة أن تكف يدك عن عدوك ويكف عدوك يده عنك، وإنما الصلح مع إسرائيل يتضمن الاعتراف بدولة إسرائيل، فهذا أمر آخر غير مجرد الهدنة التي أجازها الفقهاء اتباعا لما فعله النبي -صلى الله عليه وسلم- من الهدنة مع قريش في صلح الحديبية، هذا أمر أن تعترف بإسرائيل. ومعنى تعترف بإسرائيل يعني أن تعترف بأن ما أخذته من أرض المسلمين أصبح لها السيادة الشرعية والقانونية عليه، ولم يعد لنا حق في المطالبة به، فهل هذا جائز شرعا؟! أنا ناقشت هذا، وناقشت علماء كبارا ومعروفين في المنطقة كانوا يجيزون هذا، وأنا لم أقر

هذا، وهذا مكتوب عندي في كتابي "فتاوى معاصرة"، الجزء الثاني من الكتاب، عدة فتاوى ومناقشات مع كبار العلماء، فهذا أمر ليس جديدا بالنسبة لي، فأنا لا أقر هذا، وأنا كما قلت إن الشيء الوحيد الذي أقره حتى يأخذ الفلسطينيون حقوقهم هو المقاومة، المقاومة هي مقاومة مشروعة ضد عدو غاصب معتد لا يعترف بشيء، ولا يرده إلا القوة، صحيح ليس عندنا ما عندهم من قوة، ولكن القرآن الكريم يقول: *"وأعدوا لهم ما أستطعتم من قوة"*.[343] والله الذي في استطاعتنا وفي استطاعة إخواننا الفلسطينيين ومن يساعدهم يقومون به، والله سبحانه وتعالى يكمل نقصهم ويساعدهم على عدوهم.

لقد كان للدكتور يوسف القرضاوي موقف ثابت من إسرائيل واليهود وهو يتلخص في الفتوى التالية:

أ3. حقيقة الصراع مع اليهود[344]

أبو معاذ – الجزائر: فضيلة الشيخ القرضاوي - حفظه الله- هل الصراع بيننا وبين اليهود صراع على الأرض أم على العقيدة، وهل الصراع على الأرض ينفي الطابع العقائدي عن الصراع بيننا وبين اليهود؟
الحمد لله والصلاة والسلام على رسول الله وبعد:

فالمعركة بيننا وبين اليهود ليست من أجل يهوديتهم فالإسلام لا يفرض نفسه على أحد قال سبحانه: "لكم دينكم ولي دين"، وقال جل شأنه: "لا إكراه في الدين قد تبين الرشد من الغي".

ولكن لما اعتدى اليهود على أرضنا ومقدساتنا كان لا بد من دفع الباغي والمعتدي حتى يرجع عن غيه، فإن رجعوا عن غيهم وإفسادهم فهم أهل كتاب يحل لنا أن نؤاكلهم ونناكحهم، وقد عاشوا بين المسلمين قرونا من الزمان لهم ما للمسلمين وعليهم ما على المسلمين، ولكن غلب عليهم طبعهم فاشتاقوا للفساد لذا حتما ستجري عليهم سنة الله بالطرد والإبعاد قال سبحانه: "وإن عدتم عدنا وجعلنا جهنم للكافرين حصيرا".
وكان لزاما أن نعد لهم أقصى ما في الوسع والطاقة حتى تعود الأرض ويُصان العرض وترتسم البسمة على الوجوه. قال سبحانه: "وأعدوا لهم ما استطعتم من قوة".

وإليك فتوى فضيلة الدكتور القرضاوي:

السؤال عن الصراع بيننا وبين اليهود، هل هو صراع على الأرض أم على العقيدة، وهل الصراع على الأرض ينفي الطابع العقائدي عن الصراع بيننا وبين اليهود، فهناك سوء فهم، أنا قلت وأقول إن الصراع بيننا وبين اليهود صراع على الأرض لا من أجل يهوديتهم، لأنهم أهل كتاب يجوز مآكلتهم ومصاهرتهم (طعام الذين أوتوا الكتاب حل لكم وطعامكم حل لهم، والمحصنات من المؤمنات والمحصنات من الذين أوتوا الكتاب)، وقد عاش اليهود في ذمة المسلمين قرونا طويلة، لكن منذ أن طمع اليهود في أرضنا، أرض فلسطين، أرض الإسراء والمعراج، أرض المسجد الأقصى ومنذ خططوا على أن يقيموا دولة على أنقاض المسجد الأقصى، بدأ الصراع بيننا وبينهم ولكن ليس معنى هذا أنه ليس صراعا دينيا ولا عقائديا، فهناك خلل في هذه القضية، نفي أنه ليس صراعا على العقيدة، لا ينفي أنه صراع ديني وعقائدي، لأننا أمة دينية واليهود أمة دينية، فصراعنا على الأرض مختلط بالدين. المسلم حين يدافع عن أرض لا يدافع عن مجرد تراب، هو يدافع عن أرض الإسلام، عن دار الإسلام، لذلك إذا قتل دون أرضه فهو شهيد، وإذا قتل دون ماله فهو شهيد، وإذا قتل دون أهله فهو شهيد، وإذا قتل دون دمه فهو شهيد، وإذن كل هذا يعتبر شهادة، وهذا معناه أنها معركة دينية، فالإنسان الملتزم كل معاركه تختلط بالدين، وخصوصا في هذه المعركة، فهي أرض القبلة الأولى، أرض النبوات، وثالث المسجدين المعظمين أرض الإسراء والمعراج، فهذه الأرض لها طابع خاص عند المسلمين ومكانة، المسلم يدافع عن أرض له فيها مقدسات هائلة، وكذلك اليهودي فهو عنده معركة دينية لأنه يعتبر هذه الأرض هي أرض الميعاد، لهم فيها أحلام توراتية وتعاليم تلمودية، وهم عندهم أقاليم ثلاثة الله والشعب والأرض بعضهم يعبر عنها التوراة والشعب والأرض، الثلاثة متداخلة مع بعض، لذلك هو يقاتلنا باسم الدين، لذلك نحن ننكر على من يريد إخراج الدين من هذه المعركة، لذلك أرجو ألا يفهم كلامي أنني أريد أن أخرج الجانب الديني والعقائدي من القضية، هذه خيانة أنا لا أريد هذا ولا ينبغي أن يفهم كلامي على هذا، إنما أنا أريد أن أقول لبعض الناس كيف يفهمون الآية (لتجدن أشد الناس عداوة للذين آمنوا اليهود والذين أشركوا) أن هذا بالنسبة للوضع الذي كان أيام الرسول (صلى الله عليه وسلم (بعد ذلك اليهود

دخلوا في ذمة المسلمين وعاشوا بينهم آمنين ولم يجدوا دارا تؤويهم إلا دار المسلمين، وكانوا يعيشون بين المسلمين على أفضل ما يكون أصحاب ثروة ونفوذ، لم يكن بيننا وبينهم صراع إلا ثقافي أحيانا، الأشياء التي قذروا بها نقاء الثقافة الإسلامية ونشروها بين المسلمين عن طريق من أسلم منهم وقراءات من كتب غير معتمدة، وروايات شفوية، أفسدت على المسلمين كثيرا من ثقافتهم.

اليهود كان لهم دور كذلك أيام سيدنا عثمان وسيدنا علي، عبد الله بن سبأ اليهودي ودوره، وبعضهم من دخل الإسلام وعليهم علامات استفهام مثل كعب الأحبار.

لا شك في أن اليهود وبني إسرائيل عامة لهم أخلاق توارثوها تحدث عنها القرآن: القسوة، الغدر، الأنانية، العصبية، حتى إنهم حولوا كتابهم التوراة لكتاب قومي، ودينهم لدين قومي، فهي تتحدث عن بني إسرائيل وأحداثهم وملكهم ولا تتحدث عن الآخرة أو الجنة والنار، فهذه أشياء موجودة في الكيان النفسي والفكري والخلقي لليهود، تصنعه هذه التوراة المحرفة، وأكثر منها التلمود، هذه التعاليم الخفية التي يقدسونها أكثر مما يقدسون تعاليم التوراة، والتي تعتبر اليهود صنفا مميزا على جميع الخلق، وأن الجميع يجب أن يكونوا عبيدا لهم واعتبروا الشعوب الأخرى أحط من البهائم وأذل من الكلاب، فهذه أشياء نحن نعرفها ولا نستطيع أن ننكرها، إنما أنا أقول من الناحية الدينية أنا كمسلم، اليهودي مثل النصراني من أهل الكتاب، حتى في هذا العصر مع اعتداءاته، لا أغير الحقائق من أجل العدوان، وفي وقت من الأوقات كان النصارى أشد علينا من اليهود (أيام الحروب الصليبية) وكان اليهود مع المسلمين في هذا الوقت، الأولى أن نعطي كل ذي حق حقه.

الصراع مستمر والجهاد فريضة، حتى يسترد الحق وتعود الأرض إلى أهلها، وكما قلت إننا لا نطلب، ولن يطالبنا الله عز وجل، أن يكون عندنا ترسانة نووية، إنما أن نعد لهم ما استطعنا ونجاهد بما نقدر عليه، وألا نسلم أبدا مهما كان، فهذا واجبنا، ونحن نعتقد أننا أصحاب الحق، وصاحب الحق في النهاية لا بد أن ينتصر (دولة الباطل ساعة، ودولة الحق إلى قيام الساعة، (بل نقذف بالحق على الباطل فيدمغه، فإذا هو زاهق)، (وقل جاء الحق وزهق الباطل إن الباطل كان زهوقاً).

وأعتقد أن النصر لنا إن شاء الله، فعندنا البشائر من القرآن والسنة
والواقع والتاريخ وسنن الله عز وجل، حتى اليهود عندهم هذا،
فبعض الفلسطينيين قالوا لموشى ديان، إن عندنا بشائر أننا سننتصر
ونستعيد فلسطين، فرد عليه: ونحن عندنا هذا ولكن ليس هذا الجيل
الذي سينتصر علينا ... إنه جيل الصحوة إن شاء الله الذي رضي
بالله ربا وبالإسلام دينا وبمحمد رسولا ونبيا، ووضع روحه في يديه
ورأسه على كفه، ويجعل من نفسه قنبلة موقوتة يقذف بها العدو. هذا
هو الجيل المنشود إن شاء الله والذي سميته جيل النصر المنشود.
والله أعلم.

التحليل

نلفت النظر بداية إلى أن الشيخ القرضاوي عبر في البرنامج التلفزيوني الذي ورد ذكره،
عن رأيه في إجابة عن سؤال آخر، بعبارات نمطية لاسامية تجاه اليهود. وذكر النقاش الذي
دار بينه وبين كبار علماء الفقه، وكان يقصد بذلك ابن باز على وجه الخصوص، وهو
يواجه بالأساس قضية اعتمادهم على سابقة الحديبية. بحسب رأي القرضاوي، لم يكن صلح
الحديبية إلا صلحا مؤقتا وهدنة مع عدو لم يتم الاعتراف به وقد تم إعداد العدة وحشد الهمم
المطلوبة لهزمه في المستقبل.

من الجدير ذكره أنه أثناء انعقاد مؤتمر القمة العربية في الرياض، في شهر آذار
عام 2007، دعا القرضاوي قادة الدول العربية إلى عدم الإعلان عن استعدادهم لإنشاء
علاقات طبيعية مع إسرائيل طالما بقي الاحتلال قائما. قال القرضاوي: "نحن لا نقبل
التطبيع مع إسرائيل إلا إذا قامت دولة فلسطينية حقيقية تملك سماءها وحدودها [المعترف
بها] وحق الدفاع عن نفسها، وفي هذه الحالة فقط قد نفكر في الاعتراف بإسرائيل إذا
كانت هناك ضرورة". [345] نرى هنا أن القرضاوي الذي عُرفت عنه معارضته الحازمة
لإضفاء الشرعية على إسرائيل، غير رأيه وفقا للظروف السياسية وخاصة على الساحة
العربية. يفهم من الدعوة المذكورة أنه لا يستبعد بشكل مطلق الاعتراف بإسرائيل بل يشترط
ذلك بإقامة دولة فلسطينية مستقلة إلى جانب إسرائيل، وأن ثمة تبريرا شرعيا للضرورة
الملحة.

ب . فتاوى الشيخ عبد العزيز بن باز

تبدّل موقف الشيخ ابن باز من دولة إسرائيل، ومن إمكانية إبرام معاهدة سلام معها، ثلاث
مرات: قبل التوقيع على اتفاقيات أوسلو، وفي فترة انهيارها، ثم في فترة الانتفاضة الأولى

(1987-1993). أفتى ابن باز بأن فريضة جهاد الفلسطينيين ضد "اليهود البغيضين" واجبة. وقد عبر عن موقفه بدعوة علنية وجهها سنة 1989 إلى المسلمين في العالم كافة لتقديم التأييد والدعم للمجاهدين في فلسطين:[346]

بعد التوقيع على الاتفاقية بين إسرائيل ومنظمة التحرير الفلسطينية، كان ابن باز من أبرز علماء الشريعة الذين دعموا اتفاقية السلام مع إسرائيل على أساس التفسير الشرعي. فيما يلي ثلاثة مستندات لابن باز يتطرق فيها إلى هذه القضية.

> *... والمجاهدون في داخل فلسطين – وفقهم الله جميعا – يعانون مشكلات عظيمة في جهادهم لأعداء الإسلام، فيصبرون عليها، رغم أن عدوهم وعدو الدين الإسلامي يضربهم بقوته وأسلحته، وبكل ما يستطيع من صنوف الدمار، وهم بحمد الله صامدون وصابرون على مواصلة الجهاد في سبيل الله - كما تتحدث عنهم الأخبار والصحف، ومن شاركهم في الجهاد من الثقات - لم يضعفوا، ولم تلن شكيمتهم، ولكنهم في أشد الضرورة إلى دعم إخوانهم المسلمين ومساعدتهم بالنفوس والأموال في قتال عدوهم- عدو الإسلام والمسلمين- وتطهير بلادهم من رجس الكفرة وأذنابهم من اليهود.*
>
> *وقد منَّ الله عليهم بالاجتماع وجمع الشمل، على التصميم في مواصلة الجهاد. فالواجب على إخوانهم المسلمين من الحكام والأثرياء، أن يدعموهم ويعينوهم ويشدوا أزرهم؛ حتى يكملوا مسيرة الجهاد، ويفوزوا- إن شاء الله- بالنصر المؤزر على أعدائهم- أعداء الإسلام.*
>
> *وإني أهيب بجميع إخواني المسلمين؛ من رؤساء الحكومات الإسلامية، وغيرهم من الأثرياء في كل مكان، بأن يقدموا لإخوانهم المجاهدين في فلسطين مما آتاهم الله من فضله، ومن الزكاة التي فرضها الله في أموالهم حقا لمن حددهم الله جل وعلا في سورة التوبة، وهم ثمانية. قد دخل إخواننا المجاهدون في فلسطين من ضمنهم.*

ب1. تجوز الهدنة مع الأعداء، مطلقة ومؤقتة، إذا رأى ولي الأمر أن في ذلك مصلحة [للمسلمين][347]

> *سماحة الوالد: المنطقة تعيش اليوم مرحلة السلام واتفاقياته، الأمر الذي آذى كثيرين من المسلمين مما حدا ببعضهم إلى معارضته*

والسعي لمواجهة الحكومات التي تدعمه عن طريق الاغتيالات، أو ضرب الأهداف المدنية للأعداء، ومنطقهم يقوم على الآتي:

أ- أن الإسلام يرفض مبدأ المهادنة.

ب- أن الإسلام يدعو لمواجهة الأعداء بغض النظر عن حال الأمة والمسلمين من ضعف أو قوة.

نرجو بيان الحق، وكيف نتعامل مع هذا الواقع بما يكفل سلامة الدين وأهله؟

الجواب :

تجوز الهدنة مع الأعداء، مطلقة ومؤقتة، إذا رأى ولي الأمر المصلحة في ذلك؛ لقول الله سبحانه: "وَإِنْ جَنَحُوا لِلسَّلْمِ فَاجْنَحْ لَهَا وَتَوَكَّلْ عَلَى اللهِ إِنَّهُ هُوَ السَّمِيعُ الْعَلِيمُ"، [سورة الأنفال: 61]، ولأن النبي صلى الله عليه وسلم فعلهما جميعا، كما صالح أهل مكة على ترك الحرب عشر سنين، يأمن فيها الناس، ويكف بعضهم عن بعض، وصالح كثيرا من قبائل العرب صلحا مطلقا، فلما فتح الله عليه مكة نبذ إليهم عهودهم، وأجل من لا عهد له أربعة أشهر، كما في قول الله سبحانه: "بَرَاءَةٌ مِنَ اللهِ وَرَسُولِهِ إِلَى الَّذِينَ عَاهَدْتُمْ مِنَ الْمُشْرِكِينَ فَسِيحُوا فِي الأرض أَرْبَعَةَ أَشْهُر"، [سورة التوبة: 1 – 2]. وبعث صلى الله عليه وسلم المنادين بذلك عام تسع من الهجرة بعد الفتح مع الصديق لما حج رضي الله عنه؛ ولأن الحاجة والمصلحة الإسلامية قد تدعو إلى الهدنة المطلقة، ثم قطعها عند زوال الحاجة، كما فعل ذلك النبي صلى الله عليه وسلم، وقد بسط العلامة ابن القيم- رحمه الله- القول في ذلك في كتابه (أحكام أهل الذمة)، واختار ذلك شيخه شيخ الإسلام ابن تيمية وجماعة من أهل العلم. والله ولي التوفيق.

ب2. من الأولى الأخذ من اليهود الأرض التي يمكن الحصول عليها باتفاق، إذا تعذر على المسلمين القتال[348]

الحمد لله رب العالمين، والصلاة والسلام على نبينا محمد الصادق الأمين، وعلى آله وصحبه أجمعين، ومن تبعهم بإحسان إلى يوم الدين، أما بعد:

فهذا إيضاح وتعقيب على مقال فضيلة الشيخ الدكتور يوسف القرضاوي المنشور في مجلة "المجتمع" العدد 1133، الصادر يوم 9 شعبان 1415هـ، الموافق في 10/1/1995م حول الصلح مع اليهود، وما صدر مني في ذلك المقال المنشور في صحيفة "المسلمون" الصادرة في يوم 21 رجب 1415هـ، جوابا لأسئلة موجهة إلي من بعض أبناء فلسطين، وقد أوضحت أنه لا مانع من الصلح معهم إذا اقتضت المصلحة ذلك؛ ليأمن الفلسطينيون في بلادهم، ويتمكنوا من إقامة دينهم.

وقد رأى فضيلة الشيخ يوسف أن ما قلته في ذلك مخالف للصواب؛ لأن اليهود غاصبون فلا يجوز الصلح معهم، إلى آخر ما ذكره فضيلته. وإنني أشكر فضيلته على اهتمامه بهذا الموضوع ورغبته في إيضاح الحق الذي يعتقده، ولا شك أن الأمر في هذا الموضوع وأشباهه هو كما قال فضيلته يُرجع فيه للدليل، وكل أحد يؤخذ من قوله ويترك إلا رسول الله صلى الله عليه وسلم، وهذا هو الحق في جميع مسائل الخلاف؛ لقول الله عز وجل: "فَإِنْ تَنَازَعْتُمْ فِي شَيْءٍ فَرُدُّوهُ إِلَى اللهِ وَالرَّسُولِ إِنْ كُنْتُمْ تُؤْمِنُونَ بِاللهِ وَالْيَوْمِ الْآخِرِ ذَلِكَ خَيْرٌ وَأَحْسَنُ تَأْوِيلًا"، (سورة النساء: 59)، وقال سبحانه: "وَمَا اخْتَلَفْتُمْ فِيهِ مِنْ شَيْءٍ فَحُكْمُهُ إِلَى اللهِ"، (سورة الشورى: 10)، وهذه قاعدة مجمع عليها بين أهل السنة والجماعة.

ولكن ما ذكرناه في الصلح مع اليهود قد أوضحنا أدلته، وأجبنا عن أسئلة وردت إلينا في ذلك من بعض الطلبة بكلية الشريعة في جامعة الكويت، وقد نشرت هذه الأجوبة في صحيفة "المسلمون" الصادرة في يوم الجمعة 19/8/1415هـ، الموافق في 20/1/1995م، وفيها إيضاح لبعض ما أشكل على بعض الإخوان في ذلك.

ونقول للشيخ يوسف، وفقه الله، وغيره من أهل العلم: إن قريشا قد أخذت أموال المهاجرين ودورهم، كما قال الله سبحانه في سورة الحشر: "لِلْفُقَرَاءِ الْمُهَاجِرِينَ الَّذِينَ أُخْرِجُوا مِنْ دِيَارِهِمْ وَأَمْوَالِهِمْ يَبْتَغُونَ فَضْلًا مِنَ اللهِ وَرِضْوَانًا وَيَنْصُرُونَ اللهَ وَرَسُولَهُ أُولَئِكَ هُمُ الصَّادِقُونَ"، (سورة الحشر: 8)، ومع ذلك صالح النبي صلى الله عليه وسلم قريشا يوم الحديبية سنة ست من الهجرة، ولم يمنع هذا الصلح ما فعلته قريش من ظلم المهاجرين في دورهم وأموالهم؛ مراعاة للمصلحة العامة التي رآها النبي صلى الله عليه وسلم

لجميع المسلمين من المهاجرين وغيرهم، ولمن يرغب الدخول في الإسلام.

ونقول أيضا جوابا لفضيلة الشيخ يوسف عن المثال الذي مثل به في مقاله، وهو لو أن إنسانا غصب دار إنسان وأخرجه إلى العراء ثم صالحه على بعضها، أجاب الشيخ يوسف: إن هذا الصلح لا يصح. وهذا غريب جدا، بل هو خطأ محض، ولا شك أن المظلوم إذا رضي ببعض حقه، واصطلح مع الظالم في ذلك فلا حرج؛ لعجزه عن أخذ حقه كله، وما لا يدرك كله لا يترك كله، وقد قال الله عز وجل: "فَاتَّقُوا اللهَ مَا اسْتَطَعْتُمْ"، (سورة التغابن: 16)، وقال سبحانه: "وَالصُّلْحُ خَيْرٌ"، (سورة النساء: 128)، ولا شك أن رضا المظلوم بحجرة من داره أو حجرتين أو أكثر يسكن فيها هو وأهله، خير من بقائه في العراء.

أما قوله عز وجل: "فلا تَهِنُوا وَتَدْعُوا إلى السَّلْمِ وَأَنْتُمُ الأَعْلَوْنَ وَاللهُ مَعَكُمْ وَلَنْ يَتِرَكُمْ أَعْمَالَكُمْ"، (سورة محمد: 35)، فهذه الآية فيما إذا كان المظلوم أقوى من الظالم وأقدر على أخذ حقه، فإنه لا يجوز له الضعف، والدعوة إلى السلم، وهو أعلى من الظالم وأقدر على أخذ حقه، أما إذا كان ليس هو الأعلى في القوة الحسية فلا بأس أن يدعو إلى السلم، كما صرح بذلك الحافظ بن كثير رحمه الله في تفسيره هذه الآية، وقد دعا النبي صلى الله عليه وسلم إلى السلم يوم الحديبية؛ لما رأى أن ذلك هو الأصلح للمسلمين والأنفع لهم، وأنه أولى من القتال، وهو عليه الصلاة والسلام القدوة الحسنة في كل ما يأتي ويذر؛ لقول الله عز وجل: "لَقَدْ كَانَ لَكُمْ فِي رَسُولِ اللهِ أُسْوَةٌ حَسَنَةٌ"، (سورة الأحزاب: 21).

ولما نقضوا العهد وقدر على مقاتلتهم يوم الفتح غزاهم في عقر دارهم، وفتح الله عليه البلاد، ومكنه من رقاب أهلها حتى عفا عنهم، وتم له الفتح والنصر ولله الحمد والمنة.

فأرجو من فضيلة الشيخ يوسف وغيره من إخواني أهل العلم إعادة النظر في هذا الأمر بناء على الأدلة الشرعية، لا على العاطفة والاستحسان، مع الاطلاع على ما كتبته أخيرا من الأجوبة الصادرة في صحيفة "المسلمون" في 19/8/1415هـ، الموافق في 20/1/1995م، وقد أوضحت فيها أن الواجب جهاد المشركين من اليهود وغيرهم مع القدرة حتى يسلموا أو يؤدوا الجزية، إن كانوا من أهلها، كما دلت على ذلك الآيات القرآنية والأحاديث النبوية،

وعند العجز عن ذلك لا حرج في الصلح على وجه ينفع المسلمين ولا يضرهم؛ تأسيا بالنبي صلى الله عليه وسلم في حربه وصلحه، وتمسكا بالأدلة الشرعية العامة والخاصة، ووقوفا عندها، فهذا هو طريق النجاة وطريق السعادة والسلامة في الدنيا والآخرة.

ب3. تطبيق مبدأ مراعاة مصلحة الجماعة بالمصالحة، أو الامتناع عن عقد معاهدة صلح[349]

ما تقتضيه المصلحة يُعمل به من الصلح وعدمه

السؤال:

هل يجوز، بناء على الهدنة مع العدو اليهودي، تمكينه بما يسمى بمعاهدات التطبيع، من الاستفادة من الدول الإسلامية اقتصاديا وغير ذلك من المجالات، بما يعود عليه بالمنافع العظيمة، ويزيد من قوته وتفوقه، وتمكينه في البلاد الإسلامية المغتصبة، وأن على المسلمين أن يفتحوا أسواقهم لبيع بضائعه، وأنه يجب عليهم تأسيس مؤسسات اقتصادية، كالبنوك والشركات يشترك اليهود فيها مع المسلمين، وأنه يجب أن يشتركوا كذلك في مصادر المياه؛ كالنيل والفرات، وإن لم يكن جاريا في أرض فلسطين؟

الجواب:

لا يلزم من الصلح بين منظمة التحرير الفلسطينية وبين اليهود ما ذكره السائل بالنسبة إلى بقية الدول، بل كل دولة تنظر في مصلحتها، فإذا رأت أن من المصلحة للمسلمين في بلادها الصلح مع اليهود في تبادل السفراء والبيع والشراء، وغير ذلك من المعاملات التي يجيزها شرع الله المطهر، فلا بأس في ذلك. وإن رأت أن المصلحة لها ولشعبها مقاطعة اليهود فعلت ما تقتضيه المصلحة الشرعية، وهكذا بقية الدول الكافرة حكمها حكم اليهود في ذلك. والواجب على كل من تولى أمر المسلمين، سواء كان ملكا أو أميرا أو رئيس جمهورية أن ينظر في مصالح شعبه، فيسمح بما ينفعهم ويكون في مصلحتهم من الأمور التي لا يمنع منها شرع الله المطهر، ويمنع ما سوى ذلك مع أي دولة من دول الكفر؛ عملا بقول الله عز وجل: "إِنَّ اللهَ يَأْمُرُكُمْ أَنْ تُؤَدُّوا الأَمَانَاتِ إِلَى أَهْلِهَا"، (سورة النساء: 58)،

وقوله سبحانه: "وَإِن جَنَحُوا لِلسَّلْمِ فَاجْنَحْ لَهَا"، (سورة الأنفال: 61)، وتأسيا بالنبي صلى الله عليه وسلم في مصالحته لأهل مكة ولليهود في المدينة وفي خيبر، وقد قال عليه الصلاة والسلام في الحديث الصحيح: "كلكم راع وكلكم مسئول عن رعيته، فالأمير راع ومسئول عن رعيته، والرجل راع في أهل بيته ومسئول عن رعيته، والمرأة راعية في بيت زوجها ومسئولة عن رعيتها، والعبد راع في مال سيده ومسئول عن رعيته"، ثم قال صلى الله عليه وسلم: "ألا فكلكم راع ومسئول عن رعيته"، وقد قال الله عز وجل في كتابه الكريم: "يَا أَيُّهَا الَّذِينَ آمَنُوا لَا تَخُونُوا اللَّهَ وَالرَّسُولَ وَتَخُونُوا أَمَانَاتِكُمْ وَأَنتُمْ تَعْلَمُونَ"، (سورة الأنفال: 27)، وهذا كله عند العجز عن قتال المشركين، والعجز عن إلزامهم بالجزية إذا كانوا من أهل الكتاب أو المجوس، أما مع القدرة على جهادهم وإلزامهم بالدخول في الإسلام أو القتال، أو دفع الجزية- إن كانوا من أهلها- فلا تجوز المصالحة معهم، وترك القتال وترك الجزية، وإنما تجوز المصالحة عند الحاجة أو الضرورة مع العجز عن قتالهم أو إلزامهم بالجزية إن كانوا من أهلها؛ لما تقدم من قوله سبحانه وتعالى: "قَاتِلُوا الَّذِينَ لَا يُؤْمِنُونَ بِاللَّهِ وَلَا بِالْيَوْمِ الْآخِرِ وَلَا يُحَرِّمُونَ مَا حَرَّمَ اللَّهُ وَرَسُولُهُ وَلَا يَدِينُونَ دِينَ الْحَقِّ مِنَ الَّذِينَ أُوتُوا الْكِتَابَ حَتَّى يُعْطُوا الْجِزْيَةَ عَن يَدٍ وَهُمْ صَاغِرُونَ"، (سورة التوبة: 29)، وقوله عز وجل: "وَقَاتِلُوهُمْ حَتَّى لَا تَكُونَ فِتْنَةٌ وَيَكُونَ الدِّينُ كُلُّهُ لِلَّهِ"، (سورة الأنفال: 39) إلى غير ذلك من الآيات المعلومة في ذلك. وعمل النبي صلى الله عليه وسلم مع أهل مكة يوم الحديبية ويوم الفتح، ومع اليهود حين قدم المدينة يدل على ما ذكرنا. والله المسئول أن يوفق المسلمين لكل خير، وأن يصلح أحوالهم، ويمنحهم الفقه في الدين، وأن يولي عليهم خيارهم ويصلح قادتهم، وأن يعينهم على جهاد أعداء الله على الوجه الذي يرضيه، إنه ولي ذلك والقادر عليه، وصلى الله وسلم على نبينا محمد، وآله وصحبه.

تحليل موقف ابن باز

كما فعل جاد الحق من قبله، يقوم ابن باز أيضا بتقديم الدعم الشرعي لصنع السلام مع إسرائيل، المقصود هنا هو اتفاقيات أوسلو، وذلك تحت مظلة تبرير "مصلحة المسلمين" التي تحتمل التطبيق الواسع، وهو يؤكد على القواعد الشرعية التي تعطي الصلاحية المطلقة لتحديد ما إذا كان في التوقيع على معاهدة السلام مصلحة للمسلمين. وبكلمات أخرى فإن

هناك تأييدا لكل حاكم مسلم معاصر يرغب في التوقيع على معاهدة صلح مع عدو من غير المسلمين مثل إسرائيل. يتلخص رأي ابن باز المبدئي في ما مفاده أن عدم توفر القدرة على هزم العدو يبرر عقد معاهدة صلح معه بحيث يصب ذلك في منفعة المسلمين ومصلحتهم (استرجاع الأرض). وهو يعتمد في هذا على سابقة الحديبية ويتحدى تفسير القرضاوي في أمرين أوردهما في النقاش معه: الأول، كما هو الحال مع إسرائيل، قامت قريش أيضا باغتصاب الأرض من المسلمين- معسكر الرسول- وبالرغم من ذلك صالح النبي (صلعم) قريشا..والثاني، أن صلح الحديبية يعتمد على تقدير واقعي من رسول الله الذي لم يكن بمستطاعه هزم العدو، ولهذا السبب كانت المعاهدة نوعا من الضرورة الملحة. لا يقول ابن باز في مقاله هذا إنه من الممكن نقض الاتفاق، بل بالعكس، فهو يؤكد أن النبي (صلعم) ما احتل مكة إلا بعد أن أقدم الطرف الآخر على نقض الهدنة.

وهنالك قضية أخرى، وهي تأييد ابن باز للتوقيع على هدنة ثابتة غير محدودة الزمن. وفي هذا اختلاف عن رأي جاد الحق الذي تجاهل المصادر والمرجعيات الشرعية التي تحدثت عن الهدنة على أنها وضع مؤقت تنتهي بانتهاء الحاجة إليها، وأن لا يخرج المسلمون إلى الحرب حتى يضطروا إليها، ويؤيد ابن باز الهدنة غير محددة الأجل، والتي يحظر نقضها. ويشير ابن باز إلى أنه يمكن في حالة الهدنة غير محددة الأجل أيضا، وبحسب المرجعيات والاقتداء بما فعله النبي (صلعم)، إنهاء الهدنة حين زوال الحاجة إليها. التبرير الشرعي الثاني للتوقيع على معاهدة صلح مع إسرائيل، هو وجود ضرورة ملحة، في إشارة إلى ضعف الوضع العسكري للعرب مقارنة مع وضع إسرائيل.

كما ورد آنفا، فإن رأي ابن باز هو رأي غير مألوف في العهد المعاصر، إذ إن ما اتفق عليه أكثر علماء أمة الإسلام المستقلين كان أن إسرائيل – كمغتصبة للأرض الإسلامية- لا شرعية لوجودها. عبّر ابن باز عن رأيه وقرر أنه من الممكن ممارسة التطبيع الكامل مع إسرائيل، ولكنه ألقى على كل دولة إسلامية واجب التقدير المنفرد وتحديد ما إذا كان في الأمر مصلحة لها ولشعبها. وبهذا أعطى ابن باز صبغة الشرعية لوجود الدول الوطنيّة الإسلامية، ولتقسيم الأمة الإسلامية إلى وحدات تتمتع كل منها بخصوصية معينة في النواحي السياسة وفي منظومة العلاقات الدولية الحديثة مع الدول المختلفة. ومع ذلك نرى أن ابن باز أيضا أصدر أحكاما مختلفة في ظروف سياسية مغايرة، نصّ بعضها على أن الهدنة مع إسرائيل يمكنها أن تكون مؤقتة فقط، إذ يجوز للمسلمين المهادنة والمصالحة لمدة محدودة ومعلومة حتى يزول سبب الضعف فيقوى المسلمون بالقدر الذي يمكنهم من استرجاع الأرض.[350] أمامنا إذن حالة إضافية تبين كيف ترتبط الفتاوى السياسية بالسياق السياسي. فيمكننا أن نرى أن أي مفتٍ قد يُصدر حكمين شرعيين متناقضين في ظروف سياسة مختلفة.

الفصل السابع: الهدنة مع إسرائيل من وجهة نظر "حماس" (2007-2006)

في كانون الثاني من عام 2006 انتخب الشعب الفلسطيني حكومة "حماس"، وهكذا تحولت "حماس" إلى حقيقة واقعة في المشهد السياسي الفلسطيني. حقيقة لن يكون بالإمكان تجاهلها في السيناريوهات المستقبلية بالنسبة للعلاقات بين إسرائيل والفلسطينيين. وقد تعاظم شأن حركة "حماس" كإطار سياسي في شهر حزيران عام 2007 عندما فرضت نفوذها على قطاع غزة بالقوة. حصل شرخ في عام 2007 بين حركتي "حماس" و"فتح"، وقد انعكس ذلك في الخلاف بين الحركتين حول الاستراتيجة في التعامل مع إسرائيل، فحركة "فتح" برئاسة محمود عباس (أبو مازن) تسعى إلى التوصل إلى معاهدة دائمة مع دولة إسرائيل على أساس الخطوط العريضة التي وضعتها الجامعة العربية منذ آذار عام 2002 (والتي صودق عليها في آذار عام 2007، ثم في آذار 2008)، بينما تدير حركة "حماس" مقاومة عنيفة ضد إسرائيل، ولكنها كانت على استعداد لعقد هدنة (فقط) مع إسرائيل ضمن معايير الهدنة وفي إطارها، ومن دون الاعتراف بإسرائيل بشكل رسمي.

في أعقاب صعود "حماس" إلى سدة الحكم في السلطة الفلسطينية، كرر قادة الدول العربية التزامهم بمبادرة السلام العربية التي أطلقت في قمة الجامعة العربية في الخرطوم في شهر أذار عام 2006، وعلى إثرها قامت دول عربية، كالمملكة العربية السعودية ومصر واليمن، بالضغط على "حماس" للاعتراف بالمبادرة.[351] في شهر شباط من عام 2007 وقع "اتفاق مكة" بين رئيس السلطة الفلسطينية محمود عباس ورئيس الحكومة الفلسطينية من حركة "حماس"، إسماعيل هنية، ورئيس المكتب السياسي لـ"حماس"، خالد مشعل. نص الاتفاق على أن تأخذ حركة "حماس" على عاتقها مضامين مبادرة السلام العربية،[352] وذلك مع الاستمرار بتصريحات قادتها بشأن عدم الاعتراف بإسرائيل. يعتمد التفسير الذي سارت على هديه "حماس" عند قبولها مبادرة السلام العربية، على أن ما ورد في كتاب التعيين الذي قدمه أبو مازن لإسماعيل هنية حين عينه رئيسا للحكومة الفلسطينية، صيغ وتم الاتفاق عليه في مكة. دُعي هنية من خلال هذا الكتاب إلى تشكيل حكومة تحترم (من بين ما تحترم) قرارات مؤتمرات القمم العربية.[353] ربما كانت موافقة "حماس" على هذه الصيغة تعود إلى الضغوط السياسية من جانب السعودية، وكذلك إلى تقدير "حماس" بأن إسرائيل لن توافق على مبادئ المبادرة العربية مما سيبقي هذه المسالة محصورة في الإطار النظري فحسب.

على صعيد الخطاب الشعبي الإسرائيلي العام، دار نقاش داخلي في إسرائيل طوال هذه الفترة حول ما إذا كان على إسرائيل الاعتراف بـ"حماس" وإجراء المفاوضات مع هذا التنظيم بشكل مباشر أو غير مباشر. رأى مؤيدو مثل هذه المفاوضات أنه يمكن للهدنة

أن تؤدي إلى مأسسة "حماس" وجعلها تعترف بقواعد اللعبة الدولية، وفي نهاية المطاف سيمكن التوصل معها إلى هدوء أمني لفترة طويلة. أما المعارضون فقد ادعوا أن "حماس"، التي ضعفت جدا في الحلبة المحلية والدولية، لن تكون مستعدة للقبول بمعاهدة هدنة مؤقتة إلا لكي تقوي نفسها وتشد من أزرها، وسوف تنقض المعاهدة عندما تقدر بأنها قادرة على معاودة المجابهة العسكرية العنيفة.[354] في مثل هذه الحالة ستكون المواجهة مع تنظيم زاد من تسلحه وعزز صفوفه، أشد بكثير.

سنحاول الآن استيضاح مواقف "حماس"، كما عرضها في الماضي معتدلون من أعضاء هذا التنظيم. من الجدير ذكره أن "حماس" ليست تنظيما متجانسا متآلفا، وأنه إلى جانب وحدة الهدف ثمة خلافات تدور داخلها ترافقها صراعات قوى حول السياسة الاستراتيجية والتكتيكية على حد سواء. يعتبر رئيس الحكومة الفلسطيني، إسماعيل هنية، من دعاة التيار المعتدل المعني باتفاقية هدنة مع إسرائيل، ويعمل إلى جانبه أشخاص مثل الدكتور أحمد يوسف، الذي سنورد رأيه لاحقا. وكان خالد مشعل (رئيس المكتب السياسي في الحركة) هو الذي يمسك بزمام اتخاذ القرار، من المقر الذي كان يتخذه لنفسه آنذاك في دمشق.

في شهر كانون الثاني من عام 2004 عرض الدكتور عبد العزيز الرنتيسي، أحد أبرز قيادات "حماس" [الذي اغتاله جيش الدفاع الإسرائيلي في شهر نيسان من السنة نفسها]، هدنة مع إسرائيل لمدة عشر سنوات، شريطة أن تنسحب إسرائيل انسحابا تاما من المناطق الفلسطينية[355]. يتوافق هذا العرض مع التفسيرات التي قدمتها أطراف إسلامية متشددة فيما يتعلق بمبادئ أحكام الشريعة الإسلامية بالنسبة للاتفاقيات التي أجازت الشريعة الإسلامية عقدها بين المسلمين وغير المسلمين، بما معناه أنه تجوز الهدنة لفترة أقصاها عشر سنوات.

بعد فوزهم في الانتخابات عام 2006 صرح قادة "حماس" أنهم يعارضون أي تسوية أو اتفاقية سلام مع إسرائيل. ولكن بمرور الزمن بدأت تُسمع أصوات أخرى نظرت بالإيجاب إلى *هدنة* طويلة الأمد تقوم على أساس الانسحاب الإسرائيلي إلى خطوط العام 1967. ففي الخطاب الذي ألقاه رئيس الحكومة الفلسطيني، إسماعيل هنية في تاريخ 19.12.06، صرح أن "حماس" مستعدة لعقد هدنة مع إسرائيل مقابل إقامة دولة فلسطينية، ودعا إلى إقامة دولة فلسطينية في إطار حدود العام 1967 موضحا أنه إذا قامت الدولة الفلسطينية حقا في إطار هذه الحدود فسيكون على استعداد لعقد هدنة تطول مدتها حتى 20 سنة.[356]

تتعلق الأسئلة المطروحة إذن، بمضمون الهدنة ومعناها من وجهة نظر "حماس"، وهل بالإمكان استخدامها كأساس لعقد معاهدة سلام مع إسرائيل؟ من المهم أن نذكر أنه بالرغم من اقتراح الهدنة، ما زالت "حماس" ترفض الاعتراف بإسرائيل، كما اتضح خلال المفاوضات بشأن إقامة حكومة الوحدة الفلسطينية في آذار من عام 2007.

جرت المحاولة الأولى للتوصل إلى الهدنة بين إسرائيل والسلطة الفلسطينية برئاسة ياسر عرفات، بعد انقضاء أشهر معدودة على اندلاع انتفاضة الأقصى، وذلك بواسطة ثلاث شخصيات إسرائيلية: رجل الأعمال إيال إيرليخ، والبروفيسور يوسي غينات من جامعة حيفا، وعضو الكنيست سابقا عبد الوهاب دراوشة. حصل الثلاثة على موافقة رئيس الدولة الإسرائيلي في حينه، موشيه كتساف، ورئيس السلطة الفلسطينية، ياسر عرفات، تقرر بموجبها أن يحضر كتساف لإلقاء خطاب أمام المجلس التشريعي الفلسطيني في رام الله ويدعو من خلاله الشعب الفلسطيني للإعلان عن هدنة مع إسرائيل. رفضت الحكومة الإسرائيلية برئاسة أريئيل شارون هذه المبادرة في شهر كانون الثاني من عام 2002 ومنعت رئيس الدولة من إلقاء خطابه في رام الله.[357]

في شهر كانون الثاني من عام 2005 تغلغل مصطلح جديد إلى الخطاب السياسي، ألا وهو "التهدئة"، ويعني المهلة أو المعنى العكسي للتصعيد. وكان هذا عبارة عن هدنة في الداخل الفلسطيني بين معظم الفصائل، من أجل وقف أو تخفيف حدة عمليات المقاومة ضد إسرائيل، وذلك لأسباب عدة منها إتاحة الفرصة أمام إسرائيل للانسحاب من قطاع غزة في صيف تلك السنة. *"التهدئة"*، بخلاف الهدنة، هي عملية تنفذ من طرف واحد، وقد اشتُرط تنفيذها مسبقا بتفاهمات غير رسمية تتوقف إسرائيل بموجبها عن مهاجمة ممثلي الفصائل الفلسطينية، وتوقف بشكل خاص سياسة "التصفيات". في شهر نيسان من عام 2007، بعد أن قتل جيش الدفاع الإسرائيلي عددا من المسلحين الفلسطينيين، علت أصوات تدعو إلى وقف التهدئة والعودة إلى أساليب النضال الواسع، وذلك على خلفية فشل حكومة الوحدة الوطنية الفلسطينية حتى ذلك الوقت في رفع الحصار الاقتصادي والدبلوماسي الذي فرضه المجتمع الدولي، وهذا ما حصل بالفعل، إذ تجدد النضال الذي تقوده "حماس" ضد إسرائيل وتصاعد في النصف الثاني من عام 2007.

تمخض الحصار الاقتصادي والدبلوماسي الذي فرضه المجتمع الدولي على حكومة "حماس" في عام 2006، عن جهود بذلتها قيادات في الحركة وناطقون باسمها لجهة إطلاق تصريحات واقعية، مقارنة بمواقفهم الآيديولوجية، ومن تلك التصريحات الحديث عن خطة (نشرت في شهر كانون الأول من عام 2006) تدعو إلى التوقيع على اتفاقية هدنة مؤقتة مع إسرائيل مدتها خمس سنوات، مقابل الانسحاب الإسرائيلي إلى حدود الرابع من حزيران 1967، وفيما بعد أنكرت "حماس" صدور بعض هذه التصريحات عنها. تؤكد تصريحات "حماس" الواقعية، ووثيقة الهدنة، وكذا النقاش الداخلي الذي ثار في أعقاب ذلك، ولا سيما بين "حماس" و"فتح"، على وجود صراع سياسي بين الحركتين، ويعكس الجهود التي تبذلها "حماس" من أجل تخليص نفسها من الصعوبات السياسة والاقتصادية.[358] وقد أنكر الناطقون بلسان "حماس" أنهم كانوا يعرفون بوجود الوثيقة، وادعوا أنها تعكس مبادرة أوروبية لم تبحثها "حماس" بعد.

أوضح الدكتور أحمد يوسف، المستشار السياسي لرئيس الحكومة الفلسطيني آنذاك، إسماعيل هنية، خلال مؤتمر صحفي له، أن الحديث يدورعن اقتراح أوروبي خالص عرض على "حماس"، ولكن مؤسسات الحركة لم تبحثه وقال: *"منذ حصلت "حماس" على الحكم، كانت مستعدة للحوار مع المجتمع الدولي وقد عقدت عدة لقاءات مع الأوروبيين على مستويات مختلفة من أجل اقتراح هدنة وموقف سياسي...".* وبموجب أقوال يوسف: *"الهدنة عرض قديم- جديد وقد عرضها مؤسس "حماس"، أحمد ياسين منذ عام 1988 كموقف سياسي".* عاد رئيس الحكومة الفلسطينية، إسماعيل هنية، ورئيس المكتب السياسي لحركة "حماس"، خالد مشعل، وكذلك مؤسسات وقادة سياسيون آخرون وقدموا هذا العرض الذي لا تعني الهدنة بموجبه الاعتراف بإسرائيل، إنما هو عرض سياسي، مقابل إنهاء الاحتلال لمناطق الـ 1967، وإطلاق سراح جميع الأسرى وتثبيت حق العودة، بحيث تدخل الهدنة حيز التنفيذ بعد انتهاء الاحتلال. ما يعنيه مصطلح الهدنة، كتعبير سياسي، يختلف عن المعنى الذي يقصد بالتهدئة المرتبطة بفترة زمنية محددة وبشروط معينة.[359] أحمد يوسف هو خريج الجامعات السعودية في موضوع الفقه الإسلامي، وكان عضوا في مجلس الإفتاء في السلطة الفلسطينية وعميدا للتعليم العالي في الجامعة الإسلامية. نشر في شهر أيلول عام 2007 مقالا في صحيفة *"هآرتس"* الإسرائيلية قال فيه: *"إن "حماس" هي حاجز في وجه الأفكار المتطرفة والمتشددة [ربما قصد تنظيمي الجهاد الإسلامي والقاعدة]...إذا أتيح لـ"حماس" المشاركة في العملية السياسية الفلسطينية، فإن من شأن ذلك أن يحفز نمو وتطوير الأفكار الواقعية والأدوات التي تخدم العمل السياسي".* [360]

في أعقاب قيام إسرائيل بعملية عسكرية ضد "حماس" في قطاع غزة في تشرين الثاني من عام 2012 انطلقت محادثات غير مباشرة بين إسرائيل و"حماس" بوساطة مصرية. منذ ذلك الحين وحتى كتابة هذه السطور، في مطلع سنة 2014، يسود الهدوء العسكري بين الطرفين، وذلك نتيجة للضعف الذي أصاب حركة "حماس". لا يعترف الطرفان، الإسرائيلي و"حماس"، الواحد بالآخر اعترافا رسميا ولكنهما يجريان الاتصالات فيما بينهما بطريقة غير مباشرة.

مسودة وثيقة الهدنة التي بحثتها "حماس" وأطراف أوروبية [361]

النص الكامل لوثيقة أحمد يوسف، مستشار هنية، مع مبعوثين أوروبيين بشأن اتفاق هدنة مع إسرائيل – "وثيقة جنيف "حماس".

ملخص

1 - انسحاب إسرائيل من الضفة الغربية إلى خط مؤقت متفق عليه .

2 - هدنة لمدة خمس سنوات. أي أنه لا يتم شن أية هجمات فلسطينية داخل إسرائيل، ولا على الإسرائيليين أينما وجدوا، ولا يتم شن

هجمات إسرائيلية على الأراضي الفلسطينية ولا على الفلسطينيين أينما وجدوا.

3 - لن تتخذ إسرائيل أية خطوات من شأنها تغيير الأمر الواقع السائد في المناطق التي لم تكن خاضعة للسيطرة الإسرائيلية بتاريخ 4 حزيران 1967. ولن يتم بناء أية مساكن جديدة في المستوطنات/ ولن يتم شق طرق جديدة أو تغيير في المناطق الخضراء.

4 - دخول الفلسطينيين بحرية إلى القدس الشرقية، وتنقلهم في بقية أراضي الضفة الغربية المحتلة.

5 - حرية السفر من غزة إلى الضفة الغربية (وبالعكس)، وإلى الأردن ومصر.

6 - الرقابة الدولية: أي خرق للنقاط (1-5) يعتبر خرقا للهدنة.

الأساس المنطقي

تشكل هذه الهدنة مرحلة يتم خلالها تلطيف الأجواء بين الإسرائيليين والفلسطينيين من أجل المضي قدما في خطوات عملية وجدية لإقامة دولتين متجاورتين وقابلتين للحياة مستقبلا. وسوف تعتبر هذه الهدنة، ومدتها خمس سنوات، مرحلة تحضيرية جدية نحو التوصل إلى اتفاق سلام دائم مع إسرائيل.

سوف تتيح هذه الهدنة للشعبين، الإسرائيلي والفلسطيني، الفرصة كي يثق كل منهما بالآخر وتحري الفرص المستقبلية. وإذا ما نجحت الهدنة، فإنها سوف تجعل العالم الإسلامي يمنح الحكومة الفلسطينية مزيدا من الهامش والحرية لاستكشاف سبل حل الصراع مع إسرائيل بشكل أبدي. وتتمثل الرؤية الفلسطينية لما بعد الهدنة بإقامة دولة فلسطينية على جميع الأراضي الفلسطينية المحتلة عام 1967 وعاصمتها القدس الشرقية، بينما يتم صيانة مبدأ حق العودة.

الهدف الفوري هو إنهاء المواجهة المسلحة الدائرة، بما في ذلك هجمات كل من الفلسطينيين والإسرائيليين على بعضهم البعض، وفك العزلة الاقتصادية والسياسية الدولية عن الحكومة الفلسطينية. وهذا من شأنه أن يساعد الشعب الفلسطيني على بناء اقتصاده الخاص وتحقيق بعض الازدهار.

المسئولية الفلسطينية

1 - احترام الهدنة، التي: أ - سوف تدوم لمدة خمس سنوات.

ب – ستكون ملزمة لجميع الفصائل الفلسطينية.

ج – ستنطبق على كل إسرائيل والأراضي الفلسطينية المحتلة عام 1967.

2 – وقف جميع أشكال العمل المسلح داخل إسرائيل، ووقف استهداف الإسرائيليين أينما وجدوا.

3 - تسهيل إقامة مناطق ومشاريع اقتصادية إسرائيلية - فلسطينية مشتركة (صناعية، وزراعية... وغيرها) بين غزة، والضفة الغربية وإسرائيل.

4 - استمرار العلاقات التجارية الطبيعية مع الإسرائيليين.

5 - ضمان توجيه كل الأموال الدولية إلى النشاطات والمشاريع الحكومية، وليس إلى حركة "حماس". ولهذه الغاية، سوف تقوم الحكومة بتشكيل مجلس اقتصادي مستقل من أكاديميين ومهنيين فلسطينيين سيتعاملون مباشرة مع المجتمع الدولي ويقدمون له التقارير. وسيقوم هذا المجلس بمراقبة استخدام الأموال الحكومية والتأكد من أن الحكومة تحترم الخطوط العريضة الدولية.

6 - تقديم تقارير شفافة حول إنفاق الأموال الواردة من مصادر عربية وإسلامية، والتي ينبغي أن تذهب مباشرة إلى وزارة المالية.

7 - تقديم أية ضمانات أمنية مطلوبة مقابل حرية الحركة والتجارة مع بقية العالم (كتلك المعمول بها في معبر رفح الحدودي).

8 - التقيد التام بالمعايير الدولية بشأن الديمقراطية، وسيادة القانون والحكم الرشيد.

9 - الاحترام التام للقانون الدولي المعمول به، بما في ذلك معاهدات جنيف.

المسئولية الإسرائيلية

1 - إحترام الهدنة، التي: أ – سوف تدوم لمدة خمس سنوات.

ب – ستلتزم بها وتحترمها كل القوات والأجهزة الأمنية الإسرائيلية.

ج – ستنطبق على كل إسرائيل والأراضي الفلسطينية المحتلة عام 1967.

2 – وقف جميع أشكال العمل الحربي داخل الأراضي الفلسطينية المحتلة عام 1967، وعمليات القتل (الموجه) ضد الفلسطينيين

أينما وجدو حول العالم، وإزالة جميع الحواجز العسكرية داخل الأراضي الفلسطينية المحتلة عام 1967.

3 - تجميد جميع أعمال البناء الإسرائيلية (مستوطنات، طرق، مدارس ... وغيرها) خارج المنطقة التي كانت تسيطر عليها إسرائيل في 4 حزيران 1967، بما في ذلك الجدار.

4 - إطلاق سراح جميع المعتقلين السياسيين.

5 - ضمان حرية الحركة والتجارة بين غزة والضفة الغربية والأراضي الفلسطينية المحتلة والعالم الخارجي.

6 - السماح بإعادة بناء مطار غزة الدولي والميناء (طبقا للاتفاقات السابقة)، وكذلك المطار الموجود في الضفة الغربية (مطار قلنديا).

7 - السماح بوصول أبناء الضفة الغربية وقطاع غزة إلى القدس الشرقية بحرية، وكذلك حملة هوية القدس من الفلسطينيين إلى الضفة الغربية وقطاع غزة، مع حماية هوياتهم وضمان مشاركتهم الحرة في الحياة السياسية الفلسطينية.

8 - إنشاء مناطق ومشاريع اقتصادية إسرائيلية فلسطينية مشتركة (صناعية، وزراعية... وغيرها) بين غزة، والضفة الغربية وإسرائيل، وضمان وصول العمال الفلسطينيين إلى سوق العمل الإسرائيلي.

9 - الاحترام التام للقانون الدولي المعمول به، بما في ذلك معاهدات جنيف.

دور المجتمع الدولي:

يعمل المجتمع الدولي على الحفاظ على الهدنة، ويساهم في بناء الثقة بين الطرفين. كما يلعب المجتمع الدولي دورا في منع حدوث أي قصور في تطبيق الاتفاقيات السابقة. ولهذه الغاية، سوف يتم تشكيل قوة متعددة الجنسيات بقيادة اللجنة الرباعية وتركيا مهمتها مراقبة التزام الطرفين بشروط الهدنة، وكذلك توفير الضمانات الأمنية. وسوف تقوم القوة متعددة الجنسيات بالتسهيل والمساعدة في ضمان تنفيذ الاتفاق، وحل النزاعات المتعلقة به واتخاذ الإجراءات العقابية في حال تم خرق الاتفاق. ويتم تقديم التقارير إلى مجلس الأمن الدولي بشكل منتظم حول احترام كلا الطرفين لجميع نواحي الهدنة.

التحليل

لا تعتبر مسودة وثيقة الهدنة، التي بحثت بين "حماس" وأطراف أوروبية، ورقة مبادئ لعقد هدنة بحيث تفصل فيها الحقوق والواجبات الملقاة على الفلسطينيين في ظل حكومة "حماس" من جهة ودولة إسرائيل من جهة أخرى، ومهمة الرقابة الدولية. النقاط التي تضمنتها الوثيقة بعيدة كل البعد عن كونها تشكل انعكاسا لمواقف الأطراف في حينه، ويبدو ظاهريا أن الحديث يدور عن مسودة أولية لا أكثر. من الصعب التصور كيف وافقت حكومة "حماس" على النص الذي ستكون الهدنة بموجبه "مرحلة تحضيرية جدية نحو التوصل إلى اتفاق سلام دائم مع إسرائيل".يبدو أن هذا ما كانت تسعى إليه الأطراف الأوروبية التي أدارت الاتصالات، ولكنه من غير المعقول أن تكون "حماس" قد وافقت على نص يمنح الشرعية لسلام دائم مع إسرائيل.

بالنسبة لحركة "حماس" كانت في الوثيقة نقاط مختلفة تؤكد على المصالح التي ستجنيها الحركة من خلال اتفاقية الهدنة، ومنها: وقف جميع أشكال العمل الحربي، وتجميد كل أعمال البناء في المستوطنات من جانب إسرائيل، وضمان حرية الحركة والتجارة بين غزة والضفة الغربية والأراضي الفلسطينية المحتلة والعالم الخارجي، وضمان حرية الحركة داخل المناطق الفلسطينية وبينها، بما في ذلك شرقي القدس، وضمان حرية الحركة بينها وبين الأردن ومصر، واستمرار حرية التجارة بين الأراضي الفلسطينية وإسرائيل، والسماح بإعادة بناء موانئ بحرية وبرية دولية في غزة، وإنشاء مناطق ومشاريع اقتصادية إسرائيلية فلسطينية مشتركة، وفي النهاية – قوة متعددة الجنسيات بقيادة اللجنة الرباعية (الولايات المتحدة، الاتحاد الأوروبي، روسيا والأمم المتحدة) وتركيا مهمتها مراقبة التزام الطرفين بشروط الهدنة.

منذ صدور هذا الكتاب باللغة العبرية حصلت الكثير من التطورات على حلبة العلاقات بين إسرائيل وسلطة "حماس" في غزة. كان الوضع في عام 2013 شبيها بحالة من الهدنة الهادئة غير الرسمية، التي يتم خرقها من حين إلى آخر، وخاصة عندما تعجز "حماس" عن فرض سيطرتها ونفوذها على التنظيمات المتمردة التي تنشط في قطاع غزة.

الفصل الثامن: حرب تموز 2006 بين إسرائيل و"حزب الله": النقاش بين المفتين

كانت العملية العسكرية التي قام بها التنظيم الشيعي في لبنان- "حزب الله"- ضد دورية تابعة لجيش الدفاع الإسرائيلي على الحدود بين إسرائيل ولبنان بتاريخ 12 من شهر تموز عام 2006 واختطاف جنديين من جنود جيش الدفاع الإسرائيلي بأيدي هذا التنظيم، هي ما دفع إسرائيل إلى الرد بعملية عسكرية واسعة عرفت باسم "حرب تموز". وقد دارت في إطار هذه الحرب معارك بين قوات جيش الدفاع الإسرائيلي وقوات "حزب الله" في جنوب لبنان. ضرب سلاح الجو الإسرائيلي أهدافا في العمق اللبناني، وأطلق "حزب الله" آلاف القذائف من مختلف الأنواع على الأراضي الإسرائيلية وأصاب إسرائيليين من بينهم سكان بلدات بعيدة عن الحدود.

في خضم الحرب، وبعدها، دار جدل ونقاش شعبي عام بين أطراف عربية، ولا سيما الأطراف السعودية التي هاجمت "حزب الله" بسبب عمليته العسكرية التي ألحقت أضرارا بالغة بلبنان من جهة، وبين جماعة "حزب الله" الذين وجدوا أنفسهم في موقف دفاعي من الجهة الأخرى. ارتكز هذا الخطاب الشعبي أيضا على آراء شرعية من كلا الجانبين.

نعرض في هذا الفصل بداية موقف أحد رجال الدين الكبار في السعودية، وفيما بعد موقف كبير علماء الفقة لدى "حزب الله"، الشيخ محمد حسن فضل الله.

أ. فتوى سعودية أصدرها الشيخ عبد المحسن العبيكان

الرأي الشرعي الذي أصدره الشيخ عبد المحسن العبيكان، عضو مجلس الشورى السعودي،[362] والذي سنورده فيما يلي، يجب أن يُنظر إليه في سياق الخصومة المستعرة بين أطراف الإسلام السني (التي تسعى السعودية إلى قيادتها) وبين الشيعة بقيادة إيران.[363] وثمة سياق آخر، وهو الخصومة والعداء القائم بين السعودية وسوريا، التي يقع "حزب الله" في كنف رعايتها، بشأن محاولة التوصل إلى تسوية ثابتة في لبنان والحفاظ على استقلاليته. هذه "الفتوى" التي أمامنا ليست حكما شرعيا بالمفهوم الرسمي للمصطلح، إنما هي مقالة رأي تقدم تفسيرا شرعيا. تشير طبيعة هذه الوثيقة وطريقة نشرها في الصحافة، كما أسلفنا، من بين ما تشيران إليه، إلى تحولات الحداثة التي طرأت على الفتوى السياسية، إذ تحولت من كونها وثيقة مدروسة مرشدة مبنية على شكل سؤال وجواب إلى مقالة رأي أعدت للنشر في الصحيفة. يظهر الكثير من علماء الشريعة البارزين في وسائل الإعلام الإلكترونية (محطات التلفزيون الفضائية، الراديو، الإنترنت)، ويعبرون عن آرائهم في المواقع الإلكترونية ويُنظر إلى رأيهم كفتوى شرعية. هذا شكل إضافي من أشكال تطور

الفتوى السياسية (وليس في مجال السياسة فحسب) لتصبح أداة حديثة تستخدم في الخطاب العام.

لقد نشرت مقالة العبيكان ضمن زاويته الأسبوعية الثابتة في الصحيفة اليومية *"الشرق الأوسط"* [364]، وهي صحيفة موالية للسعودية وتصدر في لندن. تطرق العبيكان في مقالته إلى عدة أسئلة: هل يملك "حزب الله" الصلاحية للخروج إلى الجهاد ضد إسرائيل؟ ما هي الظروف التي يمكن بموجبها القيام بعملية كالتي أدت إلى اندلاع حرب تموز؟ من هو المخول باتخاذ قرار القيام بعملية عسكرية ومتى يجب ترك الجهاد لأجل تسوية الصراع بالطرق السلمية. فيما يلي المقال:

ولا تلقوا بأيديكم إلى التهلكة ..!

في خضم هذه الأحداث التي تعصف في بلادنا، وفي غمرة هذه الخلافات والآراء المضطربة، يطلب المرء من الله عز وجل المعونة والهداية، خصوصا مع كثرة من يتصدون لوظائف ومهام ليست لهم، ومن ذلك وظيفة الجهاد في سبيل الله التي أوضحتها الشريعة الإسلامية الغراء بجلاء وبيان.

إن الشريعة المطهرة جاءت بتقرير جلب المصالح وتكثيرها ودرء المفاسد وتقليلها، حسب القاعدة "الأصولية" المعروفة، وكذلك قاعدة درء المفاسد مقدم على جلب المصالح.

من هذا المنطلق فقد جعلت الشريعة الإسلامية حق تقرير مصير الرعية والناس بيد ولي الأمر، أو القائد السياسي، مع التوكيد على ولي الأمر في دفع المفاسد وجلب المصالح باستشارة أهل الرأي والعلم، في المجالات المتعلقة بمصير الأمة.

ومن هذه الأمور العامة مسألة الجهاد في سبيل الله، بنوعيه: جهاد الطلب وجهاد الدفع، وجعلت الشريعة لإعلان الجهاد شروطا وضوابط لا بد من اعتبارها لتحقيق المصلحة العظمى للأمة ودفع الشرور عنها، وارتكاب أدنى الضررين لدفع أعلاهما، فكان من هذه الشروط المعتبرة في مسألة الجهاد هو شرط وجود القدرة على النيل من العدو أو دفع شره والطمأنينة على أرواح المسلمين وأموالهم وأعراضهم وحمايتها من الاعتداء أو الإضرار بها، أي إهلاك الأموال وانتهاك الأعراض وسفك الدماء.

وبدون وجود شرط القدرة لا يأمن من يعلن الجهاد من حصول المفسدة العظمى التي تغلب المصلحة الصغرى، ولهذا جاءت النصوص من الكتاب والسنة بتقرير هذا المبدأ، قال الله تعالى "يَا أَيُّهَا النَّبِيُّ حَرِّضِ

الْمُؤْمِنِينَ عَلَى الْقِتَالِ إِنْ يَكُنْ مِنْكُمْ عِشْرُونَ صَابِرُونَ يَغْلِبُوا مِائَتَيْنِ وَإِنْ يَكُنْ مِنْكُمْ مِائَةٌ يَغْلِبُوا أَلْفًا مِنَ الَّذِينَ كَفَرُوا بِأَنَّهُمْ قَوْمٌ لَا يَفْقَهُونَ الْآنَ خَفَّفَ اللهُ عَنْكُمْ وَعَلِمَ أَنَّ فِيكُمْ ضَعْفًا فَإِنْ يَكُنْ مِنْكُمْ مِائَةٌ صَابِرَةٌ يَغْلِبُوا مِائَتَيْنِ وَإِنْ يَكُنْ مِنْكُمْ أَلْفٌ يَغْلِبُوا أَلْفَيْنِ بِإِذْنِ اللهِ وَاللهُ مَعَ الصَّابِرِينَ"، (الأنفال: 65 و66).

فهذا التخفيف الوارد في الآية استنبط منه عدد من الفقهاء والمفسرين والعلماء وجوب الفرار على المقاتلين المسلمين إذا كان العدو يبلغ عدده أكثر من ضعف عدد المسلمين.

وهذا ما بينه النبي صلى الله عليه وسلم في سنته القولية والعملية، فعمل بقول الله تبارك وتعالى: "وَلَا تُلْقُوا بِأَيْدِيكُمْ إِلَى التَّهْلُكَةِ وَأَحْسِنُوا إِنَّ اللهَ يُحِبُّ الْمُحْسِنِينَ"، (البقرة: 195).

وهي عامة في كل إقدام على التهلكة كما قرره الآلوسي في تفسيره والشيخ ابن سعدي أيضا وغيرهما، وقوله عز وجل: "وَلَا تَقْتُلُوا أَنْفُسَكُمْ إِنَّ اللهَ كَانَ بِكُمْ رَحِيمًا"، (النساء: 29)، وإقراره صلى الله عليه وسلم لفرار خالد بن الوليد ومن معه في معركة مؤتة من العدو لكثرة عددهم، وظن الصحابة أن ذلك من الفرار المحرم، وقالوا نحن الفرارين، فقال لهم عليه الصلاة والسلام: "بل أنتم الكرارون، وأنا فئتكم من المسلمين". وكذلك عندما كان النبي صلى الله عليه وسلم في مكة لم يؤذن له لدفع الأذى ولا جهاد الدفع لعدم وجود القدرة.

وإننا إذا ما قارنا بين حال النبي صلى الله عليه وسلم ومن معه عندما هادن وصالح المشركين في صلح الحديبية، وبين حال إخواننا الفلسطينيين مع اليهود، لوجدنا حال النبي عليه السلام ومن معه في ذلك الوقت كان أعظم خطرا وأشد ضررا، ولذلك فقول البعض الآن حتى يمنع وجود صلح ومهادنة، إن اليهود يستحلون القدس، ليس حجة، ونقول لهم إن المشركين كانوا يستحلون الكعبة والحرم، وبالإجماع فإن المسجد الحرام في مكة أعظم وأكبر مكانة من بيت المقدس، وإن قالوا إن هناك من يدنس القدس، قلنا لهم إن المشركين كانوا يدنسون الكعبة بشركهم وأصنامهم، وإن قالوا إن اليهود من أشر الناس وأعظمهم عداوة للمسلمين، قلنا لهم بل إن المشركين أعظم منهم كفرا، وبالإجماع فأهل الكتاب، واليهود منهم، أقرب إلى المسلمين من المشركين، وقد وضع الله تعالى لهم أحكاما خاصة استثنى منها المشركين، مثل الزواج منهم، وأكل ذبائحهم، وغير ذلك من الأحكام.

وإن قيل إن أهل فلسطين يضطهدون ويظلمون، ويؤذون، فنقول إن المسلمين كانوا في مكة يفعل بهم هذا وأكثر من قبل الكفار، وكان منهم من يفتن عن دينه ويعذب ويجلد ويسجن ويقتل ويؤذى .. وغير ذلك.

إذا علمنا كل هذا، وإذا ما تأملنا في هذه المقارنة بين الحالين، يتضح لنا أن اللجوء إلى الصلح مع اليهود أو اللجوء للمهادنة أو اللجوء إلى الحلول السلمية والمعالجة السياسية هي الأمر المطلوب في هذا الزمن باعتبار فقدان شرط القدرة، إلى أن يكون المسلمون مهيئين لاسترداد حقوقهم ويمتلكون شرط القدرة، وتطبيق ما فعله النبي صلى الله عليه وسلم في سنته القولية والعملية.

ونحن أمة إذا لم نطبق قول الله عز وجل: "لَقَدْ كَانَ لَكُمْ فِي رَسُولِ الله أُسْوَةٌ حَسَنَةٌ لِمَنْ كَانَ يَرْجُو الله وَالْيَوْمَ الآخِرَ وَذَكَرَ الله كَثِيرًا"، (الأحزاب: 21)، وإذا ما استجبنا للنداءات العاطفية المتشنجة والانفعالات السريعة غير الراشدة، فإننا لن نفلح أبدا، ولن نحصل على المقصود. يؤكد ذلك ما فعلته جماعة "حزب الله" في لبنان، عندما استأثرت بقرار الحرب من دون صدور ذلك عن مصدره الطبيعي، ودون وجود اتفاق على قرار إعلان الحرب على اليهود، ودون مراعاة للمصالح، مما جعل ما يظن أنه قد حقق من مصلحة بأسر اثنين من الجنود اليهود، يرتد وبالا ومفسدة واضحة، فقد كان مقابل اليهود تدمير بلد كامل، من بلادنا، والإضرار البالغ ببنيته الأساسية، وتشريد أهله، وتجويع وقتل العدد الكبير منهم، وإضعاف قوة المسلمين وتفريق كلمتهم وتشتيت شملهم، كما نرى، وكل هذا لم تأت به الشريعة الإسلامية، ويتنافى مع النصوص الشرعية التي أشرنا إلى طرف منها.

ومما يؤسَف له أن العامة ممن لا يعرفون ولا يدركون بدأوا يتدخلون في مثل هذه الأمور العظيمة التي هي من حقوق ولاة الأمر والقادة، كما نص الفقهاء على أن القتال موكول بولي الأمر، وهذا ما كان يفعله صلى الله عليه وسلم في سيرته، ومن ذلك فعله في غزوة الخندق، وهو هنا كان في جهاد دفع وليس طلب! لم يكن يأذن لأحد من جيشه أن يبارز أحدا من المشركين إلا بإذنه، الأمر الذي استدل به فقهاء على ما قلناه، إضافة لأدلة أخرى كثيرة لا يسع المقام لها هنا.

فنصيحتي للإخوان المسلمين أن يتركوا أمر تقرير مصير الأمة من حرب وسلم إلى قادتها وولاة أمرها الذين يستعينون بالعلماء الراسخين وأهل الرأي والمشورة ليقرروا ما هو الأصلح.

وليعلم إخواني أن الحرب في هذا الزمن الحاضر ليست كأزمان الماضي، ففي الماضي كانت الحرب لا تتعدى في الغالب المجال بين الصفين المتقابلين، أما الآن فالحرب أضحت خرابا عاما تشمل مقدرات الشعوب والأبرياء البعيدين في المدن والقرى، والبنية الأساسية والمنشآت التي تكلف المليارات والزمن الطويل في عمارتها.. حرب هذا الزمن مختلفة تماما حتى إن المنتصر فيها يبدو مهزوما لفداحة الخسائر، فما بالك بالمهزوم؟!

فالعاقل من قدَّر الأمور قدرها، والله نسأل أن يحفظ بلاد المسلمين من كل سوء.

التحليل

درء المفاسد مقدم على جلب المصالح

أكد العبيكان في انتقاده لـ"حزب الله"، أن الاعتبارات الاستراتيجية التي يتخذها الحاكم المسلم هي أولا وقبل كل شيء درء المفاسد والضرر الذي قد يلحق بالمسلمين نتيجة للعمل الحربي. يتهم المفتي السعودي "حزب الله" باتخاذ قرارات سريعة غير رشيدة. إذ إن "حزب الله" نفذ عملية حربية بمبادرته فجلب ضررا فادحا على المسلمين حين عرّض لبنان للخسارة وارتد عليه وبالا ومفسدة واضحة، فأدى إلى تدمير بُناه التحتية، وتشريد أهله، وتجويع وقتل عدد كبير منهم، وعرّضه إلى خسائر كبيرة جدا في الأرواح. كان من المفروض أن يكون درء المفسد على رأس أولويات زعيم "حزب الله"، وليس المصالح التي قد يجنيها من عمليته العسكرية ضد إسرائيل.

القتال موكول إلى ولي الأمر- حاكم الدولة- فقط (وليس إلى زعيم حركة "حزب الله")

تشير الفتوى إلى المبدأ الشرعي الذي ينص على أن الإمام– ولي الأمر، الحاكم- هو وحده الموكل إليه إعلان الجهاد. وعليه فإن زعيم حركة "حزب الله" لا يملك الصلاحية لاتخاذ قرار باسم لبنان بشأن شن عملية قتالية ضد إسرائيل. يحدد العبيكان الطرف الذي يمكنه فعل ذلك حين يذكر أن حق تقرير مصير الرعية والناس هو بيد ولي الأمر، أو القائد السياسي فقط، مع التأكيد على أنه يقوم باستشارة أهل الرأي والعلم، في المجالات المتعلقة بشؤون الحرب والسلام. كما رأينا في فتوى جاد الحق الذي منح الصلاحية للرئيس المصري، هنا أيضا يطوع العبيكان المبدأ الشرعي لمفاهيم الزمن الحديث الذي لا يوجد فيه حاكم وولي

أمر مسلم واحد، وإنما لكل حاكم دولة الحق والصلاحية في اتخاذ القرار بشأن جيشه ودولته. يتجاهل العبيكان الطبيعة الخاصة للبنان الذي لا يعتبر دولة إسلامية واضحة المعالم، بل هو نظام توافقي تتقاسم السلطة فيه مختلف الطوائف الدينية التي تعيش ضمن حدوده.

لا خروج إلى القتال ما لم تتوفر القدرة العسكرية

يحدد المفتي العبيكان أحد الشروط الشرعية للخروج إلى الجهاد، وهو وجود القدرة العسكرية للنيل من العدو. ليس هذا فحسب، بل إذا تبين أثناء الحرب أن العدو يبلغ عدده أكثر من ضعف عدد المسلمين وجب على المقاتلين المسلمين الفرار من المعركة.

عندما لا تتوفر القدرة العسكرية يجب التوجه للسلام تبعا لسابقة صلح الحديبية

يقر العبيكان أنه في حال عدم توفر القدرة العسكرية للنيل من العدو، يجب على الحاكم المسلم اللجوء إلى تسوية سياسية تؤدي إلى الحل بالطرق السلمية. وللدلالة على ذلك يقدم المفتي سابقة صلح الحديبية. عندما رأى النبي محمد (صلعم) أن أهل مكة يمنعونه من دخول مكة، امتنع بدوره عن استخدام القوة ولجأ إلى معاهدة أعدائه. وهنا يجري المفتي مقارنة ملفتة بين ذلك الزمان والزمان الحاضر، ويستعين بالتمييز بين المكانة المقدسة للمدينتين: مكة (قصة الحديبية) والقدس (الجبهة إزاء إسرائيل). ففي حالة مكة– مركز الإسلام وأقدس المدن الإسلامية، التي كانت بأيدي الأعداء الأعظم كفرا، مشركين يضطهدون ويظلمون المسلمين– قرر النبي اللجوء إلى الصلح والمهادنة بدلا من الحرب، فما بالك في حالة اليهود، وهم من أهل الكتاب، وأقرب إلى المسلمين من المشركين ويحكمون السيطرة على القدس وهي أقل قدسية من مكة وهم يدنسونها بقدر أقل مما فعل أهل مكة للكعبة المقدسة.

ب. موقف "حزب الله" من إسرائيل – الشيخ محمد حسن فضل الله[365]

عبر عن موقف "حزب الله" في مناسبات عديدة أحد كبار رجال الدين في إيران، هو آية الله محمد حسين فضل الله، وهو هو رجل شيعي من مواليد العراق له مساهمات كبيرة جدا في مجالات الشريعة، وله أيضا موقع إلكتروني خاص: (www.bayanat.org.lb).

فيما يلي ثلاثة اقتباسات من أقواله التي تتعلق بالقضايا الشرعية ذات العلاقة. اقتبس الأول من مقابلة صحفية، والثاني من خطبة يوم الجمعة، أما الثالث فهو فتوى شرعية نشرت في موقع إلكتروني إسلامي يعنى بمسألة السلام مع إسرائيل.

س: العلامة السيد فضل الله قائد رؤيوي، ولذا نسأل: عندما سمعت أن الجنديّين الإسرائيليين أسرا، ماذا كنت تتوقع؟

ج: في ذلك الوقت، وبالرغم من دراستنا للواقع الأمني والسياسي الذي يحكم أمريكا وإسرائيل في النظرة إلى لبنان، وخصوصا إلى المقاومة التي عطلت المشروع الأمريكي فيه، لم أشعر بأن هناك حربا بحجم هذه الحرب ستقع، لأن المقاومة عندما أسرت الجنديين الإسرائيليين، كانت تنطلق في رؤيتها لمسار الأمور، من خلال قراءتها لمجمل المناخ الذي واكب عمليات الأسر السابقة، والتي كانت تؤدّي إلى التحرّك في خط التبادل.

لذلك، لم أكن أفكر في هذه الحرب، ولاسيما أن قيادة المقاومة كانت تقول إنها لا تريد حربا. لكن المسألة التي ظهرت بعد ذلك، أكدت أن هناك خطة أمريكية إسرائيلية أعدَّت للبنان، منتظرة أي مبرر يمكن له أن يفتح لها هذا الأفق، وهذا الأمر جاء مبررا لم تلتفت إليه المقاومة، وأزعم أنه لم يلتفت إليه كل الواقع السياسي في المنطقة.

لذلك، فإن الحديث عن أن المقاومة انطلقت من مغامرة غير محسوبة ليس حديثا دقيقا، لأن قضية المغامرة إنما تكون عندما يكون هناك في الأفق بعض العلامات أو بعض الأوضاع التي توحي ولو بنسبة 50 أو 60 في المائة بحصول ذلك، لكن عندما لا يكون هناك أي علامة على وجود شيء فوق العادة، لا يمكن أن تكون مغامرة.

وأحب تأكيد نقطة حاولت إسرائيل أن تستغلها، وكذلك بعض السياسيين اللبنانيين، وذلك في حديث قيادة المقاومة بأنها لو كانت تعرف ولو بنسبة واحد في المائة بما سيحدث لما قامت بذلك، حيث اعتبر ذلك تصريحا بالندم أو بنقد ذاتي، لكن هذا ليس صحيحا، لأن المسألة كانت تعالج القضية من ناحية إنسانية، لأن المقاومة تتميز أساسا بالحكمة، فهي مع وجودها على حدود فلسطين، كانت تأخذ في الاعتبار الوضع الدولي والتوازنات الموجودة في لبنان، ولم تكن لها أي حركة غير محسوبة في ذلك الوقت.

وما قاله السيد حسن نصر الله، لا يعبِّر عن الندم أو النقد الذاتي، بل كان يريد القول إنه مسؤول عن الناس، ولا يريد أي إضرار بالناس، ولو كان يعرف أن ذلك سيحدث لما أقدم عليه.

س: ألم يعزز في قوله هذا، قول من اعتبر أن خطف الجنديين مغامرة؟

ج: هذه ليست مغامرة، لأنك عندما تنطلق في حركة تعتقد بنسبة 80 أو 90 في المائة بأنها لا تنتج شيئا سلبيا، فأنت لا تغامر، خصوصا أن القراءة لعمليات الأسر السابقة، تبين أنها تنتهي بالتبادل، وفي

الواقع، فإن الأعداء كانوا يخططون لشيء لم يعرفه أي سياسي في المنطقة كلها، على اعتبار أنه من الأشياء الخفية.[366]

خطبة الجمعة التي ألقاها الشيخ فضل الله بتاريخ 21.7.2006:

الصمود في وجه الحرب الاستكبارية ضد لبنان
العظمى السيد محمد حسين فضل الله
... إنها الحرب التي حاول العرب نسيانها ليستبدلوها بالسلام الذليل الذي لم يحقق لهم أي موقع للقوة أو أي احترام للأمة، وهذا ما لاحظناه في الموقف العربي الرسمي الذي أطلق الحرب ضد المقاومة التي أعادت حركة الصراع ضد العدو إلى بداياتها، وحيث يراد للأجيال الجديدة أن تبدأ الأخذ بروحية المواجهة من جديد... إنهم لا يهاجمون العدو في عدوانه على لبنان وفلسطين، ولكنهم يهاجمون الذين يقاتلونه ويتصدون له لأنهم يخافون من حركة المقاومة في تطلعها إلى مستقبل القوة والعزة والكرامة... إننا لا نطلب من العرب أن يخوضوا الحرب ضد العدو، لأن جيوشهم لا تتثقف بثقافة الحرب ضد إسرائيل، حتى أن الأسلحة التي تستوردها من الغرب مشروطة بعدم استخدامها ضد العدو، بل إن ثقافتها هي مقاتلة شعوبها والدول العربية والإسلامية لحساب خطط أمريكية لإثارة الحروب في دول المنطقة من خلال بعض التعقيدات الإقليمية والدولية.. إننا لا نطالبهم بالدخول في حرب دفاعا عن لبنان وفلسطين، ولكنهم إذا كانوا لا يزالون يحترمون عنوان العروبة أو الإسلام، أن يقوموا بالضغط على إسرائيل أو أمريكا من ناحية اقتصادية وسياسية ودبلوماسية لأنهم يملكون الكثير من هذه الوسائل التي لو حركوها لرأوا أكثر من نتيجة إيجابية لمصلحة الموقف العربي المستقل القوي...

بسم الله الرحمن الرحيم

سماحة الشيخ:

ما هي ضوابط وضع المعاهدات مع اليهود؟

بسم الله والحمد لله والصلاة والسلام على رسول الله وبعد:

عندما يكون اليهود محتلين لبلد إسلامي فإنه لا شرعية لأية معاهدة تعترف بشرعية وجودهم السياسي في هذا البلد الإسلامي كما هو الحال في سيطرة اليهود على فلسطين وإخراج أهلها منها ليأتي شعب آخر ليحل محلهم، ولكن إذا خرج اليهود من فلسطين وبقي اليهود الذين كانوا منذ عشرات أو مئات السنين تماما كما المسيحيون أو كما المسلمون الذين يمثلون الأكثرية، فإن بإمكاننا أن ندخل معهم في معاهدات تماما كما هي المعاهدة التي دخل بها المسلمون معهم في ميثاق المدينة حيث إن النبي محمدا صلى الله عليه وسلم أدخلهم في مجتمع المدينة ليكون لهم ما للمجتمع الآخر من المسلمين وعليهم ما عليهم.

إن علينا أن نعرف ونعرّف العالم بأن اليهود عاشوا تماما كما النصارى في البلاد الإسلامية في مدى ١٤ قرنا ويزيد من دون أن يسيء إليهم أحد، بل كانوا يعيشون بكل كرامتهم وعزتهم وحريتهم في الوقت الذي كانوا يضطهدون فيها في أكثر من بلد غربي.

لهذا فإننا ضد الظالم المغتصب للأرض حتى لو كان مسلما.. فكيف لو كان يهوديا؟
لا شرعية للمعاهدة مع إسرائيل ولكن يمكن أن نعاهد اليهود خارج نطاق ظلمهم للفلسطينيين.

والله أعلم [367]

التحليل

الادعاء الأساسي الذي يقدمه الشيخ فضل الله هو أن "حزب الله" لم يقدر بأن خطف الجنود سيدفع بإسرائيل إلى القيام بعملية عسكرية بهذا النطاق الواسع، وأن مشاريع إسرائيل الحربية خدمت الولايات المتحدة التي تريد أن تفرض على المنطقة نموذجها لـ"الشرق الأوسط الجديد". وقد هاجم الشيخ فضل الله الدول العربية عندما أشار إلى السعودية تحديدا، في موضوع المساعدات التي تمنحها لإسرائيل من خلال علاقاتها مع الولايات المتحدة. وبالنسبة لإسرائيل قال إنه ليس لليهود مكان في هذه الرقعة من الأرض إلا كأقلية كانت هنا قبل ظهور الصهيونية وكأهل ذمة في دار الإسلام.

154

الفصل التاسع: حالة مقارنة: اتفاقيات عبد القادر الجزائري مع الفرنسيين (1834، 1836)

أحد النماذج المثيرة للاهتمام بالنسبة إلى التطبيق العملي للتوجه الإسلامي لقضية العلاقات الدولية في العصر الحديث، والتعامل مع الاحتلالات الاستعمارية، هو النموذج الجزائري الذي يعود إلى سنوات ثلاثينيات القرن التاسع عشر. [368] يدور الحديث هنا عن الاتفاقيات التي عقدها قائد المقاومة المحلية الجزائرية، المعروف باسم عبد القادر الجزائري، مع الفرنسيين الذين احتلوا في سنة 1830 قطاعا ساحليا جزائريا يضم ثلاث مدن وعملوا على توسيع منطقة نفوذهم بشكل تدريجي. تنبع أهمية هذه الاتفاقيات من كونها صالحة للمقارنة المفيدة بين الحالة الجزائرية والحالة الفلسطينية من حيث تفسير أحكام الشريعة. من وجهة نظر الشريعة الإسلامية اعتبرت فرنسا في الجزائر وإسرائيل في فلسطين التاريخية نظامين يمارسان احتلال واغتصاب مناطق إسلامية وما فيها من سكان مسلمين، وهما من الكفار غير المسلمين، مما يستوجب الخروج في حرب ضدهم–فريضة الجهاد–ووُقعت معهم في النهاية اتفاقيات سلام. فيما يخص الحالة الجزائرية، للاتفاقيات بين المسلمين والفرنسيين أهمية كبرى ومتميزة، ذلك لأنه وقعها عن الجانب الإسلامي زعيم له مكانة دينية في بلاده، وقد حرص على الحصول على *فتوى* من كبير العلماء في فاس (المغرب) بالنسبة لقضية تطبيق حكم الجهاد ضد الفرنسيين. استطاع عبد القادر الجزائري أن يستقطب، على مدى عدة سنوات، معظم سكان الإقليم الجزائري، وأن يقودهم في مقاومة مسلحة ضد الاحتلال الفرنسي. لم تصمد اتفاقيات السلام مع الفرنسيين طويلا، وفي نهاية الأمر هُزم عبد القادر واستكمل الفرنسيون احتلالهم للجزائر. ادعى عبد القادر، وبحق إلى حد كبير، أن الفرنسيين هم من نقض الاتفاقيات معه.

أ. خلفية تاريخية

كانت منطقة الجزائر على مدى ما يزيد عن 300 سنة، وحتى بداية الاحتلال الفرنسي سنة 1830، جزءا من الإمبراطورية العثمانية، ترزح تحت وطأة احتلال كامل. أما الفرنسيون فقد اعتمدوا في سنوات حكمهم الأولى في الجزائر سياسة الـ "الاحتلال المحدود" (occupation restreinte)، الذي يعني الحكم الفرنسي المباشر في المدن الساحلية فقط، والحكم غير المباشر، عن طريق الاتفاق مع زعيم محلي بحيث يضمن الهدوء والأمن في عمق المناطق الجزائرية (بطريقة لا يضطر فيها الفرنسيون إلى وضع حامية عسكرية كبيرة تكلفتها عالية). [369]

155

اعتبر السكان المحليون- ومعظمهم مسلمون ينتمون إلى الإسلام "الشعبي" (الطريقة الصوفية القادرية وزيارات الأضرحة ومقامات الأولياء- المرابطين) الغزو الفرنسي لبلادهم اختراقا من عدو نصراني لمنطقة إسلامية- دار الإسلام- ولذا يجب، بموجب العقيدة الإسلامية، الخروج إلى *الجهاد* ضده. أخذ محيي الدين الحسني على عاتقه مهمة توحيد القبائل تحت لواء مقاومة الاحتلال الفرنسي، وهو زعيم إحدى القبائل المهمة (هاشم) وكان شيخ الطريقة القادرية أيضا، وهي أكبر الطرق في المنطقة. بعد مرور بضعة أشهر، وبسبب تقدمه في السن، بايع محيي الدين ابنه عبد القادر، ابن الـ 25 ربيعا، كي يتسلم القيادة من بعده ويواصل رسالة النضال.[370]

ولد عبد القادر في قرية القيطنة بولاية معسكر (Guetna) الواقعة على ساحل البحر المتوسط، وفيها بنى جده مركزا دينيا كبيرا (زاوية تحتوي على مكتبة كبيرة ومدرسة دينية- كتاب) درس عبد القادر فيه مواضيع عدة من بينها الفقة الإسلامي. تتلمذ على يدي قاضي ارزيو وحفظ القرآن عن ظهر قلب. وكان في هذه القرية مسجد ومقام (قبر لأحد الأولياء) لمؤسس الطريقة القادرية – عبد القادر الجيلاني– وقد درج أهالي محافظة وهران على الحجيج إليه في رأس السنة. كان والده رجل دين مهما ومحكما يقضي بين الناس في النزاعات القبلية واعتبر صانعا للمعجزات.[371] انتقلت الهالة التي تمتع بها الزعيم الديني الصوفي، والتي وصلت إلى حد "القدسية"، إلى عبد القادر أيضا- وهذا ما يفسر تقبل نفوذه وسلطته في أوساط القبائل من أهالي المنطقة التي كان فيها للمرابطين تأثير قوي جدا.[372]

حظي الأمير عبد القادر في بداية طريقه بدعم ثلاث قبائل مهمة في محافظة وهران، ولكن كان عليه أن يتغلب على معارضة قبائل أخرى في مناطق أخرى من الجزائر، وتوحيدها تحت قيادته. كان رفع راية الجهاد الإسلامي ضد الغزاة النصارى عملا طبيعيا من جانبه حين عمل على تجنيد جيش نظامي، بالإضافة إلى تخصيص وحدات قتالية، عند الحاجة، من بين القبائل. في شهر تشرين الأول من عام 1833 نصبت جماعة عبد القادر كمينا للجنود الفرنسيين بقيادة الجنرال الفرنسي ديميشال (Desmichels)، فتمكنوا من قتل جندي وأسر أربعة آخرين. أدت العمليات العسكرية الناجحة ضد القوات الفرنسية، وكذا عرْض السلام الذي تقدم به الجنرال الفرنسي بعد فترة وجيزة، إلى **التوقيع على اتفاقية سلام بين الطرفين.** كان هم الفرنسيين ضمان الهدوء من جانب السكان العرب المحليين، أما عبد القادر فقد طالب باعتراف فرنسي بسلطته على محافظة وهران، وذلك لكي يتمكن من التفرغ للتخلص من جيوب المعارضة المحلية لقيادته[373] عن طريق الاتفاقيات التي وقعها مع الفرنسيين. كان هدف عبد القادر هو حصر الفرنسيين في منطقة الساحل والإبقاء على المناطق الداخلية من البلاد كـ*"دار الإسلام"*. ربما كان قصده فعل ذلك إلى حين تعزيز قوته ليتمكن من طردهم من الساحل. من الجدير ذكره أن المدن الساحلية في الجزائر رزحت في أكثر من مرة تحت نير حكم الأجانب- وخاصة الأسبان- مما يفسر الطريقة

المختلفة التي تعامل بها عبد القادر مع منطقة الساحل قياسا بالمناطق الداخلية. ومع ذلك كان عليه أن يضمن حرية الوصول إلى ميناء بحري واحد على الأقل.

ب. الاتفاقية الأولى بين عبد القادر والجنرال الفرنسي ديميشال

عبّر عبد القادر، من خلال المفاوضات حول إطلاق سراح الأسرى، التي جرت بطريقة تبادل الرسائل التي تناقلها الرسل، عن رغبته في التوصل إلى سلام مع الفرنسيين، ولكنه كتب إلى الجنرال ديميشال: *"ديني [الإسلام] يمنعنا من عرض طلب الصلح ابتداء على [العدو]، ولكنه يسمح لنا بقبوله إذا عرض علينا".*[374] ويعتمد هذا القول على ما يبدو على الآية القرآنية 8 :61 *"وَإِنْ جَنَحُوا لِلسَّلْمِ فَاجْنَحْ لَهَا"*، ولكن هذا القول غير صحيح ولا يتلاءم مع الآية (كما تبينَ في الفتوى التيَ حصل عليها فيما بعد، والتي سنفصلها لاحقا)، لأن الشريعة الإسلامية لا تجيز الكف عن الجهاد إلا إذا كان المسلمون في حالة ضعف خوفا من فقدان زخم الجهاد وتركه كليا ومن منطلق اعتبار الجهاد فريضة ماضية إلى يوم القيامة وعملية لا تنتهي.

كان للزعيم الجزائري في حقيقة الأمر هدف آخر، وهو توظيف طلب الفرنسيين للصلح في إظهار قوته أمام الجزائريين. أما من الناحية العسكرية، فقد ثبت في وقت لاحق أنه لم يكن بمقدور المليشيات المحلية التي انضوت تحت قيادته الصمود في وجه الجيش الفرنسي. كانت الانتصارات التي أحرزها عبد القادر من حين إلى آخر في ساحات المعارك، سواء أمام القبائل المعارضة له، أو أمام الفرنسيين، مثيرة للإعجاب. ولكن عبد القادر كان يعرف محدودية قوته، وقد كتب في إحدى رسائله الأولى الموجهة إلى ديميشال أنه لا ينبغي عليه إبداء الإعجاب المفرط بالانتصارات التي أحرزت حينها في ساحة المعركة، لأن الإسلام والعرب أثبتوا عبر التاريخ مدى تصميمهم وقد ظفروا بانتصارات مجيدة.[375] يجب التأكيد هنا على أن عبد القادر كان واسع المعرفة في مجال الفقه الإسلامي وأصول الشريعة، ولذلك حرص على الحصول على فتوى شرعية لعملياته، وعندما وقع على اتفاقيات السلام مع الفرنسيين، أدار مفاوضات طويلة الأمد وحرص على أن تصاغ الاتفاقيات بما يتلاءم مع النصوص الشرعية.

اشتملت اتفاقية السلام التي وقعت في تاريخ 26 شباط 1834 على جزءين: الأول علني والآخر سرّي ، وهو الذي تضمن شروط عبد القادر. كما كان للاتفاقية نصان: الأول باللغة العربية، والثاني باللغة الفرنسية، ولم يكن بين النصين تجانس تام، مما أتاح لكلا الموقعين عليها عرض إنجازاتهما والتباهي بها، كل في حلبته الخاصه. بما أن المفاوضات جرت باللغة العربية (بمساعدة مترجم إلى الفرنسية) فانه يتحتم علينا عند تناول تحليل الوثيقة من وجهة النظر الإسلامية أن نفضل النص العربي.[376]

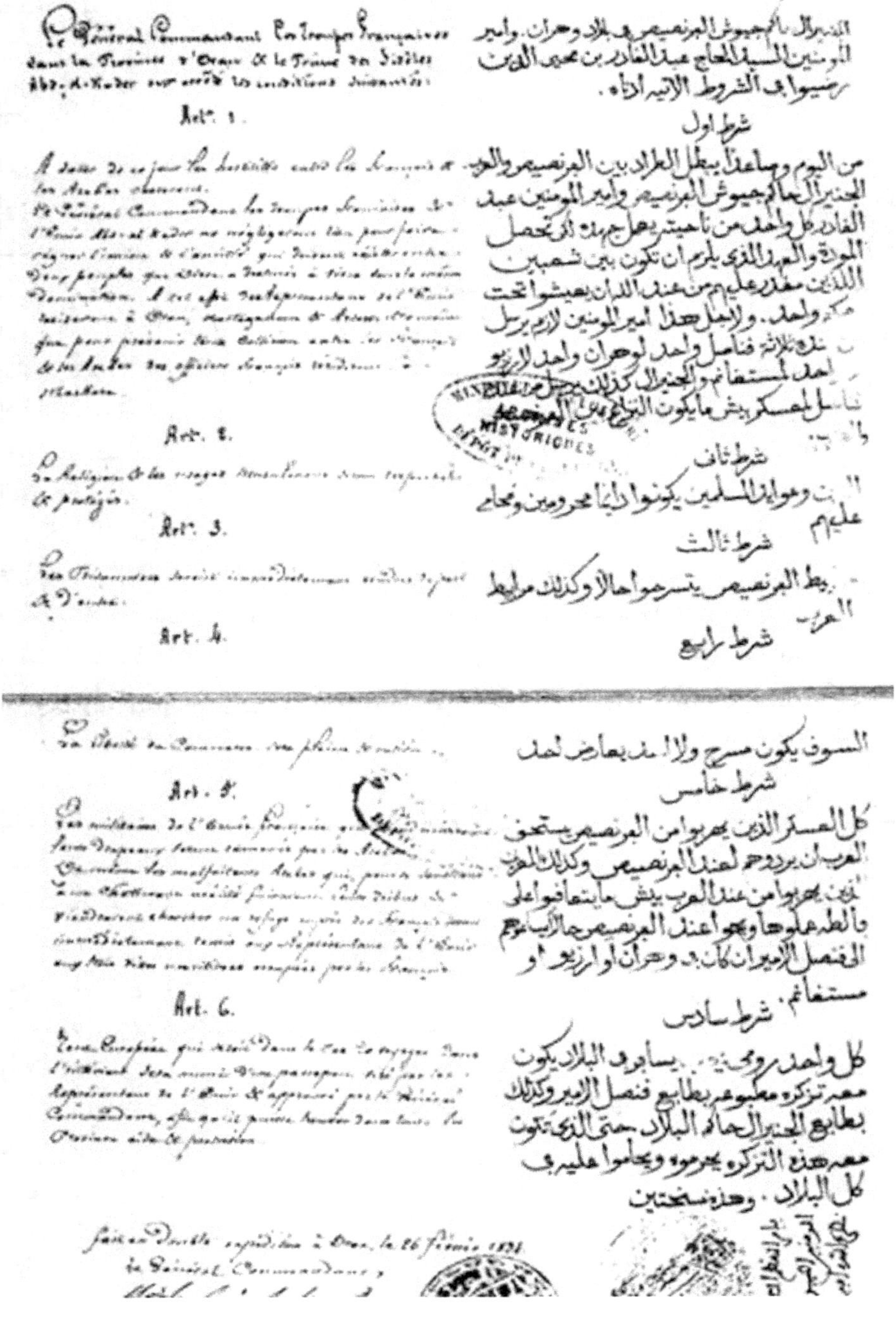

Le Général Commandant les troupes françaises dans la Province d'Oran et le Prince des fidèles Abd-el-Kader ont arrêté les conditions suivantes:

Art. 1.

[illegible]

Art. 2.

[illegible]

Art. 3.

[illegible]

Art. 4.

[illegible]

Art. 5.

[illegible]

Art. 6.

[illegible]

fait en double expédition à Oran, le 26 février 1834

Le Général Commandant,

الجنرال بالجيوش الفرنصيص في بلاد وهران. وامير المومنين السيد الحاج عبد القادر بن محي الدين رضيوا في الشروط الاتيه اداه.

شرط اول

من اليوم وصاعدا يبطل القتال بين الفرنصيص والعرب. الجنير الحاكم بجيوش الفرنصيص وامير المومنين عبد القادر كل واحد من ناحيته عمل جهده ان تحصل المودة والمحبة الذي يلزم ان تكون بين شعبين اللذين مقدر عليهم من عند الله ان يعيشوا تحت حكم واحد. ولاجل هذا امير المومنين لازم يرسل ثلاثة قناصل واحد لوهران واحد لارزيو واحد لمستغانم والجنرال كذلك يرسل قنصل للمعسكر بش ما يكون النزاع بين الفرنصيص والعرب.

شرط ثاني

الدين وعوائد المسلمين يكونوا دايما محرومين ومحامي عليهم

شرط ثالث

ربط الفرنصيص يتسرحوا حالا وكذلك مرابط العرب

شرط رابع

السوق يكون مسرح ولا احد يعارض احد

شرط خامس

كل العسكر الذين يهربوا من الفرنصيص يستحق العرب ان يردوهم لعند الفرنصيص وكذلك العرب الذين يهربوا من عند العرب بش ما يستاهلوا على بالطه علوها ويجوا عند الفرنصيص حالا يبعثوهم للقنصل الامير ان كان في وهران او ارزيو او مستغانم.

شرط سادس

كل واحد رومي ومحتاج يسافر في البلاد يكون معه تزكره مطبوعه بطابع قنصل الامير وكذلك بطابع الجنير الحاكم البلاد حتى الذي تكون معه هذه التزكره يحترموه ويحاموا عليه في كل البلاد. وهذه نسختين

في حين يعرض الجنرال الفرنسي ديميشال الاتفاق على أن فيه إخضاعا لمنطقة وهران لسلطة فرنسا، عرض النص العربي صورة أكثر تعقيدا، إذ حظي عبد القادر باعتراف فرنسا بإمارتة على هذه المنطقة الجزائرية عدا ثلاث مدن ساحلية ظلت تحت سيطرة الجيش الفرنسي (وهران ومستغانم وأرزيو). وقد تم التعبير عن هذا الاعتراف بأن أطلق على عبد القادر لقب "أمير المؤمنين"، وهو لقب له دلالة دينية سياسية تعني الزعيم الأعلى للمسلمين. تبادل الطرفان القناصل فيما بينهما وتقرر أن كل أوروبي يرغب في السفر إلى الأقاليم داخل البلاد، والواقعة خارج المدن الساحلية الثلاث الخاضعة لسيطرة الفرنسيين، سيحصل على جواز سفر موقع من ممثلي الأمير ومصادق عليه من القائد العام، حتى يجد المساعدة والحماية في كامل الإقليم. تتلاءم هذه الإضافة مع العقيدة الإسلامية الكامنة في منظومة *الأمان*- وهذا يعني الترتيب الإسلامي الذي جاء أصلا لإتاحة دخول التجار والناس غير المسلمين إلى المناطق الإسلامية وهم يحملون عقد أمان خاصا منحهم إياه الحاكم المسلم. أما الشرط الآخر فقد توافق مع العقيدة الإسلامية بشأن العلاقات مع غير المسلمين، وهو يؤكد أنه لا يجوز للفرنسيين منع أهل المنطقة المحتلة (المسلمين) من مغادرة منطقتهم بحرية والانتقال إلى المناطق الإسلامية التي أطلق عليها في النص العربي للاتفاق اسم "*دار الإسلام*". بالإضافة إلى ذلك، فإن كل مسلم يفر من المنطقة الإسلامية التابعة لعبد القادر إلى المنطقة الواقعة تحت السيطرة الفرنسية يجب على الفرنسيين تسليمه إلى عبد القادر.[378] وفيما بعد نص أحد بنود الاتفاق على أن لعبد القادر احتكار التصدير من ميناء أزيو الذي يحتله الفرنسيون، بالإضافة إلى حصوله على دخل محترم. لقد اكتسب عبد القادر بواسطة هذا الاتفاق إمكانية تقييد التجارة مع المدن الأخرى التي يسيطر عليها الفرنسيون. ولم يكن صدفة أن قام الجنرال ديميشال بإخفاء الجزء السري من الاتفاقية عن النظام الفرنسي، مما أدى إلى انهيار اتفاقية السلام فيما بعد. تقرر في الجزء السري من الاتفاق أن يُسمح لعبد القادر الحصول على السلاح والذخيرة. وذكر فيه أن على الفرنسيين أن يعيدوا لعبد القادر أي شخص من معسكره وأن يسمح للمسلمين مغادرة الإقليم الذي يحتله الفرنسيون والانضمام إلى "*دار الإسلام*" (ما معناه المنطقة الخاضعة لسيطرة عبد القادر).[379]

الحمد لله وحده وصلى الله على سيدنا ومولانا محمد وآله

شروط طالبي نبوذ الصلح أمر

الأول تسريح آلة الحرب من السلاح والبارود
وغيرها الكبريت وغيره
الشرط الثاني

أن البيع الرابع للمرسى على وأمير المومنين
كعهد الملوك السالفة في سائر الأمور من
أن الوسق لايكون الأمن زيو وأما مستغانم
ووهران بلا ينذخل الاميكو أهلها ولا
يقدر أحد منهما ل من أراد الوسق
يذهب للمرسى بعو مركبه
الشرط الثالث

أن الجنيرال يرد من حرب منا اليه مكبلا
ولا يغفل طلب البال عنده
الشرط الرابع

أن لا يمنع أحد المسلمين من الخروج
لدار الإسلام حيث أراد من وهران
ومستغانم

---

ici dans le cachet d'abd el kader

Louanges à Dieu seul, il n'y a de victoire Seigneur
Mohhamed sans orgueil.

Mes Conditions pour la paix —

Article 1er.

liberté d'immolation de guerre : la
poudre les armes le soufre etc.

article 2.

toutes les ventes qui se feront dans le
port d'arzew comme toutes les affaires
se feront sous les ordres de l'émir des
Croyants suivant l'usage de l'ancienne
Régence en ce que les exportations ne se
feront que du port d'arzew mais à
Oran et à Mostaganem il n'arrivera
que pour les besoins des habitants
et personne ne commercera dans ces deux
villes pour l'exportation . il pourra
nous charger ses bâtiments passer par
arzew .

Article 3.

que le Général nous rende arrêtés tous
les Déserteurs arabes et ne recevra pas
les malfaiteurs chez lui .

Article 4.

que les musulmans auront liberté
entière de quitter d'Oran et de Mostaganem
pour se retirer chez eux .

ici le cachet après le Général
Desmichels mais dans sa signature il
n'y a point de date de lieu ni d'étranger
mais d'après les déclarations d'une
personne qui ont concouru à cet acte
il aurait été apporté au Gal Desmichels
par ben araich et le Général lui
aurait rendu après y avoir fait
apposer en sa présence son cachet
arabe par M. Brehmichia son premier
interprète . c'était quelques jours seulement
après la signature du traité c.à.d
dans les premiers jours de février ...

Copie exacte du traité qui a été
apporté au Gal Desmichels à la fin
de février 1834. par Ben barrach
(Miloud) et sur lequel le Gal a fait
apposer son cachet arabe.

Traité reproduit au Gal Trezel
le 20 février 1835 par ... Miloud
Ben barrach envoyé par Abd el Kader
reçu ... par l'interprète Bremecha
et traduit ... cet interprète ...
oukil doit venir à Alger ...
traité d'equilibre .

... oran 20 février 1835. Gal Trezel

تقرر في الاتفاق أن الحرب بين الفرنسيين والعرب ستتوقف، ولم يقَيَّد ذلك بحدود زمنية. من هذه الناحية نتحدث هنا عن معاهدة *صلح*- سلام- وليس عن *هدنة* مؤقته. وقد التزم الطرفان في البند الأول من الاتفاقية العلنية بأنهما ***"لن يدخرا وسعا في الحفاظ على ذلك الاتحاد والصداقة التي يجب أن تكون بين شعبين حكم عليهما القدر (الله) أن يعيشا تحت نفس السلطة"***. أعتقد أن هذا النص نص غير عادي، لأن فيه موافقة من جانب مسلم على سيادة مشتركة على الجزائر وتقاسما للسلطة، كما حصل فعلا، ويعتبر هذا انحرافا كبيرا عن العقيدة الشرعية. من الجدير ذكره أن النص الذي أورده ابنه محمد في كتابه، تضمن عبارة معاكسة: "*بين شعبين لم يرد لهما القدر (الله) أن يعيشا تحت نفس السلطة*".[381] ليس هذا هو الفرق الوحيد بين النصين الأصليين اللذين وقعهما عبد القادر مع الفرنسيين، وبين النصوص التي وردت في كتاب ابنه محمد. ربما كان الكتاب يعرض مسودة معينة وليس الاتفاق النهائي. والإمكانية الثانية، التي تبدو معقولة أكثر، هي أن يكون عبد القادر وابنه قد اهتما بنشر النص الذي يخفي عن شعبهما التنازلات والتسويات بعيدة المدى التي قدمها عبد القادر من منظور قواعد الشريعة الإسلامية.

نص البند الثاني من الاتفاية على *"أن دين وعادات العرب ستكون محل احترام"*. وهنا أيضا[382] اعترف عبد القادر بالسلطة الأجنبية (الفرنسية المسيحية التي تحتل أرضا إسلامية ومن فيها من أهلها المسلمين) على المجتمع المسلم، إذ لا حاجة لضمان وحماية حق حرية العبادة للمسلمين إذا كان للحاكم المسلم سلطة مطلقة في المنطقة. كتب محمد بن عبد القادر أنه تمت صياغة النص عمدا بشكل يبقي لكلا الطرفين مجالا لنقضه إذا ما رغب في ذلك.[383] من المهم أن نذكر أن عبد القدر (على عكس الجنرال الفرنسي ديميشال) نشر على الملأ الاتفاق السري، وفسره وعرضه كتعبيرعن اعتراف فرنسي بسلطته (الإسلامية). ولكن إلى جانب ذلك، لم يعد عبد القادر يعتبر، في نظر معارضيه من الداخل، زعيما للجهاد، كما كان قبل التوقيع على الاتفاق، بل أصبح عميلا للنصارى.[384] لكن عبد القادر تمكن من القضاء على أعدائه فتحول خلال فترة قصيرة إلى زعيم محلي مقبول يبسط نفوذه على نحو ثلث مساحة الجزائر، واعتبر رمزا وقائدا لمناهضة الاحتلال الفرنسي.

كان الاتفاق بين الجنرال ديميشال وعبد القادر نافعا للطرفين: للفرنسيين الذين ظلوا يحتلون المدن الساحلية دون تعريض أنفسهم للمقاومة من السكان المحليين، ولعبد القادر الذي حصل من الفرنسيين على مدخولات (وعلى أسلحة وذخائر أحيانا) تساعده على تحصين سلطته داخل البلاد وتوسيعها. بعد أن استبدل الجنرال ديميشال في شهر شباط عام 1835، انهارت اتفاقية السلام لعدة أسباب منها التفسيرات المختلفة للنصين الفرنسي والعربي. هكذا عاد عبد القادر إلى سبيل *الجهاد*، وألقى الخطب في المساجد يتهم فيها "الكفار" بخيانة الأمانة والثقة التي منحهم إياها، وبنقض الاتفاق الذي وقعوا عليه.[385] استمر عبد القادر، خلال سنوات القتال (1835-1837)، في تبادل التجارة مع الفرنسيين رغم كونهم أعداء، ولكنه فرض، في ذات الوقت، عقوبات على القبائل التي أجرت اتصالات

مباشرة مع الفرنسيين. ولكي يتمكن من معاقبتهم احتاج إلى فتوى تصدر عن فقهاء بارزين، ولهذا الغرض توجه إلى سلاطين المغرب ومصر وطلب منهم استصدار فتوى له عن طريق كبار الفقهاء عندهم.

في شهر آذار من عام 1837 أرسل عبد القادر رسولا يحمل هدية ثمينة إلى عبد الرحمن، سلطان المغرب، وطلب منه فتوى باسم علماء الدين في فاس حول أسئلة (استفتاء) وجهها إليهم وصف فيها حالة صعبة هذا نصها: يحاول الكفار السيطرة على المسلمين وإحكام سلطتهم عليهم، وفي هذه الساعة العصيبة هنالك مسلمون يتعاونون مع العدو ويرفضون أداء الفرائض الملقاة عليهم. ولذلك نوجه الأسئلة التالية: *1. كيف يجب التعامل مع العرب الذين يتعاونون مع الفرنسيين بشكل عملي؟* *2. كيف يجب التعامل مع العرب الذين لا يلبون نداء الحاكم [عبد القادر] للمشاركة في الجهاد؟* *3. كيف يجب التعامل مع الذين يرفضون دفع كامل مستحقات ضريبة الزكاة؟* *4. بما أن الضريبة لا تكفي لتمويل احتياجات الجيش، هل علينا أن نفكك الجيش، أم إنه يجب أن نفرض نفقات هذا التمويل على المجتمع الإسلامي، وإذا كان الجواب نعم فمن هو الذي يجب أن يتحمل العبء؟ كل أفراد المجتمع أم الأغنياء من بينهم فقط؟ وإذا كان الجواب نعم، فهل يعتبر رافضو الدفع مخالفين للأحكام؟*

يُستدل من نص الأسئلة أن عبد القادر يعتبر نفسه حاكم البلاد الإسلامية الذي يقود عملية جهاد ضد الكفار، ولم يكن للاتفاقيات السابقة التي أبرمها مع الفرنسيين، أو للعلاقات التجارية التي واصل إقامتها معهم، أي تأثير كما لم تمس بتوجهه هذا. هذا ما كانت عليه الصورة التي تمتع بها في أوساط معظم المسلمين في الجزائر والمغرب العربي بشكل عام. أثناء أشهر الحرب توجه عبد القادر خطيا إلى القنصلين البريطاني والأمريكي في المغرب طالبا مساعدة عسكرية في حربه ضد الفرنسيين.[386] كتب في رسائله أن الفرنسيين خانوه ونقضوا معاهدة السلام (*الصلح والمهادنة*) التي وقعوها معه. يتضح مما ورد أن عبد القادر ينظر إلى الاتفاق مع ديميشال الفرنسي كاتفاق دائم وليس كهدنة مؤقتة. من الجدير ذكره أن محمدا بن عبد القادر تطرق إلى المفاوضات التي أجراها والده مع الفرنسيين، وإلى نصوص الاتفاقيات التي وقعوها وذكرها بعبارات صلح وهدنة على التوالي بدون التمييز بينها.[387]

رسالة عبد القادر إلى ملك إنجلترا وليام الرابع (1836)[388]

Abd al-Qadir to King William IV,
received in Tangier 11 January 1836 (F.O. 52/40)

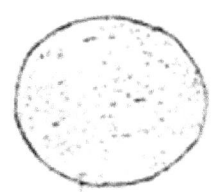

صورة من رسالة الامير عبد القادر الى ملك انكلترا ويليام الرابع
(ملحق 2)

رسالة من الامير عبد القادر الى ملك انكلترا

الحمد للـه وحده

صلى اللـه على سيدنا ومولانا محمد وآله

من أمير المؤمنين بالنواحي الوهرانية والجزائرية وما والاها الى طاعة تونس مولانا السيد الحاج عبد القادر بن مولانا السيد الحاج محي الدين نصره الله آمين الى عظيم الجيوش الانجليزية ربهم الاكبر ، ورئيس ملوكهم الافخر ، السلام على من اتبع رضى الحق (أو الحي ؟) وبعد :

فانا كنا تعاقدنا مع كبير الفرنصيص على الصلح والمهادنة وتعاهدنا بمواثيق على شروط اشترطناها وقبلوها وأمور اشترطوها فقبلناها وحصلت (كذا) أمن الطرق والاسواق بيننا وبينهم حتى صار الواحد منهم يمشي في طاعتنا بالليل (كذا) والنهار ولا يخشى بأسا ، وتآلفنا في قضاء المصالح منا ومنهم . وبقينا على ذلك مدة من عام . ثم شرعوا في الخداع والغدر ونقض العهد مرة بعد مرة ، ونحن واقفون عند الكلمة ما قدرنا نجتازها ونخلف عقودنا ، الى أن جمعوا جيوشهم وقوة حربهم وقونصهم عندنا ووكيلنا عندهم وجيوشنا متفرقة فقطع من بلادنا ثلاثة مراحل ولاقيناه بما حضر من الجيش فنصرنا الله عليه . وكان من أمره ما بلغكم .

واليوم تحققنا من أخبار الذين خالطوكم انكم أهل ميثاق وكلمة وافية وانكم من بيوت الملوك فان أردتم المصلحة العامة وتكون لكم المودة زيادة على الفرنصيص تتفق على التسوق في أي مرسى أردتم من مراسي الجزائر الى طاعة مولانا أمير المؤمنين عبد الرحمن عزه (كذا) الله ، وانا ملتزمون لك من جانب البر بما تريدونه لأنا لم نسمع عنكم خدعة ، ونرجو (كذا) أن تكون لك مزية فينا ورفعة على سائر الجنوس . وترد الجواب لقونصك وهو يبعثه لنا . وفي جمادي الاولى من 1251 (كلمات غير مقروءة) نصر الله آمين .

في أعقاب عدة هزائم في ساحة القتال، أرسلت الحكومة الفرنسية في شهر أيار من سنة 1836 إحدى الشخصيات العسكرية الفذة– الجنرال بيجو (Bugeaud) لكي يحسم المعركة. في الكتاب الذي ألفه محمد ابن عبد القادر اقتبس من رسالة كان أرسل بها الجنرال بيجو إلى والده يهدده فيها بأنه إذا لم يتم التوصل إلى اتفاقية سلام (صلح) معه فسوف يشن الفرنسيون ضده حربا شاملة ومؤلمة. وكانت إجابة عبد القادر بأنه غير معني بالمزيد من سفك الدماء الذي لا تبرره الشريعة وأن وجهته هي إلى السلام. كانت قوة الأمير العسكرية هي الأضعف، وانعكس هذا أيضا في المراسلات التي تبادلها الطرفان وفصلا فيها شروط الاتفاق. اتضح لعبد القادر أن عليه تقديم تنازلات مؤلمة، ولذلك بادر إلى الدعوة إلى اجتماع مجلس علماء المسلمين والوجهاء في الإقليم الجزائري الذي كان تحت سيطرته، بغرض الحصول على دعمهم لتحركاته من أجل السلام. يقول ابنه محمد إن المجلس المذكور مال إلى رفض اقتراح السلام الذي عرضه عليهم الأمير. وحينها جاء خطاب علي أبو طالب، عمّ الأمير المسن، ليرجح الكفة لصالح إبرام اتفاقية السلام. ومن بين ما قاله أبو طالب للمجتمعين ما يلي:

"لا ضير بما أتى يستشيركم فيه فضيلة الأمير [اتفاقية السلام] فهو يود الاستعانة بتجربتكم الطويلة، إذ إننا بصدد قضية [الحكام المسلمين] وقد اتبعه السالفون [في التاريخ] وكذلك الملوك. هكذا [يعني: الزم عقد الصلح] أفتي في أحكام الشريعة التي أصدرها فقهاء الإسلام، هذا هو رأي علماء الدين... كف سفك دماء المسلمين هو واجب[الحاكم]، حتى وإن كان ذلك أثناء الجهاد. فقد قيل: 'انقاذ نفس مسلمة واحدة خير من احتلال قلعة كافر عنيد' ... لذا فكيف تقولون بأن رفض الصلح خير من قبوله؟" [389]

ج. الاتفاق الثاني – معاهدة تافنة

في أعقاب عملية تفاوضية، أبرمت في تاريخ الـ 30 من أيار عام 1837 معاهدة سلام ثانية بين عبد القادر والفرنسيين. عرفت هذه المعاهدة باسم (معاهدة تافنة)، وهي أيضا حررت بلغتين، العربية والفرنسية، وألحقت بها التزامات سرية من الفرنسيين تجاه عبد القادر (وقد أخفاها الفرنسيون وأنكروا وجودها). [390] اعترف عبد القادر في هذه المعاهدة بشكل صريح بسلطة فرنسا في إفريقيا، إلا أن النص العربي تضمن كلمة "يعرف" (البند 1 بالعربية: الأمير عبد القادر يعرف حكم سلطة الفرنسيين في إفريقيا) وهي أخف وقعا في معناها من كلمة "يعترف" (reconnaît) التي تضمنها النص الفرنسي. ولكن المثير للاهتمام هو النص المقتبس في كتاب محمد بن عبد القادر: "يعترف الأمير بسلطة فرنسا في مدينتي الجزائر ووهران". [391] وذلك يعني، "يعترف" بسلطتهم، ولكن في المدينتين فقط وليس

في "إفريقيا"، كما ذكر في النص الرسمي. أشير إلى عبد القادر في معاهدة تافنة بصفته "أميرا" فقط، مقابل لقب "أمير المؤمنين" (بما معناه، الزعيم الإسلامي في الجزائر) وهو اللقب الذي أشير إليه به في الاتفاق الأول. كما فقد عبد القادر صلته بالمسلمين في الإقليم الواقع تحت سيطرة الفرنسيين، وذكر هذا الموضوع بصورة صريحة وقاطعة في الاتفاق، ومنع من تمكين المسلمين من القاطنين في الإقليم الذي يسيطر عليه من الاستيطان في الإقليم الواقع تحت السيطرة الفرنسية. تمثل الدليل الآخر على اعترافه بسلطة الفرنسيين في الإقليم الذي يسيطرون عليه، في بند الاتفاق الذي تطرق إلى المسلمين ممن بقوا في المنطقة الفرنسية. هذا ما فتح المجال أمام توجه حديث لما يسمى اليوم بـ "فقه الأقليات"، والذي يستطيع المسلمون بموجبه أن يعيشوا في منطقة غير إسلامية طالما لم يمنعهم أحد من القيام بشعائر دينهم. تقرر في الاتفاق أن باستطاعة المسلمين الساكنين في الأراضي الفرنسية أن يمارسوا ديانتهم بحرية تامة، ولهم أن يبنوا مساجد جديدة بحسب مذهبهم الديني، بحيث يخضعون لأحكام الشريعة تحت رئاسة علماء دينهم الإسلامي وحكم القاضي الخاص، بهم الذي لقب بـ "كبير الإسلام"، وفي النهاية ألزم عبد القادر بتزويد الفرنسيين بالحنطة وقطعان الأغنام والأبقار ، كما التزم بأن لا يشتري من فرنسا إلا البارود والكبريت وما يحتاجه من الأسلحة. تقرر في بند آخر من الاتفاقية أن عبد القادر لا يستطيع أن يمنع الفرنسيين من الاستيطان في المناطق التابعة لسلطته، ومن شراء الأراضي وبناء البيوت. وقد طولب بتصدير البضائع عن طريق الموانئ التي تسيطر عليها فرنسا فقط، كما مُنع من فتح أي ميناء بحري أمام دولة عظمى أجنبية. وتقرر أيضا أن حركة التجارة ستكون حرة تماما في كل المناطق التي يسيطر عليها الطرفان. وحصل عبد القادر مقابل ذلك على موافقة سرية على إخضاع قبائل دوائر وزمالة وحصل على ما يلزم لهذا الغرض من السلاح والذخيرة من الفرنسيين، واعترف بسلطته ("مدير"، وفقا للنص الفرنسي) على ثلثي مساحة الجزائر- ضعف المساحة التي منحه إياها الاتفاق السابق. فضل عبد القادر المصالح العملية، كالمساعدة في بسط سلطته على مساحة أكبر، على رموز السيادة الأجنبية التي كان بإمكانه إخفاؤها عن طريق عدم نشر الاتفاق.[392] ادعى أمام أبناء شعبه أن نقل الحنطة وقطعان الغنم والبقر كان ثمنا مقابل السيطرة التي حصل عليها على مدينة تلمسان. أما حظر التصدير عبر الموانئ التي ليست تحت السيطرة الفرنسية، فكان بإمكانه الالتفاف عليه بسهولة. كما إن البند الذي سمح بموجبه للفرنسيين بالاستيطان في مناطق نفوذه، ظل بندا على المستوى النظري فقط. لقد استقبلت الغالبية العظمى من أهل منطقة وهران معاهدة تافنه بحفاوة وترحيب، لأن أكثر ما كان يهمهم هو ألا يصيب مزروعاتهم سوء.[393]

معاهدة تافنة[394]

الميتنان جنيرال بجو حاكم جيوش الفرنصيص في وطن بلاد وهران والامير عبد القادر اتفقوا بينهم
على الشروط الاتية بعده

شرط اول

الامير عبد القادر يعرف حكم سلطنة فرانسا في افريقية .

شرط ثاني

فرانسا تحفظ لنفسها في وطن بلاد وهران مستغانم ومزغران وساير اراضيها ووهران وارزيو وايضا الحدود التي نذكرها بعده شرقا المقطع من عند المرجه من اين يخرج الواد وقبلة من المرجه المذكورة اعمل خط مساوي قبلة السبخة على نيشان سيدي سعيد لحد واد المالح واهبط مع الواد المذكور لحد البحر بنوع ان هذه المذكورة اعلاه جميعها تكون في يد الفرنصيص

وفي وطن بلاد الجزاير الجزاير والساحل والوطى متاع متيجه من جيهة الشرق لحد واد خضرة الى قدام وقبلة لحد راس اول جبل حتى واد شفه وداخل في ذلك البليدة وساير نواحيها وغربا من شفه لحد عكس واد مزفران ومن هناك خط مساوي لحد البحر ومتضمن في هذا الحد القليعه وكامل نواحيها بنوع ان جميع هذه الحدود المذكورة تكون في يد الفرنصيص

شرط ثالث

الامير يحكم في وطن بلاد وهران والمدية ونصيب من عمالة الجزاير التي ما دخلت في حدودنا وغيرنا الحدود المذكورة في الشرط الثاني وما يقدر يحكم غير في الحدود المذكورة اعلاه .

شرط رابع

الامير ما يقدر يحكم على المسلمين الذين يحبون يسكنوا في الحدود الذين بيد الفرنصيص وهم مخيرين ان يمشوا يعيشوا في بلاد حكم الامير كما ان السكان في بلاد الامير يقدروا من غير مانع يمنعهم ان يجيوا يسكنوا في بلاد حدود الفرنصيص

شرط خامس

العرب السكان في بلاد الفرنصيص يتبعوا دينهم بكل حرية ويقدروا يبنوا جوامع ويسلكوا بموجب شريعة دينهم على يد قاضيهم كبير الاسلام

شرط سادس

الامير يعطي لجيش الفرنصيص ثلاثين الف ربعي وهراني قمح وثلاثين الف ربعي وهراني شعير وخمسة الاف بقرة وهذا الدفع متاع الحب والبقر يكون لوهران كل ثلث واحد فاول ثلث يكون بعد ثلاثة اشهر من التاريخ بمدة خمسة عشر يوم والثلثين الاخرين شهرين بعد شهرين اعني في كل شهرين ثلث .

شرط سابع

الامير يشترى من فرانسا البارود والكبريت والسلاح الذى يستحق

شرط ثامن

الكرغلان الذين يحبون يقعدوا في تلمسان او في موضع اخر يتصرفوا بكل حرية باملاكهم ويعاملهم مثلما يعامل الحضر والذين يحبون يجوا لبلاد الفرنصيص يقدروا من غير معارض لهم ان يبيعوا او يكروا املاكهم

شرط تاسع

فرانسا تسلم الى الامير رشقون وتلمسان والمشور والمدافع السابقين في المشور والامير يلزم نفسه ان يرفد ويوصل لوهران كامل القش والعوين والبارود والسلاح متاع عسكر الفرنصيص الذى بتلمسان

شرط عاشر

السبب والتجر يكونوا مسرحين بكل حرية بين العرب والفرنصيص ويقدروا يمشوا من حدود الى حدود في البلاد ويتسببوا ويتاجروا

شرط حادى عشر

الفرنصيص يكونوا محرومين موقرين عند العرب كما العرب عند الفرنصيص بالاملاك والبلاد الذين اشتروهم الفرنصيص والذين يشتروهم في بلاد حدود الامير يتصرفوا بهم بكل حرية وضمان والامير يلزم نفسه ان يخلص بزيادة كلما يفسده العرب في هذا الاملاك

شرط ثانى عشر

المذنبين اعنى القتلة وقاطع الطرق والذين يحرقون الاملاك او غيره يردون من الجهتين

شرط ثلث عشر

الامير يلزم نفسه ان لا يسلم شي من مراسى البلاد لجنس من الجنوس الا باذن فرانسا

شرط رابع عشر

السبب والتجر في اقاليم الجزاير ووهران ما يكون غير في المراسى الذين بيد الفرنصيص

شرط خامس عشر

فرانسا تقدر تصنع عند الامير وكيلا وكذلك في البلاد الذى في حكمه لان يكونوا واسطه بين رعية الفرنصيص لاجل النزاع متاع التجارة او غير ذلك الذى يمكن ان يكون مع العرب والامير يقدر يصنع كذلك في البلاد ومراسى الفرنصيص

كتب برشقون بـ ٢٦ صفر عام ١٢٥٣

بعد مرور شهر واحد على توقيع معاهدة تافنة، وصلت الفتوى التي أصدرها علماء الشريعة في فاس ردا على الأسئلة التي وجهها إليهم عبد القادر حين كان ما زال في ذروة مسيرته الجهادية. وصلت الإجابة ترافقها رسالة من سلطان المغرب يطلب فيها من عبد القادر العودة إلى حالة الجهاد. لا شك في أن المغرب خشيت من توسع الفرنسيين إلى مناطقها أيضا، ولذلك كانت لها مصلحة في أن يقوم عبد القادر باستنزاف الفرنسيين وإشغالهم في القتال على أرض الجزائر. منحته الفتوى الشرعية الحق بمحاربة المسلمين الذين لا ينصاعون لأوامره ويرفضون التجند للجهاد أو دفع ضريبة *الزكاة*. وأقرت أن على المسلمين واجب دفع ضريبة إضافية (باسم *معونة*، وهي ليست مذكورة في القرآن) لدعم الجيش. كما تقرر أن من واجب المسلمين الذين احتلت الكفار أرضهم، أن يهاجروا من هناك وأن ينتقلوا إلى منطقة إسلامية.[395] بدون السؤال عن مسألة إمكانية عقد السلام مع الفرنسيين، كتب كبير العلماء في المغرب- أبو الحسن علي (الملقب بمديدس) التسولي[396] رأيه في الموضوع. أمامنا نصان مثيران للاهتمام للفتوى التي أصدرها في هذا الموضوع. لقد جمعت أربع نسخ مختلفة من تونس والمغرب من أجل رسالة الدكتوراة التي كان يعدها عبد اللطيف صالح، ووجد بين جميعها تطابقا في قضية التأكيد على وجوب الجهاد، ومجمل ما ذكر فيها عن إمكانية السلام\ الصلح هو ما يلي: "لا يجوز عقد الصلح أو الهدنة إلا حين يكونون هم *[الكفار] مطلوبين في أرضهم، لأنه حينها من الواضح أن للمسلمين الغلبة، في هذه الحالة نكون نحن من نمنحهم [معروفا] عقد الصلح، وليس هم [يقدمون لنا معروفا]... إذا قام العدو بغزو بلاد الإسلام... يصبح واجب الجهاد فرض عين على كل أهل البلاد ...*". ويحذر التسولي لاحقا فيقول إن عقد معاهدة صلح في مثل هذه الظروف قد يلحق بهم ما لحق بوجود المسلمين في إسبانيا، وهذا يعني أنه: بعد عقد معاهدات السلام مع الأطراف المحلية من النصارى، تعززت قوتهم وطردوا من هناك الحكم الإسلامي ومعه المسلمين على حد سواء. ومع ذلك يقتبس التسولي في مطلع حكمه الشرعي من أقوال فقيه من المذهب المالكي ما كتبه عن أنه "*لا يجوز لولي أمر المسلمين ترك[الجهاد]، إلا إذا كانت لذلك مبررات ضرورة*".[397]

مقابل هذا النص يقدم محمد الجزائري، ابن عبد القادر، نصا آخر. من الملفت أن عبد اللطيف صالح، الذي كانت نصوص الفتاوى في صلب بحثه في دراستة للدكتوراة، يستخدم كتاب الجزائري أيضا ولكن الدكتور صالح لا يذكر إطلاقا النص المختلف الذي يضيف إمكانية التوقيع على معاهدة عند الحاجة والضرورة وصلاحية الحاكم بشأن تقدير الموقف واتخاذ القرار بما يتوافق مع الظروف:

> *"يجوز عقد الصلح مع العدو إذا كان المسلمون بحاجة إليه وهم من طلب ذلك، لأن الجهاد هو فرض على الحاكم (فرض كفاية)، لكن لا يجوز الموافقة على الصلح إذا طلب العدو ذلك*[398]، ***لأنه في هذه الحالة يصبح الجهاد فرض عين على كل مسلم ومسلمة، إلا إذا***

كانت لذلك ضرورة داعية تلزم به، وذلك كي يتاح للمسلمين أن يبقوا ويعيشوا في بلادهم- حينها [معاهدة الصلح] جائزة. لتحديد الضرورة شروط [فصلتها الشريعة] ومن خبر الوضع يرى الأمور بشكل يختلف عن الغير موجود [في الميدان]". [399]

كان لابن عبد القادر دافع واضح لعرض الفتوى على أنها تدعم الاتفاقيات التي وقعها والده مع الفرنسيين. ولكن يبدو أنه كانت للدكتور صالح أيضا أسباب تدعوه إلى تمجيد وإعلاء شأن التسولي، موضوع دراسته لرسالة الدكتوراة، كصاحب آديولوجية جهادية. الأحكام الشرعية التي قُدمت في كلا النصين تتناقض مع آية السلام في القرآن، لكنها تتوافق مع المبدأ الشرعي الذي يقضي بأن على المسلمين مواصلة الجهاد إذا كان بمستطاعهم هزم العدو. الفرضية هي أنه إذا طلب العدو نفسه السلام فهذه علامة على أنه في حالة ضعف، وبكلمات أخرى: تقرر عمليا أن عبد القادر يلعب دور الإمام- المرشد الأعلى لرعيته في الجزائر- صاحب السلطة المستمدة من الشريعة والقائد العسكري، وأنه المخول بمنع الحرب أو التوقيع على معاهدة صلح مع الفرنسيين حسب تقديره للأوضاع العسكرية. إذا كان من شأن الضعف العسكري عند المسلمين أن يؤدي إلى طرد المسلمين من بلادهم فإن هناك مبررا شرعيا للتوقيع على معاهدة سلام. بالنسبة للوضع العسكري، كان عبد القادر معنيا بعقد الاتفاق ليس أقل من الفرنسيين، وبناء عليه فإن حقيقة كون المبادرة الرسمية للدخول في المفاوضات بشأن معاهدة صلح جاءت من طرفهم، جعلتها لا تتناقض مع الحكم الشرعي الذي حصل عليه.

بمرور الأيام، ولما تبين أن الفرنسيين ماضون في توسعهم داخل الأقاليم الجزائرية، من خلال نقض المعاهدة التي وقعوها مع الأمير، أخذ عبد القادر بالإعداد لاستئناف القتال. وقد كان تغلغل الفرنسيين إلى ما وراء الحدود التي رسمت في معاهدة تافنة، بالنسبة لعبد القادر، علامة واضحة ودليلا على أن الفرنسيين يضمرون النوايا لاحتلال كل الجزائر وعدم الاكتفاء بمدن الساحل فقط (وهذا ما حصل في نهاية الأمر). في منتصف عام 1839 عاد عبد القادر وأعلن الجهاد ضد الفرنسيين، وقد استبق ذلك بإبلاغهم بقراره، وفقا لما تقتضيه الشريعة.[400] استمرت الحرب ثماني سنوات وانتهت في نهاية عام 1847 باستسلام عبد القادر (بعد أن قبض عليه في المغرب ونقل إلى فرنسا) وهكذا مُهد الطريق أمام الفرنسيين للسيطرة على كل الجزائر.

د. المعاني المنبثقة عن المقارنة

يظهر في الاتفاقيات التي وقعها عبد القادر مع الفرنسيين حجم الجهد الذي بذل من أجل تطبيق مكونات الشريعة الإسلامية بأكبر قدر ممكن، وانعكس ذلك في عدة بنود من

الاتفاقيات، من حيث المضمون والمصطلحات الشرعية. تعامل عبد القادر مع مصطلحات *الصلح والهدنة* على أنها سلام ثابت. لم يعد إلى طريق الجهاد إلا عندما أدرك أن الفرنسيين هم الذين يقومون بنقض الاتفاق. بادر قبل استئناف العمليات القتالية إلى إبلاغ الطرف الآخر بإعلان الحرب، وفقا لما تقتضيه الشريعة. أطلق على المنطقة التي كانت تحت سيطرته في الاتفاقيات اسم "*دار الإسلام*". حصل المسلمون الذين اضطروا للمكوث تحت السيطرة النصرانية الفرنسية، في المعاهدة الأولى، على إمكانية الهجرة إلى "*دار الإسلام*". تمتع المسلمون في الاتفاق الثاني بحكم ذاتي ديني بحيث أمكنهم الاحتكام لدى قاض شرعي. تقرر أن غير المسلمين (الفرنسيين) الذين يدخلون إلى المنطقة (الإسلامية) التي يسيطر عليها عبد القادر سيحصلون حسب الاتفاق على مكانة محمية، شبيهة بالترتيب الشرعي- عقد *الأمان*. أما الاتفاقية التبادلية بشأن تسليم الهاربين من كلا الجانبين فتذكر كثيرا بنموذج التسليم التبادلي بين النبي محمد (صلعم) وأهل مكة في صلح الحديبية. وأخيرا، حصلت سياسة الجهاد والسلام التي اتبعها عبد القادر على الشرعية والموافقة من علماء الشريعة في فاس، فقد أقر هؤلاء بحقه في عقد معاهدات الصلح للضرورة التي تفرضها الظروف لإبقاء الحكم الإسلامي والمحافظة على وجوده.

ومع ذلك، دفع عبد القادر ثمنا بالغا مقابل إمكانية العمل على التجنيد الداخلي لأهل الجزائر وإدخالهم تحت كنف قيادته، فقد اعترف بسلطة نصرانية على إقليم إسلامي. من الناحية الأولى حرص على تسمية المنطقة التي يسيطر عليها بـ"*دار الإسلام*"، ولكنه من ناحية أخرى وافق على النص الذي قرر أنه حُكم على الشعبين أن يعيشا تحت سلطة واحدة، لا بل إنه اعترف، في الاتفاق الثاني، بحق الملكية لـ (المحتلين) الفرنسيين وبحقهم في أن يستوطنوا في المناطق التي تعتبر "*دار الإسلام*". كان هذا انحرافا شديدا عن الشريعة، وقد كان من مقتضيات الضرورة بالنسبة لعبد القادر. كانت هذه خطوة عملية هدف من ورائها إلى التمكن من بسط سلطته على معظم الأراضي الجزائرية. أتاح له علماء الشريعة في فاس عقد الصلح مع الفرنسيين (الكفار النصارى) ولكن ليس مع فرنسا نفسها، إنما مع الذين يحتلون الأراضي الإسلامية في الجزائر، وهنا يكمن الانحراف عن الأحكام الشرعية، والذي فسروه وبرروه بمقتضيات الضرورة. مبدأ الضرورة هو القاعدة الأساسية لعقد معاهدة الصلح، حتى وإن كان ذلك مع عدو يحتل أرضا إسلامية، ولهذا المبدأ مرجعية في الشريعة الإسلامية وفي الممارسات التي اعتمدت عليها.

الخلاصة

إن البحث والتمحيص في الفتاوى للتحقق من مسألة ما إذا كان عقد اتفاقيات السلام بين الدول الإسلامية وإسرائيل عملا جائزا وفقا للشريعة الإسلامية، يلقي الضوء على المواقف الآيديولوجية المركزية في المجتمع العربي الشرق أوسطي تجاه الغرب بشكل عام، وتجاه إسرائيل بشكل خاص. كما يتيح لنا الاطلاع على دور الإسلام والشريعة في الخطاب السياسي العربي.

منذ تفكك الإمبراطورية العثمانية ونشوء الدول الوطنية العربية (وغير العربية- تركيا وإيران) في القرن الـ 20، لم تعد الديانة الإسلامية تلعب دور المحرك المركزي للوعي، وفرض عليها التنافس مع الآيديولوجيات القومية العلمانية على ساحتها الداخلية. حافظت دساتير الدول العربية التي قامت في القرن الـ 20 على مكانة محترمة للشريعة الإسلامية كمصدر تشريعي أو كمصدر للإلهام. إلا أن مشروع الدولة الوطنية المدنية والتشريعات البرلمانية آخذة بالابتعاد شيئا فشيئا عن الشريعة التقليدية. ظل البند الذي يتناول الشريعة في الدستور، في بعض الدول وليس في جميعها، ليس أكثر من ضريبة كلامية. يبدو أن مجال العلاقات الدولية هو أكثر المجالات التي تتجلى فيها هذه الحقيقة بوضوح. إن مجرد إقامة الدول الوطنية الإسلامية يعتبر انحرافا عن مبدأ العقيدة الشرعية التي ترى أن المسلمين أمة واحدة تنصاع لسلطة حاكم واحد. لم يعد لمصطلح "دار الإسلام" صلة مع الواقع السياسي الجديد الذي نشأ في القرن الـ 20. نتيجة لذلك أيضا فقد مصطلح "دار الحرب" دوره. في أيامنا هذه لم يعد أحد تقريبا يستعمل هذا المصطلح، الذي تحول إلى شيء جديد ليصبح "دار العهد"، أو "دار الدعوة"، وذلك بتأثير كون الكثيرين من المسلمين يعيشون كمهاجرين في دول غير إسلامية. حتم هذا الوضع على الشريعة الإسلامية المتجددة الاعتراف بشرعية الدول غير الإسلامية. يمكن النظر إلى التفسيرات، التي تعتبر جميع الدول التي وقعت على ميثاق الأمم المتحدة أطرافا في "اتفاق" مع الإسلام، على أنها حل خلاق للقضية الشرعية، ولكن هذا الحل لا يعكس الواقع الذي تنضم فيه دول إسلامية إلى كتل استراتيجية متخاصمة على الساحة الدولية.

يشير البحث على طول الكتاب إلى تعددية الآراء كمركب مركزي في الإسلام كما تبين في حينه لجيمس بيسكتوري أيضا.[401] لا شك في أن الإسلام لم يتجمد في مكانه، إن كان ذلك في العصور الوسطى أو في العصر الحديث. ظل المتشددون الأصوليون حتى اليوم، يتمسكون بفقه الجهاد التقليدي، الذي يتضمن استخدام العنف من أجل بسط سلطة الدين، ولكن في العالم الذي يتقهقر فيه الإسلام ويضعف أمام قوة الغرب، لم يكن أمام الواقعيين من مناص سوى الأخذ بتفسير فقهي جديد يستجيب لمتطلبات العصر.[402]

172

على إثر الظروف التاريخية والهزائم العسكرية منذ مطلع القرن الـ 17، تحول الإسلام إلى الواقعية وغير توجهه وتعاطيه مع غير المسلمين، من النظرة الاحتكارية، ومن عدم الاعتراف بالآخر، إلى التفهم بأنه يجب الاعتراف بالآخر كطرف متساو من أطراف الاتفاق، وتسنى ذلك بعد أن فهم المسلمون محدودية قوتهم وبدأوا يعانون بالضبط من ذات المشكلة التي عانى منها الآخرون في الماضي، نتيجة عدم اعتراف الآخرين بهم.[403]

يمكن تعريف الخطاب الرائج اليوم في العالم الإسلامي، ومواقف رجال الدين، كعملية فصل بين التيار الإسلامي المتشدد، الذي يسعى إلى تغيير قواعد اللعبة وإلى تبديل الحكام في الدول التي يقودها زعماء واقعيون، والتيار الواقعي، الذي يسمى أحيانا بالليبرالي، وهو يعرض مواقف أكثر اعتدالا، تأثرت بالثقافة الغربية. وقد رأينا في هذا المؤلف أيضا كيف يعبر رجال الدين من كلا التيارين عن مواقف متعارضة فيما يتعلق بالعلاقات الدولية عامة وبالنسبة لإمكانية التوقيع على اتفاقية سلام مع إسرائيل بشكل خاص.

يظهر اليوم اختلاف في التفسير، بين أطراف من الإسلام المتشدد وأطراف مؤسساتية واقعية تمثل التوجه الجديد الذي يسعى إلى ملاءمة أحكام الحرب والسلام الإسلامية لواقع زماننا المعاصر. يمكن إجمال هذا الاختلاف في التفسير بالقول إن الحركات المتشددة الأصولية تعتمد على حيثيات الأسبقيات التاريخية من القرن السابع (وعلى وجه التحديد السنوات الـ 50 التي عمل فيها النبي محمد (صلعم) والخلفاء الراشدون الأربعة:661-610م) بدون أي إضافة أو نقصان، وبدون تفسير. أما الأطراف الواقعية، فتحاول، في المقابل، تفسير المصادر عن طريق آلية يمكن تسميتها بـ "ما قصده المشرع"، ويعتقد هؤلاء أن دوافع "المشرع" كانت تُحدد عادة بعد الأخذ بالحسبان اعتبارين مركزيين: المصلحة (خير، بركة، *منفعة*)، و/ أو حكم الظروف (*الضرورة*). وفقا لهذه القاعدة، إذا أمكن الإثبات أن وقف الوضع الحربي والتوقيع على اتفاقية سلام مع العدو قد يجلب المصلحة لمعسكر المسلمين، أو بدلا من ذلك، إذا وجد المعسكر المسلم نفسه في حالة ضعف مستمر وقد يصيبه الضرر إذا ما استمرت حالة الحرب، فهذا يعني أنه تم استيفاء الشروط التي حددها المشرع الإلهي لعقد معاهدة- صلح\ سلام مع العدو.

أما توجه الجماعات الإسلامية الأصولية إلى تفسير المصادر فإنه يتميز بكونه في حركة دائمة بين العالمين: العالم التقليدي والعالم الحديث. فهم يقومون، من ناحية، بتعظيم شأن النصوص والتقاليد التي تنسب إلى عهد النبي (صلعم) والخلفاء الأربعة الراشدين، ويطعنون بصحة عملية تطور أحكام الشريعة الإسلامية على مر الأجيال، ذلك لأن المفسرين والمجتهدين اضطروا لأن يأخذوا بعين الاعتبار القيود السياسية للحكام، وهؤلاء ليسوا راشدين من وجهة نظرهم، إضافة إلى أن ظروف الزمان لم تكن ملائمة، حيث لم يكن الإسلام فيها في ذروته.[404] ومن الناحية الأخرى، كان لهم برنامج سياسي عصري، ومن أجل تبريره قاموا باستخدام التقاليد نفسها.[405]

أما فقهاء التيار الواقعي فهم يقدمون الدولة الوطنية على الأمة الإسلامية. وبحسب رأيهم، فإن الحاكم الذي يقف على رأس كل دولة إسلامية هو المخول الوحيد بالنظر في الوضع العسكري والسياسي، وباتخاذ القرارات بشأن الحرب والسلام بصورة مستقلة وله أن يلزم بها دولته، وهو يقوم بذلك دون اعتبار أو صلة بمواقف زعماء دول إسلامية أخرى. ويرون كذلك أن التنظيم السياسي أو العسكري، مثل "حزب الله"، وهو ليس دولة، غير مخول بالقيام بعمل عسكري دون الحصول على موافقة المؤسسة الرسمية للدولة التي خرج للعمل من داخلها.

ولكن على الرغم من تراجع مكانة الشريعة الإسلامية، كمركز للحياة العامة في العالم الإسلامي المعاصر، ما زال من المبكر تأبينها، فثمة قطاعات واسعة من الناس في كثير من الدول العربية تتعاطف مع حركات "الإخوان المسلمين"، ومع حركات الإسلام الأصولي، ضد النخب الحاكمة. ولهذا السبب تُستخدم الشريعة الإسلامية من كل من المعارضة والسلطة، التي تسعى إلى تقليص حجم القانون الديني كمصدر لإضفاء الشرعية على نشاطاتها وآيديولوجياتها.

ما زالت الفتوى- الرأي الشرعي- سواء كانت مستندا رسميا للدولة أم رأيا طوعيا قدمه مجتهد في الشريعة، أو حتى موقفا لفقيه في وسائل الإعلام الجماهيرية، تلعب دورا هاما في أيامنا هذه، كوسيلة إعلامية وكأداة للنقاشات والمجادلات السياسية من وجهة النظر الإسلامية.

تعتبر الفتاوى أداة للتفسير تتيح للإسلام أن يتطور وأن يلائم نفسه لمتغيرات العصر. يسهم المفتون اليوم مساهمة جدية في ملاءمة الشريعة للواقع المتغير في مجالات مختلفة، حيث يمنحون مثلا صك الشرعية للنهوض بمكانة المرأة، ولمشاركة النساء في السياسة على مستوى الحكم المحلي والقطري ولنشاط البرلمانات كمؤسسات تعبر عن سيادة الشعب أكثر من السيادة الإلهية. المواقف التي يتخذها المفتون والقضاة الشرعيون لا تنفصل عن السياق العام، بل بالعكس. يمكننا أن نرى بوضوح أنه ثمة توافقا، على مستوى كبير، بين موقف المفتي الموظف في سلك الدولة، الذي يؤيد سياسة نظام الحكم، والمفتين المستقلين المنتمين عادة إلى صفوف المعارضة. تشير كثرة الفتاوى السياسية، لدرجة أنها أصبحت أشبه بفرع خاص في أدبيات الشريعة سمي بـ "الفتاوى السياسية"، أو "الفتاوى المعاصرة"، إلى الحاجة المتزايدة باستمرار من ناحية المعسكرات السياسية المتخاصمة إلى هذه الأداة المسماة "فتوى"، وذلك لأن قسما كبيرا من الجمهور العربي يتحلى بوعي ديني متطور ولديه إحساس بالرهبة والاحترام تجاه علماء الدين. وعليه، تقوم السلطة الحاكمة، وكذا المعارضة، باستخدام الفتاوى بشكل يتزايد باطراد، كوسيلة إعلامية ودعائية لمواقفها ولنشاطاتها. من الصعب جدا قياس تأثير هذه الأحكام الشرعية على الجمهور، ولكن حقيقة استخدام الفتاوى بارتفاع متزايد يعتبر دلالة واضحة لا تحتاج إلى التفسير.

من الأمثلة التي نواجهها في الآونة الأخيرة على تأثير الفتاوى على العمل السياسي وعلى الخطاب العام، مشروع القانون الذي قدم في شهر تشرين أول عام 2007 إلى البرلمان في البحرين. يتناول هذا المشروع موضوع "خطر إنشاء صلات وعلاقات طبيعية مع إسرائيل"، وقد قدم إثر الإعلان عن اللقاء الذي جمع بين وزير الخارجية البحريني، الشيخ خالد بن أحمد آل خليفة، ووزيرة الخارجية الإسرائيلية، تسيبي ليفني، الأمر الذي أثار غضب أعضاء برلمان إسلاميين. صرح أحد مقدمي مشروع القانون، وهو جلال فيروز، أن *"مشروع القانون يقترح منع كل الأطراف الحكومية، ومن القطاع الخاص.... من عقد اتفاقيات أو لقاءات، من أي نوع كان، مع الكيان الصهيوني، أو مع أي طرف ينتمي إليه"*. وفقا لمشروع القانون، كل من يخالف القانون يسجن لمدة تتراوح بين ثلاث إلى عشر سنوات، مع إمكانية إضافة غرامة مالية أيضا تصل إلى 10 آلاف دينار بحريني.[406] يقتبس فيروز إحدى الفتاوى التي أصدرها الشيخ يوسف القرضاوي، ويقول فيها إن الاتفاق الدائم مع اليهود غير جائز بموجب الشريعة، لأن فيه اعترافا وتصريحا لـ"المغتصب"، وهو إسرائيل، بالاستمرار في سياسة الاضطهاد، واعترافا بحقوقها على ما اغتصبته.

مثال آخر على قوة تأثير المفتي الرسمي يمكن أن نجده في المعارضة الشعبية الواسعة التي ظهرت في أواخر عام 2007 للفتوى التي أصدرها شيخ الأزهر، محمد سيد طنطاوي (مفتي الديار المصرية سابقا)، باسم قادة الأزهر. انضمت مجموعة من شيوخ الأزهر إلى صحافيين وجهات معارضة في حملة إعلامية أطلقوا عليها اسم "الجهاد في سبيل الله" وطالبوا من خلالها بتنحية طنطاوي لأن فتاواه، بحسب رأيهم، "تربك ملايين المواطنين"، ولكن رد النظام على ذلك كان بإغلاق مكاتب "جبهة علماء الأزهر" التي كانت تقف وراء الحملة ضد شيخ الأزهر.[407]

بلور المفتون المحسوبون على حركات الإسلام الأصولي، في الجيل الأخير، موقفا شرعيا يلغي معاهدة السلام مع إسرائيل، فدولة إسرائيل، من وجهة نظرهم، عبارة عن شعب سلب أرضا إسلامية (مقدسة) هي ملك للمسلمين. وقد أقيمت الدولة اليهودية من خلال طرد الفلسطينيين وسلبهم ممتلكاتهم، ولذلك لا شرعية لوجودها، ومن الواجب الخروج ضدها في حرب جهادية، ولا يجوز التوقيع معها على اتفاقيات سلام ومبادلتها علاقات طبيعية. يعتمد هذا الموقف على الفقة الإسلامي كما تبلور في القرن السابع الميلادي، في عهد النبي محمد (صلعم) والفتوحات الإسلامية الكبيرة، ولا سيما في عهد الخلفاء الراشدين (السلف الصالح). يتجاهل التوجه الذي تبناه الإسلام الأصولي عمدا الممارسة والتفسيرات الشرعية التي تشكلت على مدى أجيال سابقة وفي الزمن المعاصر.

لقد تضمن هذا المؤلف التبريرات الشرعية والآيديولوجية لدى الفقهاء الواقعيين الذين أضفوا الشرعية على مشروعية عقد معاهدات سلام بين أطراف عربية إسلامية وبين إسرائيل. التبرير المركزي لعقد السلام مع اسرائيل هو حقيقة تفوقها الاستراتيجي والضعف العسكري لخصومها العرب، مما يعني الضرورة والحاجة الملحة وفقا للمبدأين المذكورين،

إذا لم يكن بالإمكان التغلب على إسرائيل فمن الأفضل العمل على نيل منفعة أو مصلحة للمسلمين كافة بالطرق السلمية، بحيث تعيد إسرائيل إلى أعدائها مناطق (أراضي إسلامية وأهلها) احتلتها منهم، **ما معناه: الأرض مقابل السلام!** وبعبارات أخرى: الانسحاب من جميع الأراضي التي احتلتها إسرائيل عام 1967 – وهذا مبدأ ورد في جميع مقترحات الهدنة. وهنالك تبريرات إضافية يقدمها المفتون الرسميون لجعل عقد معاهدات السلام مع إسرائيل جائزة، وهي: 1. انتهاء عهد الجهاد بمفهومه التقليدي، بمعنى الحرب ضد الكفار؛ 2. مصلحة المسلمين- لم يعد هنالك مبرر ومصلحة في المبدأ القائل "كل شيء أو لا شيء"؛ 3. أسبقيات – الاتفاقيات التي عقدها النبي محمد (صلعم) مع معارضيه وخاصة صلح الحديبية؛ 4. قد تؤدي الاتفاقية مع إسرائيل في نهاية الأمر، إلى إعادة القسم العربي من القدس إلى كنف الإسلام.

الوثيقة **الأكثر أهمية** التي تبرر السلام مع إسرائيل في ظروف معينة، **هي *الفتوى* التي أصدرها مفتي الديار المصرية، جاد الحق علي جاد الحق،** الذي قدم دعائم شرعية لمعاهدة السلام التي عقدتها مصر مع إسرائيل في شهر آذار عام 1979. كتب حكمه الشرعي كمستند تثقيفي يؤسس لملاءمة العلاقات بين الأمم في واقع زماننا المعاصر وقدم مفهوما سلميا لفقه الجهاد. تكمن أهمية هذه الوثيقة في كونها تدخل التفسيرات التي قدمت فيها وتؤسس لها مواطئ إسناد في قواعد الفقه الإسلامي وفي المصادر النصية، القرآن والسنة.

تؤثر الظروف السياسية المتغيرة على المفتين الأكثر تشددا، مثل الدكتور يوسف القرضاوي، الذي عارض اتفاقيات أوسلو وأجرى نقاشا مع الشيخ ابن باز السعودي حول السؤال المبدئي: هل الحصول على قسم من المناطق التي احتلتها إسرائيل يخدم المصلحة الإسلامية؟ فسر القرضاوي في حينه المناطق التي احتلها الإسرائيليون عام 1967 على أنها جزء من الأرض الإسلامية المغتَصبة، واتفاقيات أوسلو لا تخدم سوى العدو بحيث تعزز تشبثه بالمناطق الأخرى، التي تم احتلالها عام 1948؛ وهذا يعني، "كل شيء أو لا شيء". وفي وقت لاحق، بعد إقرار مبادرة السلام العربية على يد 22 دولة من دول الجامعة العربية – المبادرة التي قادتها المملكة العربية السعودية – صار القرضاوي يتحدث بصوت آخر: سيصبح بالإمكان النظر في الاعتراف بإسرائيل بعد أن تقوم دولة فلسطينية مستقلة (في مناطق الـ 1967) ذات سيادة كاملة، إذا تبين أن لذلك حاجة وضرورة.

وفي النهاية يُطرح السؤال: ما الحاجة إلى فتوى تدعم عقد اتفاقية السلام بين الدول العربية الإسلامية ودولة إسرائيل؟ بكلمات أخرى: لماذا يحتاج الحكام المسلمون إلى مفتين في الشريعة الإسلامية من أجل التأكيد على مشروعية سياساتهم، في حين أقرتها الهيئات السيادية الشرعية للدولة؟ الرئيس المصري أنور السادات، والحسين ملك الأردن، ورئيس منظمة التحرير الفلسطينية ياسر عرفات، الذين وقعوا، كل بدوره، على اتفاقيات سلام مع

إسرائيل، بادروا إلى خطوة سياسية حازت على مصادقة هيئاتهم السياسية. لم يكن الدعم الرسمي عن طريق فتوى يصدرها علماء الدين مطلوبا في حينه من الناحية القانونية الشرعية، ولكنه تبين على الرغم من ذلك أنه بسبب الهجوم الذي شنته أوساط الإسلام الأصولي بالذات، ثمة حاجة ماسة لفتوى شرعية تدعم أعمال الحاكم. تعتبر الشريعة الإسلامية قاعدة ثقافية مقبولة في المجتمع العربي الإسلامي. لذلك، ومن أجل مواجهة الأطراف المتشددة الأصولية، يتعين على الحاكم "التحدث بلغتهم"، وهي لغة الشريعة. في هذا السياق، ثمة أهمية كبيرة، على المستوى الإعلامي، *للفتوى* التي تقدم الدعم لموقف الحاكم وتضفي الشرعية على سياسته، وقد أريد منها أن تليّن وتقلص معارضة الجماهير لعقد معاهدات السلام مع إسرائيل، ولكي يصبح بالإمكان إقامة علاقات طبيعية معها بعد التوقيع على الاتفاقية.

يمكن لفتاوى الشريعة الإسلامية التي اقتبست في هذا الكتاب، أن تستخدم كقاعدة نصية وفكرية لحوار عام حول السلام بين الفلسطينيين والدول العربية من جهة، وإسرائيل من جهة أخرى. اعتمادا على تجربة الماضي إذن، وعندما توقع اتفاقيات سلام بين الفلسطينيين، أو دول عربية أخرى، وبين إسرائيل، يمكن الافتراض بأنها سوف تحظى بدعم فتاوى تضفي مشروعية شرعية على القرار السياسي بشأنها. يمكن استخدام الفتوى التي أصدرها جاد الحق، وأخرى أصدرها سواه، كأداة تساعد على فهم الخلفية الشرعية للموضوع وللقاعدة التي يعتمد عليها التصريح الشرعي الإسلامي لعقد اتفاقيات سلام من هذا القبيل.

هوامش

(إشارات مختصرة. للتفاصيل الكاملة انظروا قائمة المراجع)

1 Podeh; Thomas Friedman، "*An Intriguing Signal from the Saudi Crown Prince*"، *NY Times*، 17.2.2002.

2 http://www.arableagueonline.org/las/picture_gallery/riyed29-3-2009.pdf.
في نيسان 2008 صادقت قمة جامعة الدول العربية ثانية على المبادرة، مع إضافة تقول إن استمرار الجانب العربي في طرح مبادرة السلام العربية مرتبط ببدء تنفيذ إسرائيل التزاماتها.

3 انظروا G.H.A. Juynboll. "SUNNA"، *EI²* ، IX، pp. 878-879

4 للدخول إلى موقع القرضاوي الإلكتروني الذي يتضمن الفتاوى المعاصرة انظروا:
http://www.qaradawi.net/site/topics/static.asp?cu_no=2&lng=0&template_id=8&temp_type=42&parent_id=12

5 للمزيد حول الفتاوى بشكل عام، وحول مؤسسة الإفتاء المصرية الرسمية، انظروا:
Skovgaard-Petersen، *Defining Islam for the Egyptian state*.

6 Skovgaard-Petersen، "A Typology of State Muftis"، pp. 81-97.

7 انظر مثلا، النووي، ص 7؛ الزحيلي، ص 114 – 115؛ عفيفي، الإسلام والمعاهدات الدولية، ص 37.

8 انظر مثلا، Kister، pp. 113 – 162،.

9 روبين، ص 26.

10 روبين، ص 273.

11 روبين، ص 26.

12 ثلاثة أشهر الحج – ذو القعدة وذو الحجة ومحرم، حيث يمنع خوض الحرب، ويعتبر هذا انسجاما مع العادات القبلية في مكة قبل الإسلام. روبين، ص 153.

13 انظر الآية 105:2 "الذِينَ كَفَرُوا مِنْ أَهْلِ الْكِتَابِ"، أي اليهود والنصارى الذين استلموا كتبا مقدسة يعترف القرآن بقدسيتها. روبين، ص 14.

14 ألون، "تحليل وثيقة مبادرة السلام العربية"، 2007، ص 48.

15 روبين، ص 149.

16 روبين، ص 149.

17 في تفسير هذه الآية يذكر روبين أن التحفظات المذكورة فيها تنسخ بالضرورة الآية 5:9 التي تنص على وجوب شن الحرب على كل كافر أينما كان. من جهة أخرى هناك من يعتقد أن في هذه الآية نوعا من أنواع الأسبقيات لإبرام الاتفاقيات مع الكفار طالما كانت في ذلك مصلحة للمسلمين.

18 روبين، ص153.

19 ألون، *مبادرة السلام العربية*، ص 48. انظر هذا التفسير عند هيكل، الجزء 3، ص 1475 – 1476.

20 روبين، ص 153.

21 روبين ، ص 149.

22 القرآن الكريم، الآيات 61:8، 72؛ 7:9. آيات الالتزام بالاتفاقيات: 91:16؛ 34:17؛ 4:9، 7؛ وحديث "المسلمون على شروطهم".

23 لأحاديث السلام انظر المهيري، ص 40-41؛ حديث سلام: *نيل الأوطار* ، الفصل 8، ص 31؛*شرح السير الكبير*، جزء 1 ص 59؛ المهيري، ص 32 – 34 اقتباس 6 أحاديث عن وضع الحرب، وبعدها سوابق تاريخية عن الحرب.

24 Khadduri، *War and Peace in the Law of Islam*، p. 51.

25 لمعلومات إضافية انظر Landau-Tasseron، pp. 35 – 42.

26 نفس المصدر.

27 Khadduri، *War and Peace in the Law of Islam*. p. 55.

28 Lewis، p. 71.

29 Khadouri، "The Islamic Theory of International Relations and Its Contemporary Relevance"، p. 29.

30 Lewis، p. 72.

31 Bahlul، p. 19.

32 نفس المصدر.

33 Khadduri، *War and Peace in the Law of Islam*، p. 60. نشر مفتي المملكة العربية السعودية، عبد العزيز آل الشيخ، فتوى ضد خروج الشباب للجهاد استنادا لرأيهم الشخصي، حين كتب أن الجهاد هو بقرار من الحاكم، ومن يخرج للجهاد استنادا على رأيه الشخصي فإنه يذنب ذنبا كبيرا، وكان هذا على خلفية خروج شباب كثر من المملكة العربية السعودية للجهاد وانضمامهم لحركة "القاعدة"، ثم خوضهم أعمالا قتالية ضد المملكة نفسها. انظر: *الشرق الأوسط*، (لندن)، 2 تشرين أول، 2007.

34 Hunter، pp. 62، 67.

35 الطبري، *اختلاف الفقهاء* ، كتاب الجهاد، ص 16؛ الشافعي،*كتاب الأم*، 4، ص 109. كما ورد لدى: Weigert، p. 400.

36 M. Khadduri، "Hudna"، EI² III، pp. 546 – 547.

37 Art. "Hudna"؛ القلقشندي، جزء 14، ص 5، يدعي أن أصل الهدنة في الآية القرآنية الشريفة (2:9): "فَسِيحُواْ فِي الأرض أَرْبَعَةَ أَشْهُرٍ وَاعْلَمُوا أَنَّكُمْ غَيْرُ مُعْجِزِي الله وَأَنَّ الله مُخْزِي الْكَافِرِينَ".

38 Weigert، p. 309. حسب القلقشندي، جزء 14، ص 4، كذلك ثلاثة الاصطلاحات التالية الأقل شهرة: مسالمة، مقاضاة ومواصفة.

39 Khadduri، *War and Peace in the Law of Islam* ، p. 219.

40 الشافعي،*كتاب الأم*، جزء 9، ص 8 – 9.

41 انظر مثلا: القلقشندي، جزء 14، ص 8 – 9.

42 Weigert، p. 401.

179

43 القلقشندي، ص 8 – 9.

44 القلقشندي، ص 5.

45 Weigert، p. 400.

46 نفس المصدر.

47 Art. "Hudna".

48 نفس المصدر.

49 Khadduri، *War and Peace in the Law of Islam*، يستند إلى: الشافعي، *كتاب الأم*، جزء 4، ص 109 – 110; أبو يوسف، *كتاب الخراج*، ص 207 – 208.

50 القلقشندي، ص 9; Khadouri، "The Islamic Theory of International Relations and Its Contemporary Relevance"، p. 27.

51 Khadduri، *War and Peace in the Law of Islam* ، p. 216; Hill، The Termination of Hostilities in the Early Arab Conquest; Bishai، "Nwgotiations and Peace Agreements Between Muslims and non-Moslims in Islamic History"، pp. 50 - 61.

52 كاهن، ص 53.

53 Patrick Sookhdeo، Understanding Islamic Terrorism: The Islamic Doctrine of War ، p. 92 – 94; عن احتلال مصر انظر: كندي، ص 58 – 60.

54 أبو قدمة، *المغني*، (القاهرة، 1376)، ص 460 اقتبسه Weigert، p. 402

55 القلقشندي، جزء 14، ص 8.

56 ابن قدمة، *المغني*، (القاهرة، 1376)، ص 460 اقتبسه Weigert، p. 402

57 ابن قدمة، *المغني*، جزء 13، ص 153 – 163 اقتبسه Weigert، p. 403

58 ابن قيم الجوزية، *أحكام أهل الذمة*، 2 (دمشق، 1961)، ص 477، اقتبسه Weigert، p. 403

59 كانت نجران بلدا نصرانيا مهما في شمالي شرق اليمن. وصل في العام 630 مجموعة من نجران إلى المدينة المنورة، مسكن الرسول، وبدأ القادمون من نجران بالتجادل الديني مع أهل المدينة. في نهاية المطاف تنازل النجرانيون عن الجدال، وبالمقابل سمح لهم النبي (صلعم) أن يمارسوا طقوسهم الدينية [وتقول رواية أخرى إن النبي (صلعم) سمح لهم استعمال المسجد للصلاة، ولكن طلب منهم دفع الجزية]. لمعلومات إضافية انظر: I. Shahid. "Nadjran"، EI[2]، IV، pp. 871-872.

60 البلاذري، *فتوح البلدان*، (ليدن: بريل، 1866)، جزء 4، ص 124، اقتبسه Weigert، p. 402

61 Weigert، p. 403.

62 M. Khadduri، "Sulh"، EI[2], IX، p. 845.

63 انظر مثلا القرآن الكريم، 8:40؛ 23:13؛ 20:3.

64 Weigert، p. 309.

65 عن استعمال المصطلحات المختلفة والبلبلة بينها في بداية الإسلام، انظر: Reiter، pp 196 – 173.

66 شارون.

67 M. Khadduri، "Sulh"، EI² IX، p. 845.

68 الشافعي، كتاب الأم، جزء 4، ص 103.

69 نفس المصدر.، ص 145؛ محمد بن الحسن والقاضي أبو يعلا الحنبلي قسما هما أيضا العالم إلى ثلاثة أقسام. انظر الأحكام السلطانية لأبي يعلا، ص 133؛ السرخسي، شرح السير الكبير، جزء 4، ص 8 فصاعدا.

70 Khadouri، "the Islamic Theory of International Relations and Its Contemporary Relevance"، p. 26 . العلي، ص 271، الإسلام والعلاقات الدولية، ص 134 – 135؛

71 العلي، ص 271.

72 Khadduri، The Islamic Conception of Justic، p. 167.

73 Lewis، p. 78.

74 تأريخ الطبري، مجلد 1، ص 2349.

75 البلاذري، فتوح البلدان، ص 130.

76 Sookhdeo، p. 92 - 94

77 البلاذري، فتوح البلدان، ص 197.

78 الزحيلي، العلاقات الدولية في الإسلام، ص 166. يقتبس من مروج الذهب للمسعودي، المجلد 5، ص 224 فصاعدا؛ البلاذري، فتوح البلدان، ص 160.

79 الطبري، اختلاف الفقهاء، ص 17؛ انظر كذلك: بداية المجتهد، المجلد 1، ص 375. ابن حزم كان رجل القضاء الإسلامي الوحيد الذي أقر أنه لا يجوز التوقيع على اتفاقية مع الكفار، عدا عن اتفاقيات الرعاية لليهود والنصارى والمجوس الذين كانوا تحت رعاية الإسلام مقابل دفعهم للجزية. لقد ادعى أن الآيات القرآنية في السورة رقم 9: 1، 5، 29 هي بمثابة آيات منسوخة – أي لاغية.

80 الزحيلي، العلاقات الدولية في الإسلام، ص 168.

81 يقتبس الطبري، تاريخ الرسل والملوك، ص 106، 155؛ عفيفي، تطوير التبادل الدبلوماسي في الإسلام، ص 148.

82 عفيفي، تطوير التبادل الدبلوماسي في الإسلام، ص 148.

83 Holt.

84 القلقشندي، المجلد 14، ص 51 - 63.

85 لنص الاتفاقية، انظر: Holt، pp.69-91

86 Holt، pp. 144 - 145.

87 Kedar.

88 مثلا الاتفاقية بين قلاوون وميخائيل الثامن بلاولوغوس من سنة 1281 للميلاد. انظر: Holt، pp. 118-128.

89 لنص الاتفاقية، انظر: Holt، pp. 129-140.

90 هيكل (يقتبس من دحلان، المجلد الأول، ص 432، ومن المعاهدات والمهادنات في تاريخ العرب، لكاتبه محمد عبد الغني حسن، ص 59).

181

91 Khadduri، "The Islamic Theory of International Relations and Its Contemporary Relevance"، p. 34.

92 Khadduri، War and Peace in the Law of Islam، p. 219.

93 أرليخ، *مافو لهيسطوريا*، ص 43. ترجم من اللغة العبرية.

94 Lewis، p. 205.

95 Hunter، p. 286.

96 فريد بيك، ص 342-358.

97 Bahlul، p. 41 (article by Hasan Yusuf).

98 فريد بيك، ص 433-445.

99 نفس المصدر، ص 513-523.

100 نفس المصدر، ص 652-664.

101 نفس المصدر، ص 678-699.

102 Cook، p.93.

103 تصفّحوا على سبيل المثال: النووي، صفحة 7؛ الزُحيلي، *العلاقات الدولية في الإسلام*، الصفحات 114-115؛ العفيفي، الإسلام والمعاهدات الدولية، الصفحة 37؛ تعتقد هانتر Hunter أن هذا النّقد له ما يبرره. تصفحوا ص 65.

104 الهندي، ص 21.

105 أبو زهرة، ص 43.

106 العفيفي، *الإسلام والمعاهدات الدولية*، ص 17.

107 القَدّومي، ص 4.

108 الخياط، ص 285. حول تصوير قوانين الحرب في الإسلام على أنها قوانين أكثر إنسانية من الغرب، تصفحوا: Peters، pp. 143-148

109 الهندي، ص 135.

110 العلي، ص 273؛ الزحيلي، ص 114-115.

111 العفيفي، *الإسلام والعلاقات الدولية*، ص 37.

112 هيكل، ص 1713.

113 مصطفى، الجزء 7، ص 33 (اقتباسا عن محمد رشيد رضا، *تفسير المنار*، الجزء الثاني، ص 258؛ ومحمد رشيد رضا، *الوَحي المحمّدي*، ص 312).

114 Cook، p. 95

115 Mayer، p. 203

116 Cook. P. 97-96 أشار إلى أن البدو لم يموتوا من الجوع في الصحراء وأن البيزنطيين كانت تربطهم علاقات طيبة مع القبائل العربية السورية.

117 نفس المصدر.

118 Sookhdeo، p. 16

119 Peters، p. 51

120 Mayer، p. 205
121 Mayer، p. 201 quoting Peters، p. 70
122 أبو زهرة، ص 6.
123 نفس المصدر، ص 57-58.
124 يؤكد روبين على أن التحفظات المفصلة في هذه الآية تعتبر لاغية بتأثير الآية 5:9 التي تنادي بضرورة محاربة كل كافر، أيا كان، دون الأخذ بعين الاعتبار التحالفات السابقة. هناك من يعتقد أن هذا يشكل سابقة شرعية لإبرام العقود مع الكفرة في حال كان ذلك يعود بالنفع على المسلمين. انظروا: روبين، ص 78.
125 أبو زهرة، ص 82-83.
126 نفس المصدر، ص 84.
127 Khadduri، *War and Peace in the Law of Islam*, p. 169
128 http://www.tahawolat.com/cms/article.php3?id_article=395
129 أبو زهرة، ص 21-22.
130 نفس المصدر، ص 24-26.
131 نفس المصدر، ص 43..
132 نفس المصدر، ص 50-51.
133 نفس المصدر، ص 52-53.
134 الزحيلي، *العلاقات الدولية حسب الإسلام*، ص 102.
135 الخياط، ص 44-45.
136 نفس المصدر، ص 44-45.
137 نفس المصدر، ص 299.
138 السرخسي، *شرح السير الكبير*، ص 59.
139 الخياط، ص 288-289.
140 نفس المصدر، ص 294-297.
141 محمصاني، ص 77.
142 نفس المصدر، ص 190.
143 عفيفي، *الإسلام والمعاهدات الدولية*، ص 72.
144 نفس المصدر، ص 74.
145 عفيفي، *الإسلام والعلاقات الدولية*، ص 130-131.
146 نفس المصدر، ص 142.
147 نفس المصدر، ص 144-145.
148 نفس المصدر، ص 266.
149 النووي، ص 55 .
150 نفس المصدر، ص 56-57.
151 نفس المصدر، ص 59.

152 العلي، ص 223 .

153 نفس المصدر، ص 260-261 .

154 نفس المصدر، ص 266 .

155 ابن همّام، *فتح القدير*، الجزء الرابع، ص 278 يقتبس حديثا مفاده أن الجهاد ليس فرضا. اقرأوا أيضا السرخسي، *شرح السير الكبير*، الجزء الأول، ص 187.

156 هلال، ص 31-49. الآيات الأخرى التي يفسرها أبو زهرة هي 2:19، 193، 194 و- 9:36.

157 أبو زهرة، ص 95-99.

158 نفس المصدر، ص 54-55.

159 الزحيلي، *العلاقات الدولية في الإسلام*، ص 21.

160 كانت قريظة واحدة من أكبر القبائل اليهودية الثلاث التي سكنت في المدينة المنورة (يثرب). ليس واضحا من خلال المراجع الإسلامية ما إذا كانت للنبي محمد (صلعم) اتفاقية خاصة مع قبيلة قريظة، لكن من المعروف أن النبي أبرم معاهدة عامة مع جميع القبائل اليهودية، وتقضي بأن لا يدعموا أعداءه. عندما كان النبي محمد وأتباعه تحت الحصار في المدينة (غزوة الخندق، سنة 627)، خشي النبي من الاتصالات التي أجراها أبناء قبيلة قريظة مع أعدائه، ولذا حالما زال الحصار تحرك للانتقام منهم فقتل رجالهم وأما نساؤهم وأولادهم فتم بيعهم كعبيد.

161 الزحيلي، *العلاقات الدولية في الإسلام*، ص 25-26.

162 نفس المصدر، ص 33-34؛ 98-101.

163 القاسمي، ص 153.

164 Cook، p. 122-123 .

165 نفس المصدر، ص 125.

166 المهيري، ص 103-104.

167 نفس المصدر، ص 121.

168 نفس المصدر، ص 130-131.

169 نفس المصدر، ص 134-135.

170 الزُحيلي، العلاقات الدولية في الإسلام، ص 17-19.

171 الخياط، ص 299.

172 الهندي، ص 32.

173 نفس المصدر، ص 35. في بعض الأحيان يتم ذكر صلح الحديبية في هذا السياق لتبرير احتلال مكّة دون مقاومة.

174 سيد قطب، *في ظلال القرآن*، الجزء 3 ص 1580.

175 مصطفى، الجزء الأول، ص 53-78؛ 133 - 189.

176 Hunter، p. 63

177 مصطفى، الجزء 5، ص 41.

178 المهيري، ص 224.

179 نفس المصدر، ص 236-237.

180 نفس المصدر، ص 225.

181 تصفحوا: حميد الله، *مجموعة الوثائق السياسية في العهد النبوي والخلافة الراشدية*. من ضمن ما يستعرضه الكتاب المعاهدات التي أبرمت مع اليهود، البيزنطيين، والفرس، وقبائل الكفار العربية ومع جماعات أخرى مثل الأرمن.

182 القاسمي، ص 219-220 يقتبس ابن هشام: "وصل أسياد نجران إلى مسجد النبي أثناء أدائه لصلاة العشاء وعندما حان وقت صلاتهم، صلوا في مسجد النبي (صلعم) وقد أوعز لهم النبي (صلعم) بالصلاة باتجاه الشرق لاعتراض بعضهم على الصلاة في المسجد".

183 الهندي، ص 30-31. اقتباسا عن عبد الحسين القطيفي، *القانون الدولي العام* (بغداد، 1970)، ص 254.

184 المهيري، ص 46؛ الزحيلي، *العلاقات الدولية في الإسلام*، ص 107.

185 Lewis، p. 80

186 الزحيلي، *العلاقات الدولية في الإسلام*، ص 108.

187 الخياط، ص 44-45.

188 أبو زهرة، ص 60.

189 لمشاهدة المقابلة التلفزيونية كاملة: http://www.qaradawi.net/site/topics/article.asp?cu_no=2&item_no=41&version=1&template_id=105&parent_id=16

190 دار العهد هي بالأصل المنطقة التي سمح فيها المسلمون لغير المسلمين بالبقاء في أراضيهم مقابل دفعهم لضريبة الرأس، اقرأوا: H. Inalcik، "Dar `Ahd"، *EI*[2]، III، p. 116.

191 رؤيا إسلامية حول التفجيرات في نيويورك وواشنطن (الموقف الإسلامي من التفجيرات في نيويورك وواشنطن)، نهاية البند 9، البند 11ب، اقرأوا: http://www.islamonline.net/Arabic/contemporary/tech/2001/article21

192 نفس المصدر، البند 12.

193 الخياط، ص 305.

194 المهيري، ص 241 (يقتبس محمد طلعت الغنيمي، *أحكام المعاهدات في الشريعة الإسلامية*، ص 97)؛ أبو زهرة، ص 81؛ المحمصاني، ص 146.

195 هلال، ص 91-92 (اقتباسا عن ابن قيّم الجوزية، *أحكام أهل الذمة* الجزء 2، صفحة 478؛ *فتاوى ابن تيميّة*، الجزء 29 الصفحات 140-141)؛ تصفحوا أيضا الطبري، *اختلاف الفقهاء*، ص 17-19.

196 Sookhdeo، p. 85-87

197 شومان، ص 94.

198 أبو زهرة، ص 85.

199 نفس المصدر، ص 86.

200 نفس المصدر، ص 118.

201 الآيات التي تنص على احترام المعاهدات: انظروا الملاحظة رقم 22. يعتبر الحديث موثوقا به في نظر الكثيرين من الفقهاء، وقد رواه الترمذي؛ الزحيلي، *العلاقات الدولية في الإسلام*، ص 133.

202 الزحيلي، *العلاقات الدولية في الإسلام*، ص 162، اقتباسا عن الشوكاني، *نيل الأوتار*، الجزء 8 من ص 34 فصاعدا).

203 مصطفى، الجزء 1؛ الخياط، ص 302-303.

204 هيكل، الجزء 3، ص 1493 (مستندا إلى *الطبري*، *تاريخ الرسل والملوك*، الجزء 6، ص 150).

205 العفيفي، *الإسلام والعلاقات الدولية*، ص 281 (اقتباسا عن البلاذري، *فتوح البلدان*، بيروت: دار النشر للجامعيين، 1957، ص 339).

206 المهيري، ص 238.

207 Peters، p. 23

208 هناك سابقة أخرى وهي المعاهدة التي وقع عليها حكام غرناطة المسلمون إبان هزيمتهم أمام الأسبان المسيحيين. تصفحوا: هيكل، الجزء 3، ص 1493 (اقتباسا عن دحلان الجزء 1، ص 432 وكذلك محمد عبد الغني حسن، *المعاهدات والمهادنات في تاريخ العرب*، ص 59)

209 Peters، p. 23

210 العفيفي، *الإسلام والعلاقات الدولية*، ص 281 (اقتباسا عن البلاذري، *فتوح البلدان*، دار النشر للجامعيين، 1957، ص 339)

211 القرآن الكريم 11-33:10 تعبر عن حالة *الضرورة* (الواكدي، الجزء 2، ص 477؛ ابن هشام، الجزء 3، ص 133)؛ المهيري، ص 238-239.

212 شومان، ص 94.

213 القدومي، ص 153 (مستندا إلى *شرح الفتح القدير* لابن همام، الجزء 5، ص 459).

214 العفيفي، *الإسلام والمعاهدات الدولية، صفحة 285* (مستندا إلى *المغني* الجزء 8، صفحة 640، *الأم* الجزء 4، ص 188، *المبسوط*، الجزء 10، ص 87، *كتاب السير الكبير*، الجزء 5، ص 1692، *بدائع الصنائع*، الجزء 7 ص 109)

215 هلال، ص 31 - 49.

216 هيكل، الجزء 3، ص 1605.

217 نفس المصدر، الجزء 3، ص 1708 - 1709.

218 نفس المصدر، الجزء 3، ص 1717.

219 العفيفي، *الإسلام والمعاهدات الدولية*، ص 251.

220 نفس المصدر، ص 259.

221 نفس المصدر، ص 270.

222 نفس المصدر، ص 276.

223 هلال، ص 31-49.

224 نفس المصدر، ص 207-210، وأما بخصوص *دار العهد*، فاقرأوا ص 15 - 23.

225 نفس المصدر، ص 15 - 23.

226 نفس المصدر، ص 57.

227 نفس المصدر، ص 31 - 49.

228 نفس المصدر، ص 19، يعبر شومان عن موقف مشابه، ص 90-91 (مستندا إلى *صحيح البخاري*، الجزء 3، ص 45).
229 المهيري، ص 36 - 37.
230 نفس المصدر ، ص 42 - 43.
231 القدومي، ص 10 - 11.
232 نفس المصدر، ص ، 110.
233 القدومي، ص 132.
234 الزحيلي، *العلاقات الدولية في الإسلام*، ص 5.
235 نفس المصدر، ص 15.
236 نفس المصدر، ص 16.
237 المهيري، هناك، ص 103 - 104.
238 هيكل، الجزء 3، ص 1483.
239 الخياط، ص 290.
240 Mayer، p. 206
241 نفس المصدر، ص 208.
242 نفس المصدر، ص 201.
243 Hunter، p. 116، 131
244 *الجهاد، فكر وممارسة*.
245 Mayer ، p. 205
246 الزحيلي، *العلاقات الدولية في الإسلام*، ص 16.
247 القاسمي، ص 230 - 231.
248 الهندي، ص 98 - 99.
249 نفس المصدر، ص 100 - 101.
250 نفس المصدر، ص 102 - 103.
251 القدومي، ص 8.
252 نفس المصدر، ص 14.
253 نفس المصدر، ص 109.
254 مصطفى، الجزء 7، ص 36 - 37.
255 وهناك مصادر أخرى تقول إنه وصل إلى 700 شخص.
256 انظروا على سبيل المثال: ابن هشام، *السيرة النبوية*، الجزء 3، ص 247؛ الواكدي، *كتاب المغازي*، الجزء 2، ص 606؛ الطبري، *تاريخ الرسل والملوك (1964)*، الجزء 4، ص 634؛ ابن كير، *البداية والنهاية في التاريخ* (بيروت: مكتبة المعارف، 1982)، الجزء 4، ص 167. انظروا أيضا Lecker، pp. 1-9
الواكدي، ص 607. Khadduri، *War and Peace in the Law of Islam* ، p. 210-213.

257 وقعت غزوة الخندق سنة 627، أواخر السنة الخامسة للهجرة. فرضت قريش مع قبيلة غطفان حصارا على المدينة التي تواجد فيها النبي وأصحابه. وقد كان الجيش القرشي يشكل تهديدا، ولهذا السبب، كما يروى في المراجع الإسلامية، قام النبي، بناء على نصيحة فارسي من أصحابه، بحفر خندق بين الأحياء المختلفة في المدينة. أي أنه حصن المدينة بالخنادق في غضون ستة أيام. استمر الحصار لمدة شهر تقريبا، وعلى الرغم من سقوط عدد قليل من الأشخاص إلا أن الوضع كان صعبا. وقد عرض النبي اتفاقية سلام على قبيلة غطفان ووعدهم بثلث محصول تمور المدينة مقابل ذلك. لم يخرج العرض إلى حيز التنفيذ إلا أنه أحدث خلافا بين أبناء قبيلة غطفان وحلفائهم من قريش. كما حاولت قريش إقناع قبيلة قريظة، الذين يقع حيهم خارج الخندق، بالانضمام إليهم لمهاجمة النبي. وفقا لإحدى الروايات فقد ثارت عاصفه كبيرة ذكرت في السورة 33: 9. تداعت خلالها الخيام مما أدى إلى قرار القرشيين المفاجئ بترك المدينة والتخلي عن الحصار.

258 Donner، pp. 243-244

259 ابن هشام، *السيرة النبوية*، الجزء 3، ص 241.

260 نفس المصدر، 243.

261 Khadduri، *War and Peace in the Law of Islam* ،p. 212

262 البلاذري، *أنساب الأشراف*، ج 1، ص 350.

263 ألون، محادثات الحديبية والاتفاق الذي تلاها. يقتبس حميد الله الذي ادعى: "كان من الممكن قبول تنازلات أخرى غير لائقة عندما كان لا يؤخذ بالحسبان المصلحة النهائية للمجتمع"; .Khadduri، *Muslim Conduct of State*، p. 7

264 .Khadduri، *War and Peace in the Law of Islam*، pp. 210-213

265 يقول ليكر عن اتفاقية الحديبية واحتلال خيبر اليهودية ، ص 14: "كان الإنجاز الأساسي للنبي محمد في الحديبية إلغاء تحالف الدفاع بين قبيلة قريش وبين أهل خيبر اليهودية". هل كان علماء مصر وعرفات يرمزون إلى أن اتفاقية الحديبية شقت الطريق لاحتلال خيبر اليهودية؟ لا أعلم.

266 فيما يلي أمثلة على تفسيرات المستشرقين الذين ادعوا أن النبي محمدا (صلعم) هو الذي انتهك اتفاقية الحديبية : د. مردخاي كيدار من جامعة بار إيلان، يدعي أن صلح الحديبية هو الصلح الذي يستعمله عرفات كاتفاقية يمكن انتهاكها في أي وقت. وقد أورد ذلك في سياق استئناف العمليات الانتحارية في إسرائيل : http://incontext.blongmosis.com/archives/017359.html د. أساف ملياح من معهد دراسة الإرهاب ICT في هرتسليا، كتب أيضا أن المسلمين هم الذين ألغوا الاتفاقية.
http://www.ict.org.il/articles/articledet.cfm?articleid=557#_ftn91
وهذا ما يدعيه جوهن شميدت الإعلامي الأمريكي.
،John F. Schmidt، Islamic Peace Treaties، September 22 2002 الذي كتب (استنادا إلى المعلق جوزيف فرح) أن محمدا استغل فرصة انتهاك أهل مكة الطفيف للاتفاقية فغدر بهم. راجعوا:
Http://www.worldnetdaily.com/news/article.asp?ARTICLE_ID-27712
وكتب يهوشواع بورات أن محمدا انتهك الاتفاقية في الوقت الذي كان مناسبا له: *The New Republic*، 8 July،1996. الإعلامي في "*هآرتس*"، أبرهام طال ("بنو قريش في أيامنا"، "*هآرتس*"، 28 تموز، 1995) يدعى هو الآخر أن النبي محمدا (صلعم) انتهك اتفاقية الحديبية.

وهذا ما يدعيه داني روبنشطاين أيضا، "كان محمد أول من وقع وأول من انتهك"، "*هآرتس*" ، 29 حزيران 2003.

267 إرليخ، *هدنة*، ص 331.

268 المرغيناني (توفي1187). *شرح الهداية*، المجلد 4، ص 294، راجعوا أيضا: عفيفي، *الإسلام والمعاهدات الدولية*، ص 353.

269 ابن هشام ، المجلد 3، ص 244.

270 نفس المصدر، المجلد 4، ص 27.

271 نفس المصدر، ص 30.

272 الشكر للبروفيسور العاي ألون على التوجيه إلى هذه الآيات. الشافعي، *كتاب الأم*، المجلد 3، ص 106، سطر 5، وهبة الزحيلي، *أثر الحرب في الفقه الإسلامي*، ص 322، سطر 16، ص 641، سطر 12، ص 752، سطر 16 الذي يستند إلى القرآن 1:5 والحديث النبوي الذي يعتبر صحيحا: "المسلمون على شروطهم". بخصوص الآيات القرآنية التي تدعو إلى احترام الاتفاقيات راجعوا: ملاحظة رقم 22، الزحيلي، *العلاقات الدولية في الإسلام*، ص 133، راجعوا أيضا مصطفى، ص 144.

273 الزحيلي، *العلاقات الدولية في الإسلام*، ص 162 يقتبس الشوكاني، *نيل الأوطار*، المجلد 8، ص 34 وصاعدا، عفيفي، *الإسلام والمعاهدات الدولية*، ص 131 .

274 Pipes.

275 ابن هشام، المجلد 4، ص 32.

276 Abu Sway، p. 23.

277 ابن هشام، المجلد 4 ، ص 37 - 38 : "من دخل دار أبي سفيان فهو آمن، ومن أغلق بابه فهو آمن ومن دخل المسجد فهو آمن".

278 شارون.

279 على سبيل المثال، أقوال البروفيسور شمعون شمير التي اقتبسها جاي بخور: "عندما أبرم السادات السلام مع إسرائيل وواجهته مشكلة الشرعية، توجه إلى علماء الأزهر الذين أصدروا فتوى تؤيد السلام. وقد استند العلماء في حينه إلى اتفاقية الحديبية بصورة إيجابية- وفقا لأقوالهم عندما يكون المسلمون على ثقة بأنفسهم وكانت مصلحة المجتمع تقتضي ذلك، يجوز للمسلمين التوقيع على اتفاقية مع غير المسلمين. إن مجرد رجوع السادات إلى الحديبية كان بالطبع ايجابيا، لكن قام من بيننا من قال إن هذا دليل على أن السلام مع مصر سيصمد لمدة عامين أو أنه سيكون ساريا لعشر سنوات فقط.... في العام 1979كان البروفيسور موشيه شارون هو ذاته الذي ادعى أن أفعال السادات مثلها كمثل أفعال صلاح الدين، الذي جاء لإبرام سلام تكتيكي، مؤقت وكاذب مع الصليبيين في القدس"، كما يقول شمير وجرشوني، "في هذه الأثناء مر 16 عاما، وانظروا ما الذي حدث"، "أنا أحذر من هذا النوع من الاستشراق الذي يبحث عن الجدالات الدينية كي يثبت أن السلام غير ممكن"، كما قال شامير. راجعوا : جاي بخور، "السادات استند إلى اتفاقية الحديبية من أجل ترسيخ اتفاقية السلام مع إسرائيل"، "*هآرتس*" ، 25 أيار 1994. راجعوا أيضا رأي:
Skovgaard-Petersen. *Defining Islam for the Egyption State,* p. 235.

280 هيكل ، المجلد 3، ص 1477.
281 عفيفي، *الإسلام والمعاهدات الدولية*، ص 129.
282 عفيفي، نفس المصدر، ص 119 .
283 هلال، ص 77 - 78 .
284 24 هلال، ص 117 - 118
285 "هذا الأسبوع قبل 10 سنوات"، 15 أيار 2004.
286 جاي بخور، "السادات يستند إلى اتفاق الحديبية من أجل ترسيخ اتفاق السلام مع إسرائيل"، *"هآرتس"* ، 24 أيار 1994؛ راجعوا أيضا: نداف شراجائي، ي. طورفشطاين ، أ. بن وج. الون، "عرفات يقارن اتفاق غزة وأريحا بالاتفاق الذي أبرمه النبي محمد وانتهكه بعد مرور سنتين"، *"هآرتس"*، 23 أيار 1994؛ د. موطى زكين، مستشار وزير الأمن الداخلي للشئون العربية، فسر هو الآخر أقوال عرفات التآمرية في قضية الحديبية بالقول: "إما أن عرفات يعي ضعفه ويقصد التهدئة (التي يمكن تجديدها) لمدة عشر سنوات، أو أنه يلمح إلى اتفاق مؤقت يتم انتهاكه عندما يقوى الفلسطينيون. من بين الإمكانيتين، وبخاصة الثانية وخاصة بحكم النبرة، "تذكروا اتفاق الحديبية، تذكروا اتفاق الحديبية". لا تظهر آمال كبيرة". راجعوا: موطى زكين، "ينبغي تذكر اتفاق الحديبية"، *"هآرتس"*، 21 أيار 2002.
287 شارون.
288 جاي، بخور، "بين الحديبية وغزة- أريحا"، *"هآرتس"* ، 23 أيار 1994.
289 Pipes
290 جاي، بخور، "السادات يستند إلى اتفاق الحديبية من أجل ترسيخ اتفاق السلام مع إسرائيل"، *"هآرتس"* ، 24 أيار 1994. وقد عبر عن موقف مشابه في حينه مستشار عرفات، الدكتور أحمد الطيبي. راجعوا يوسي طورفشتاين، "لا حاجة لأن يفسر عرفات نواياه في كل مرة تقوم فيها إسرائيل بإخراج كلامه من سياقه"، *"هآرتس"* ، أيار 1994.
291 عمانوئيل، سيفان، "أخطاء الاستشراق"، *"هآرتس"* ، 17 أيار 1996. وقد عبر عن موقف مشابه في حينه مستشار عرفات، الدكتور أحمد الطيبي.
292 Musallam 21-36 ،
293 Abu Sway
294 www.a7.org/hebrew/newspaper/onDisplay/arab/wye-2/htm
295 فسرت حكومة إسرائيل بالفعل تعاطي عرفات مع اتفاق الحديبية على أنه تآمري. هكذا على سبيل المثال ورد في البيان الصادر عن مكتب الصحافة الحكومي في تشرين الثاني 1998: "لقد أخل محمد باتفاق الحديبية، وبهذا الشكل يتناول عرفات اتفاقيات أوسلو كاتفاقيات مؤقتة".
296 بخصوص كتاباته، راجعوا: http://www.furat.com/index.php?page=authorinfo&a_id=6...526d8f9dac38ea2492ba1dafa
297 نواف، التكروري: "حكم الشرع في المعاهدات التي أبرمتها بعض البلاد العربية مع اليهود". تستند الترجمة إلى العربية إلى مقالة في ممري: مجلة "حماس"، بخصوص اتفاق الحديبية والاتفاقيات مع اليهود"، 30.11.2000 بإضافة بعض التغييرات من قبل المؤلف. فيما يلي المصدر:

http://www.mermi.org.il/mermi/loadarticlepage.asp?language=hebrew&enttype=4&entid=806

298 http://www.kuftaro.org/arabic/kuftaro_book/4-2-11.htm

299 راجع على سبيل المثال: ابن هشام ، 3-4، الفصول الخاصة بالحديبية وفتح مكة.

300 (11 July 2010 (http://www.egyptiantalks.org/invb/?showtopic=51088).

301 للاطلاع على نص الاتفاقية، انظروا: http://www.yale.edu/lawweb/avalon/mideast/arm01.htm

302 المجلس الأعلى للشؤون الإسلامية، *موسوعة الفقه الإسلامي* (القاهرة، 1990).

303 بار أون، ص 131.

304 بعد أن تم رفض خطة روجرز الأولى في كانون الأول 1969، عاد روجرز واقترح على الأطراف في شهر حزيران من عام 1970 خطة ثانية تتضمن اقتراحا بإجراء مفاوضات بين مصر وإسرائيل برعاية مبعوث الأمم المتحدة السفير السويدي غونار يارنغ، وكان من المفروض أن تؤدي المفاوضات الجديدة إلى التوصل إلى اتفاقية سلام عادل ودائم يستند إلى اعتراف متبادل بسيادة كل الدول وسلامتها الإقليمية واستقلالها السياسي، وإلى انسحاب إسرائيل من المناطق التي احتلتها في عام 1967، كل هذا بحسب قرار مجلس الأمن رقم 242، وكخطوة أولى اقترح روجرز استئناف وقف إطلاق النار بين إسرائيل ومصر. وفي الحادي والعشرين من حزيران رفضت حكومة إسرائيل الخطة الجديدة، وأعلنت مصر، التي خشيت، على ما يبدو، من تصعيد آخر في حرب الاستنزاف، أعلنت فجأة أنها توافق على التباحث حول هذه المقترحات. في أعقاب هذه التطورات زاد الضغط الأمريكي على إسرائيل. دخلت الهدنة الجديدة بين مصر وإسرائيل حيز التنفيذ في السابع من آب عام 1970.

305 حسن مأمون، "الصلح مع اليهود في فلسطين... والمعاهدات مع الدول الاستعمارية المعادية للعرب وللمسلمين المؤيدة لليهود في عدوانهم"، 8.01.56، *الفتاوى الإسلامية*، المجلد الـ 7 (القاهرة: دار الإفتاء المصرية، 1983)، ص 2643-2647. للاطلاع على نص الفتوى الإلكتروني انظروا: http://www.lahdah.com/vb/archive/index.php?t-15218.html

306 تأكيد كلمات النص ليس من المصدر.

307 مؤسسة الأزهر، *المسجد الأقصى أيها المسلمون!!!* (القاهرة: مجمع البحوث الإسلامية، رجب، سنة 1389 هجرية [أيلول 1969].

308 *مجلة الأزهر*، المجلد 27 (1375- هجرية، كانون الثاني 1956)، ص 682-686. وفي: *اللواء الإسلامي*، 19.3.1970؛ *تشرين*، 13.4.1979.

309 في مقابلة صحفية أجرتها معه الصحيفة اللبنانية- *الحوادث* التي تصدر في لندن، بتاريخ 18.5.79 [بعد مرور شهرين على توقيع المعاهدة]، كما ورد في مقالة خاصة أصدرتها نشرة "حتساف" العبرية بتاريخ 5.6.79/843/006.

310 حول "خطة السلام العربية"، انظروا: Podeh .

311 *"البعث"* (سوريا)، 2 نيسان 1979، في مقالة خاصة أصدرتها نشرة "حتساف" العبرية بتاريخ 24.06.79/843/045

312 "الأهرام" (مصر)، 13 نيسان 1979، في مقالة خاصة أصدرتها نشرة "حتساف" العبرية بتاريخ 8.5.79/843/008.

313 نفس المصدر.

314 نفس المصدر.

315 عمانوئيل سيفان، "جدال ديني حول السلام"، صحيفة "معاريف"، 13 تموز، 1979، ص 16.

316 "علماء الأزهر في القاهرة: يأمرنا القرآن بصنع السلام مع العدو"، "معاريف"، 10 أيار، 1979، ص 2.

317 "الأهرام"، 10 أيار 1979، ص 1.عرض فحوى البيان في الصحافة الإسرائيلية، انظروا أيضا: "علماء الأزهر: معاهدة السلام لا تتجاوز أحكام الشريعة الإسلامية"، "هآرتس"، 10 أيار، 1979، ص 2؛ "علماء الأزهر في القاهرة: يأمرنا القرآن بصنع السلام مع العدو"، "معاريف"، 10 أيار، 1979، ص 2.

318 كما ورد في مقالة خاصة أصدرتها نشرة "حتساف" العبرية بتاريخ 31.5.79/843/047

319 انظروا الهجوم على جاد الحق بالنسبة لهذا الادعاء الموجه إلى مصر.

320 يدور الحديث هنا عن حديث نبوي ولأنه غير مسند فإنه لا يظهر في سجلات الأحاديث النبوية. وعن عمرو بن العاص، حدثني عمر أنه سمع رسول الله (صلعم) يقول: "إذا فتح الله عليكم مصر بعدي فاتخذوا فيها جندا كثيفا، فذلك الجند خير أجناد الأرض"، قال أبو بكر: "ولم ذاك يا رسول الله؟"، قال: "إنهم في رباط إلى يوم القيامة".

321 في مقالة خاصة أصدرتها نشرة "حتساف" العبرية بتاريخ 31.5.79/843/047.

322 نفس المصدر.

323 "الأهرام"، 18 أيار، 1979، ص 13.

324 اعتمد النمر على المصادر التالية: المرغيناني الجزء 2 ص 103؛ ومنتهى الإرادات وضعه ابن النجار، الجزء 1، ص 327؛ المغني لابن قدامة، الجزء 9، ص 284-300؛ بداية المجتهد لابن رشد، الجزء 1، ص 287؛ كتاب نيل الأوطار للشوكاني الجزء 8، ص 30، 52، وكتب أخرى: وهو يقدم نقدا لعلماء في دول عربية أخرى ممن قرروا أن الاتفاق غير شرعي وذلك بمعزل عن الاستناد إلى المصادر الصحيحة.

325 "الأهرام"، 14 حزيران، 1979، ص 1 و3-.

326 جاد الحق، "اتفاقية السلام بين مصر وإسرائيل وأثرها"، 29.11.79، الفتاوى الإسلامية، 10 (القاهرة: دار الإفتاء المصرية، 1983)، 621 - 3636.. للنص الإلكتروني لفتوى جاد الحق: http://www.lahdah.com/vb/archive/index.php?t-15218.htm

327 انظروا في هذه القضية: ألون، "محادثات الحديبية والاتفاق في أعقابها"، ص 12.

328 ترجمة العاي ألون: "كما كانت معاهدة الحديبية احتلالا ونصرا لدين الله ورسوله.. كذلك نحن، في السلام الحالي مع إسرائيل متفائلون ويحدونا الأمل بأنه هو أيضا سيكون فتحا نسترد به الأرض، ونسترد به العرض، وتعود به القدس مقدسة عزيزة إلى رحاب الإسلام وفى ظل السلام". انظروا: ألون: "محادثات الحديبية والاتفاق في أعقابها"، ص 22.

329 سيفان، "الجدل الديني في مصر حول السلام"، ص 16.

330 ترجمة الكراسة إلى الانجليزية، انظروا: Jansen .

331 *الفتاوى الإسلامية*، المجلد 10 (القاهرة: دار الإفتاء، وزارة الأوقاف، 1980 - 1993) ، ص 3326 - 3392 . كما نشرت في *"الأهرام"* ، 8 كانون أول، 1981.

332 Skovgaard-Petersen ، pp. 227-250 ، Defining Islam for the Egyptian State

333 الأصل بالعربية: جاد الحق "اتفاقية السلام بين مصر وإسرائيل وأثرها"، 29.11.79 ، *الفتاوى الإسلامية*، المجلد 10 (القاهرة: دار الإفتاء المصرية)، ص 3621 - 3636. للاطلاع على النص الإلكتروني انظروا:

http://www.lahdah.com/vb/archive/index.php?t-15218.html

334 Carl von Clausewitz كان ضابطا بروسيا ومؤرخا عسكريا (توفي عام 1831) وصارت مقولته "Der Krieg ist eine bloße Fortsetzung der Politik mit anderen Mitteln" حكمة مأثورة ومرجعية معتمدة. للترجمة الإنجليزية للفصل الذي يتعلق بالموضوع في كتابه On War انظروا: http://www.clausewitz.com/CWZHOME/VomKriege2/Bk8ch06. html

335 مصطلح القدس في سياقه السياسي الإسلامي يشير عادة إلى البلدة القديمة بما فيها الأماكن المقدسة، وبعد حزيران 1967 صار يعني شرقي القدس، وهو القسم الذي احتلته إسرائيل في حرب الأيام الستة. يجب فحص المصطح دائما ضمن سياقه السياسي. فهو يشير أحيانا إلى القدس بشكل عام (مما يعني القسم الغربي أيضا)، وفي بعض الأحيان يشير إلى القسم المحدود فقط: "شرقي" المدينة من الحقبة الأردنية، وفي أحيان أخرى يشير إلى شرقي القدس وفقا لحدودالسلطة البلدية (الخارطة الهيكلية) الإسرائيلية.

336 حول ذلك انظروا: Chapter 6 ،Friedmann.

337 *"التضامن"* ، العدد رقم 165، 8 من حزيران، 1986.

338 انظروا: المقالة من معهد بحوث إعلام الشرق الأوسط: "الصحافة العربية بعد مرور ثلاثين سنة على حرب الـ 1973"، 8.10.03

http://www.memri.org.il/Memri/LoadArticlePage.asp?language=Hebrew&enttype=4&entid=1323

339 اقتباس من مقال حازم صاغية: "المرجعيات الدينية والسياسة"، *"الحياة"* ، 6 نيسان 1996، ص 19. انظروا أيضا: سلطان، ص 57 في موضوع مواقف جاد الحق المستقلة.

340 "الأزهر يدخل في فترة انتقالية مهمة"، *"الحياة"،* 6 نيسان 1996، ص 21.

341 http://www.qaradawi.net/site/topics/printArticle.asp?cu_no=2&item_no=4534&version=1&template_id=256&parent_id=12

342 http://www.qaradawi.net/site/topics/article.asp?cu_no=2&item_no=2187&version=1&template_id=105&parent_id=16

343 القرآن، 60:8. ويذكر أن تكملة الآية هي الآية 8 : 61 التي تتحدث عن الاستجابة إلى طلب السلام من جانب العدو.

344 http://islamonline.net/servlet/Satellite?pagename=IslamOnline-Arabic-_Ask

345 http://www.qaradawi.net/site/topics/article.asp?cu_no=2&item_no=4988&version=1&template_id=187&parent_id=18

"نحن لا نقبل التطبيع مع إسرائيل إلا إذا قامت دولة فلسطينية حقيقية تملك سماءها وحدودها وحق الدفاع عن نفسها، وفي هذه الحالة فقط قد نفكر في الاعتراف بإسرائيل إذا كانت هناك ضرورة".

346 يمكن إيجاد نص الفتوى بالعربية في الموقع الإلكتروني على العنوان التالي:

http://www.binbaz.org.sa/index.php?pg=mat&type=article&id=730

347 نشرت المقابلة في صحيفة " *المسلمون*"، العدد 516 (21.7.1415 هجرية)، 24 كانون أول 1994. يمكن إيجاد نص الفتوى بالعربية في الموقع الإلكتروني على العنوان التالي:

http://www.binbaz.org.sa/index.php?pg=mat&type=fatawa&id=1943

348 يمكن إيجاد نص الفتوى بالعربية في الموقع الإلكتروني على العنوان التالي:

http://www.binbaz.org.sa/index.php?pg=mat&type=article&id=568

المصدر: حوار أجراه الدكتور عبد الله الرفاعي رئيس تحرير جريدة *"المسلمون"* مع سماحة الشيخ حفظه الله، ونشر نص الحوار في العدد (516) بتاريخ 21/7/1415 هـ - مجموع فتاوى ومقالات متنوعة الجزء الثامن.

349 http://www.binbaz.org.sa/index.php?pg=mat&type=fatawa&id=1950

المصدر : نشرت في جريدة "المسلمون"، العدد (520) بتاريخ 19/8/1415 هـ - مجموع فتاوى ومقالات متنوعة الجزء الثامن.

350 Gold، p. 195

351 وثيقة الأسرى، التي تشتمل ضمنا على مبادرة السلام العربية (في البند 4: "القرارات الشرعية العربية"، لم يصادق عليها بعد قلبا وقالبا.

352 "*عكاظ*"، السعودية، 5 كانون الثاني 2007. إلا أنه بعد الانقلاب في غزة وبسط "حماس" سلطتها على القطاع، تراجع الناطقون بلسان "حماس" عن هذا الاتفاق. انظروا:

http://www.memri.org.il/memri/LoadArticlePage.asp?enttype=4&entid=2059.&language=Hebrew

353 http://www.memri.org.il/memri/LoadArticlePage.asp?language=Hebrew&enttype=4&entid=2

354 انظروا مثلا: ألوف بن. "ستة أسباب للحوار"، "*هآرتس*" 19 آذار 2007.

355 يتكرر ظهور هذه المعادلة بصيغ مختلفة تطلقها "حماس" حتى اليوم، ومع ذلك، فإن رئيس السلطة الفلسطينية محمود عباس (أبو مازن) صرح في شهر كانون أول 2006، على خلفية الخلافات المتزايدة بين معسكره السياسي المنتمي لحركة "فتح"، وبين "حماس"، بأن اقتراح الهدنة ما هو إلا ذرللرماد في العيون. انظروا: "أبو مازن: الـ "هدنة" التي تقترحها "حماس"- احتيال على الشعب"، "*هآرتس*" ، 23 كانون أول 2006.

http://www.haaretz.co.il/hasite/spages/804512.html

356 "هنية مستعد للهدنة مقابل الدولة"، إدارة الموقع الإلكتروني MSN (19 كانون أول 2006).
http://news.msn.co.il/news/StatePoliticalMilitary/Military/200612/20061219193950.htm

357 انظروا: إيرليخ، *هدنة*، ص 92.

358 العبارات التالية تعتمد على مقالة من معهد بحوث إعلام الشرق الأوسط: ""حماس": الاستمرار بالأيديولوجية الإسلامية إلى جانب التصريحات الواقعية"، 6.2.07 ، اعتمادا على الصحافة الفلسطينية التي تناولت البرنامج بتوسع. http://www.memri.org.il/Memri/LoadArticlePage.asp?language=Hebrew&enttype=4&entid=2098

359 نفس المصدر. تصريحات أحمد يوسف التي أوردتها صحيفة *"الحياة الجديدة"*، (السلطة الفلسطينية)، 24 كانون أول، 2006، ترجمت من مضامين معهد بحوث إعلام الشرق الأوسط.

360 أحمد يوسف، "ليسوا كلهم أعداءنا"، *"هآرتس"* ، 19 أيلول، 2007.

361 النص الكامل لوثيقة الهدنة التي اقترحها أحمد يوسف ورد بتاريخ - 23.12.06 في الصحيفة الفلسطينية *"صوت الوطن"* .
وكذلك http://www.alwatanvoice.com/arabic/news.php?go=show&id=68052.

362 العبارات التالية تعتمد على مقالة من معهد بحوث إعلام الشرق الأوسط: لشيخ سعودي كبير: "وفقا للشريعة الإسلامية، عمليات "حزب الله" ليست مشروعة; يجب التوصل إلى حل سلمي مؤقت مع اليهود"، 31.7.2006.
http://www.memri.org.il/Memri/LoadArticlePage.asp?enttype=4&entid=2009&Language=Hebrew. نص:

363 حول تأجج التوتر الشيعي- السني، يمكن التوسع مثلا في الكتاب الذي ألفه في مصر علي الصادق وهو بعنوان "ما الذي تعرفه عن "حزب الله"؟"، والذي يحذر فيه من "الخطر الشيعي على العالم العربي والإسلامي"، وقد ادعى أن إيران تعرض العالم العربي للخطر أكثر من إسرائيل. منع مركز البحوث الإسلامية نشر الكتاب في مصر خشية تأجيج التوتر بين الشيعة والسنة، هذا ما أوردته الصحيفة اليومية الإيرانية *"جمهوري إسلامي"* بتاريخ 11 تشرين الأول 2007، يعتمد على مقال من معهد بحوث إعلام الشرق الأوسط.

364 *"الشرق الأوسط"*، لندن، 27 تموز 2006. للاطلاع على النص العربي:
http://www.asharqalawsat.com/leader.asp?section=3&issue=10103&article=375028

365 http://arabic.bayynat.org.lb/result.asp

366 http://arabic.bayynat.org.lb/result.asp

367 http://www.islamonline.net/livefatwa/arabic/Browse.asp?hGuestID=R2p33W

368 أقدم شكري للبروفيسورة مريم هكستر على لفتها انتباهي إلى المقاربة مع الحالة الجزائرية وإلى المصادر المقتبسة هنا.

369 Abun-Nasr، pp. 236-247.

370 نفس المصدر.

371 R. Danziger، Abd Al-Qadir and the Algerians، p. 52.

372 عن مكانته الدينية: انظروا: Shinar.

373 Danziger، Abd Al-Qadir and the Algerians، p. 88.

374 "...ديننا يمنعنا عن طلب الصلح ابتداء، ويسمح لنا بقبوله إذاعرض علينا. انظروا الكتاب الذي ألفه محمد بن عبد القادر الجزائري:، ص 178. يظهر تأكيد آخر على أن العدو هو من طلب الصلح في ص 183.

375 نفس المصدر.

376 Danziger، Abd Al-Qadir and the Algerians pp. 90-91.

377 Raphael Danziger، *Abd Al-Qadir and the Algerians: Resistance to the French and Internal Consolidation*. New York and London: Holmes & Meier، 1977. p. 242، 247

378 شروط معاهدة السلام تذكرنا بشروط معاهدة الحديبية.

379 Danziger، Abd Al-Qadir and the Algerians، appendix II، p. 246

380 نفس المصدر، ص247.

381 الجزائري، ص 185. لا يقدم دنتسيغر رأيه بالنسبة لهذه الاختلافات في كتابه عن عبد القادر.

382 Danziger، Abd Al-Qadir and the Algerians، p. 91 بخلاف التفسير الذي أورده دنتسيغر.

383 الجزائري، ص 187.

384 Danziger، Abd Al-Qadir and the Algerians، pp. 94-95

385 نفس المصدر، ص 118.

386 دنتسيغر، "التوجهات الأولى التي قام بها عبد القادر إلى البريطانيين والأمريكيين: 1835-1836". للاطلاع على ترجمة المقال الأصلي من الانجليزية إلى العربية، انظروا:
Danziger، "Abd al-Qadir's First Overtures to the British and the Americans"، pp. 45-63.

387 مثلا، Danziger، Abd Al-Qadir and the Algerians في ص 168 كتب أن فرنسا ألغت الهدنة.

388 د. دتسنجر، "التوجهات الأولى التي قام بها عبد القادر إلى البريطانيين والأمريكيين: 1835 – 1836"، دراسات في أبحاث الشرق الأوسط رقم 10، جامعة حيفا، المركز اليهودي- العربي ومعهد أبحاث ودراسات الشرق الأوسط، كانون أول، 1976، ملحق رقم 2، صفحة 20 - 21.

389 الجزائري، ص 276-275.

390 Danziger، Abd Al-Qadir and the Algerians، p. 139.

391 الجزائري، ص 277. نص بنود اتفاقية تافنة في كتاب محمد بن عبد القادر يختلف في الكثير من التفاصيل الأخرى. من ناحية الأسلوب يبدو كنص باللغة "المحكية"، مقابل النص الرسمي المكتوب

بلغة قانونية. أما من ناحية المضمون فهنالك اختلافات إضافية. ربما قام ابن الأمير عبد القادر بالاعتماد على إحدى المسودات التي استخدمها والده في أثناء المفاوضات.

392 Danziger، Abd Al-Qadir and the Algerians، p. 141.

393 نفس المصدر، ص 147.

394 نفس المصدر، ص 253.

395 نفس المصدر.

396 التسولي، ص 264-285. وكذلك : Cook. ص 85.

397 التسولي، نفس المصدر.

398 هذا القرار يتوافق مع الآية 47 : 35 حول ذلك انظروا ما ورد آنفا.

399 الجزائري، ص 325.

400 كما سبق وذكر، إلغاء معاهدة الهدنة، وكذلك عقد المعاهدة، يلقي بعبء كبير على عاتق الحاكم المسلم الذي يتوجب عليه النظر بجدية بالغة إلى الاعتبارات المتعلقة بالموضوع. على الحاكم المسلم أن يحذر العدو أولا، وفقط بعد نقل التحذير إلى المنطقة الواقعة في إطار العداء، يجوز الخروج إلى الحرب ضده. لا تجوز المبادرة إلى الحرب، أو شن هجوم على الطرف الآخر قبل إبلاغه بشأن إلغاء الاتفاق.

401 Piscatory. بيسكتوري نفسه لم يتجنب التعميم، ففي صفحة 146 كتب ما يلي: "استجابة المسلمون لتحديات التطور أسهل بكثير من رفضهم لفكرة الدولة، وقد عملوا من أجل اقامة الدول الوطنية". أعتقد أن الحديث يدور هنا عن النخب وليس عن جميع المسلمين.

402 Bahlul ، ص 29.

403 Bahlul، p. 43-45، quoting Khadduri،War and Peace، p. 293

404 انظروا: Sivan ص 55، 69 - 70.

405 انظروا: ايزنشطدط: ص 9.

406 "الوطن" السعودية، 22 تشرين أول، 2007.

407 "القدس العربي"، لندن، 31 تشرين أول، 2007.

المصادر والمراجع

بالعربية والعبرية

الأزهر، *المسجد الأقصى أيها المسلمون!!!* (القاهرة مجمع البحوث الإسلامية، رجب 1389.

ابن هشام، *السيرة النبوية*. بيروت: دار الخير، 1990.

ابن كثير، إسماعيل بن عمر. *البداية والنهاية في التاريخ*. بيروت: مكتبة المعارف، 1982.

أبو زهرة، محمد. *العلاقات الدولية في الإسلام*. القاهرة: دار الفكر العربي، 1995.

ألون، العاي. "تحليل وثيقة مبادرة السلام العربية من عام 2007" من محتويات، كوبي ميخائيل (محرر)، *مبادرة الجامعة العربية– هل هي حقا فرصة تاريخية؟ خلفية، عبر مستخلصة وسبل العمل الممكنة*. أورشليم القدس: معهد القدس للدراسات الإسرائيلية، 2007 (بالعبرية).

ألون، العاي. "محادثات الحديبية والمعاهدة التي أعقبتها"، *همزراح هحداش*، 43 (2002)، ص 5- 26. (بالعبرية).

إيرليخ، إيال. *هدنة: مغامرة سياسية*، آريه نير، 2005.

إيرليخ، حجاي. مقدمة لتاريخ الشرق الأوسط في العهد الحديث. الوحدة (أ). تل أبيب: (الجامعة المفتوحة)، 1987. (بالعبرية).

آيزنشطدط، شموئيل نوح. *الأصولية والحداثة*. تل أبيب: وزارة الدفاع، 2002. (بالعبرية).

بار أون، مردخاي. *بوابات غزة، سياسة إسرائيل في مجالات الأمن والخارجية 1957-1955*. تل أبيب: عام عوفيد، 1992. (بالعبرية).

البلاذري، أحمد بن يحيى. *أنساب الأشراف*. القاهرة: دار المعارف، 1959.

البلاذري، *فتوح البلدان*. إصدار ده خوية، لايدن: بريل، 1866.

التكروري، نواف. "حكم الشرع في المعاهدات التي أبرمتها بعض البلاد العربية مع اليهود"، *فلسطين المسلمة*، الأعداد 3 و 4 (آذار ونيسان 2000).

التسولي، علي بن عبد السلام. *أجوبة التسولي عن مسائل الأمير عبد القادر في الجهاد*. بيروت: دار الغرب الإسلامي، 1996.

الجزائري، محمد عبد القادر. *تحفة الزائر في تاريخ الجزائر والأمير عبد القادر*. الطبعة الثانية، بيروت: دار اليقظة العربية، 1964.

الجهاد.... فكر وممارسة، أعمال الندوة العربية لبيت الحكمة 8-9 من شهر كانون الثاني عام 2002 (مجموعة باحثين). بغداد، 2002.

حميد الله، محمد. *مجموعة الوثائق السياسية للعهد النبوي والخلافة الراشدة*. القاهرة: مدبولي، 1941، الطبعة الثانية 2000.

الالخياط، عبد العزيز عزت. *النظام السياسي في الإسلام: النظرية السياسية، نظام حكم*. القاهرة: دار السلام، 1999.

دنتسنجر، رفائيل. "توجهات عبد القادر الأولى إلى البريطانيين والأمريكيين: 1836-1835"، *دراسات أبحاث الشرق الأوسط رقم* 10. جامعة حيفا، المركز اليهودي- العربي ومعهد بحوث وتدريس الشرق الأوسط، كانون الأول 1976. (بالعبرية).

رايتر، إسحاق. *من القدس إلى مكة والعودة إليها: التوحد الإسلامي حول القدس*. أورشليم القدس: معهد القدس للدراسات الإسرائيلية، 2005. (بالعبرية).

روبين، أوري. *القرآن* (ترجمة من العربية). تل أبيب: جامعة تل أبيب، 2005. (بالعبرية).

الزحيلي، وهبة. *العلاقات الدولية في الإسلام: مقارنة بالقانون الدولي الحديث*. بيروت: الرسالة، 1981.

الزحيلي، وهبة. *آثار الحرب في الفقه الإسلامي*. دمشق: دار الفكر، 1962.

الطبري، أبو جعفر محمد بن جرير. *اختلاف الفقهاء*. (تحرير جوسف شاخط)، 1933.

الطبري، أبو جعفر محمد بن جرير. *تاريخ الرسل والملوك*. من تحرير ده خوية، 1964.

السرخسي، محمد. *شرح كتاب السير الكبير لمحمد بن الحسن الشيباني*. القاهرة: معهد المخطوطات، جامعة الدول العربية، 1960-1957.

سلطان، دافيد. *بين القاهرة وأورشليم: التطبيع بين الدول العربية وإسرائيل- النموذج المصري*. تل أبيب: المعهد الجامعي للدبلوماسية والتعاون الإقليمي، جامعة تل أبيب، 2007.

الشافعي، *كتاب الأم*. بيروت: دار الفكر، الطبعة الثانية، 1983.

شومان، عباس. *العلاقات الدولية في الشريعة الإسلامية (دراسة فقهية مقارنة)*. القاهرة: دار الثقافة للنشر، 1999.

شارون، موشيه. "البعد الإسلامي في الحروب بين إسرائيل والعرب" (بالعبرية). http://www.therightroadtopeace.com/infocenter/Heb/MosheSharon.html

العارف، عارف. *المفصّل في تاريخ القدس*. القدس: الأندلس، 1961.

عفيفي، محمد الصادق. *الإسلام والمعاهدات الدولية*. القاهرة: مطبعة الأنجلو- المصرية، 1988.

عفيفي، محمد الصادق. *الإسلام والمعاهدات الدولية*. بيروت: دار الرائد العربي، 1987.

عفيفي، محمد الصادق. *تطور التبادل الدبلوماسي في الإسلام*. القاهرة: مطبعة الأنجلو- المصرية، 1986.

العلي، محمد مهنى. *منهج الإسلام في السلم والحرب*. الرياض: دار أمية، 1412 هـ.

فريد، محمد بك. *تاريخ الدولة العلية العثمانية*، الطبعة السادسة، بيروت: دار النفائس 1988.

القاسمي، ظافر. *الجهاد والحقوق الدولية العامة في الإسلام*. دار العلم للملايين، 1982.

القدومي، مروان. *العلاقات الدولية في الإسلام*. (1987).

القلقشندي، *صبح الأعشى في صناعة الإنشاء*. القاهرة: إصدار محمد عبد الرسول إبراهيم، 1331-1338.

كاهن، كلود. *الإسلام منذ نشأته وحتى بداية الإمبراطورية العثمانية*. تل أبيب: دفير، 1995. (بالعبرية).

كندي، هيو. محمد والخلفاء. أورشليم القدس: مؤسسة بياليك ، 1998. (بالعبرية).

ليكر، ميخائيل. «معاهدة الحديبية واحتلال خيبر اليهودية»، *فعميم* 61 (1994)، ص 15-6.

محمصاني، صبحي. *القانون والعلاقات الدولية في الإسلام*. بيروت: دار العلم للملايين، 1982.

المرغيناني، علي بن أبي بكر. *شرح الهداية*. بيروت: دار الكتب العالمية، 1424.

مصر، دار الإفتاء، وزارة الأوقاف. *الفتاوى الإسلامية*، القاهرة، 1993-1980.

مصطفى، نادية محمود. *العلاقات الدولية في التاريخ الإسلامي*. القاهرة: دار المعهد العالمي للفكر الإسلامي، 1996، 7 مجلدات.

المهيري، عبد الله حرب. *العلاقات الخارجية للدولة الإسلامية*. بيروت: مؤسسة الرسالة، 1995.

النواوي، عبد الخالق. *العلاقات الدولية و النظم القضائية في الشريعة الإسلامية*. بيروت: دار الكتاب العربي، 1974.

هلال، إياد. *المعاهدات الدولية في الشريعة الإسلامية*، 1991.

الهندي، إحسان. *الإسلام والقانون الدولي*. الطبعة الثانية، دمشق: طلاس، 1994.

هيررة, افراييم وكريسل جيدعون, جهاد. تل ابيب, 2009.

هيكل، محمد خير. *الجهاد والقتال في السياسة الشرعية*. 3 مجلدات، دمشق: دار ابن حزم، 1996.

الواكدي، محمد بن عمر. *كتاب المغازي*. بيروت: عالم الكتاب، 1984.

b. In English

Abu Sway, Mustafa. "The Concept of Hudna (Truce) in Islamic Sources". *Palestine-Israel Journal*, 13:3 (2006).

Abun-Nasr, Jamil M. *A History of the Maghrib*. Cambridge: Cambridge University Press, 1971.

Bahlul, Raja. *From Jihad to Peaceful Co-existence: The Development of Islamic Views on Politics and International Relations*. Birzeit: Birzeit University, 2003.

Bishai, W.B. "Negotiations and Peace Agreements between Muslims and non-Muslims in Islamic History", in Sami.A. Hanna (ed.) *Medieval and Middle Eastern Studies in Honor of Aziz Suryal Atiya*. Leiden: E.J. Brill, 1972, pp. 50-61.

Bostom, Andrew G. (ed.) The Legacy of Jihad: *Islamic Holy War and the Fate of Non-Muslims* (Prometheus Books, 2005).

Cook, David. *Understanding Jihad*. Berkley, Los Angeles and London: University of California Press, 2005.

Dajani-Shakeel, Hadia and Ronald Messier: *The Jihad and Its Times* (Center for Near Eastern and North African Studies, of the University of Michigan, 1991.

Danziger, Raphael. *Abd Al-Qadir and the Algerians: Resistance to the French and Internal Consolidation.* New York and London: Holmes & Meier, 1977.

Danziger, Raphael. "Abd al-Qadir's First Overtures to the British and the Americans", *Revue de l-Occident Musulman et de la Méditerrannée*, 18 (1974), pp. 45-63.

Donner, Fred .M. "Muhamad's Political Consolidation in Arabia up to the Conquest of Mecca" *Muslim World* 69 (1979), pp. 229-247.

Doumato, Eleanor Abdella and Gregory Starrett (ed.) *Teaching Islam: textbooks and religion in the Middle East.* Boulder, Colo. : Lynne Rienner, 2007.

Eisenstadt, Shmuel Noah. *Fundamentalism, Secterianism and Revolutiony.* Cambridge: Cambridge University Press, 1999.

"Djihad" *in the Encyclopaedia of Islam*, Second Edition (EI^2). Leiden: E.J. Brill.

Firestone, Reuven. *Jihad: The Origin of Holy War in Islam.* Oxford University Press, 1999.Cahen, Claude. *L'Islam : des origines au debut de l'Empire Ottoman.* Paris : Bordas, 1970.

Friedmann, Yochanan. *Tolerance and Coercion in Islam: Interfaith Relations in the Muslim Tradition.* New York: Cambridge University Press, 2003.

Funk, Nathan C. And Abdul Aziz Said. *Islam and Peacemaking in the Middle East.* Boulder and London: Lynne Rienner, 2009.

Gold, Dore. *Hatred's Kingdom: How Saudi Arabia Supports the New Global Terrorism.* Washington DC: Regnery, 2003.

Hamidullah, Muhammad. *The Muslim Conduct of State.* Lahore, 1973.

Hill, D. R. *The Termination of Hostilities in the Early Arab Conquests.* London: Luzak, 1971.

Al-Hindi, Ihsan. *Al-Islam wal-Qanun al-Dawli.* Second ed. Damascus: Tlas, 1994.

Holt, P.M. *Early Mamluk Diplomacy (1260-1290): Treaties of Baybars and Qalawun with Christian Rulers.* Leiden, New York and Koln: E.J. Brill, 1995.

Hunter, Shireen T. *The Future of Islam and the West: Clash of Civilizations or Peaceful Coexistence?* Washington DC: CSIR, Praeger, 1998.

Jansen, J.J.G. *The Neglected Duty.* New York: Macmillan, 1986.

Kedar, Benjamin. Z. "Religion in Catholic-Muslim Correspondence and Treaties" in Alexander D. Beihammer, Maria G. Parani and Christopher D. Shabel (eds.), *Diplomatics in the Eastern Mediterranean 100-1500. Aspects of Cross-Cultural Communication.* Leiden: Brill, 2008, 407-421.

Kennedy, Hue. The prophet and the age of the caliphates : the Islamic Near East from the sixth to the eleventh century. London: Longman, 1986.

Khadduri, Majid. *The Islamic Conception of Justice.* Baltimore and London: Johns Hopkins University Press, 1984.

Khadduri, Majid. "The Islamic Theory of International Relations and Its Contemporary Relevance" in J. Harris Proctor (ed.), *Islam and International Relations.* London: Pall Mall, 1965.

Khadduri, Majid. *War and Peace in the Law of Islam.* Baltimore and London: Johns Hopkins University Press, 1955.

Kister, Meir J. "Mecca and Tamim", *JESHO*, 3:2 (1965), pp. 113-162.

Landau-Tasseron, Ela. "Jihad", *The Encyclopedia of the Quran*, Vol 3, pp. 35-42.

Lecker, Michael. "The Hudaybia Treaty and the Expedition against Khaybar", *JSAI* ,vol.5 (1984), pp. 1-9.

Lewis, Bernard. *Political Language of Islam*. Chicago and London: The University of Chicago Press, 1988.

Mayer, Ann Elizabeth. "War and Peace in the Islamic Tradition and International Law", in John Kelsay and James Turner Johnson (eds.) *Just War and Jihad: Historical and Theoretical Perspectives on War and Peace in Western and Islamic Traditions*. Westport: Greenwood Press, 1991.

Malik, S. K. *The Quranic Concept of War.* Himalayan Books. 1986.

Morabia, Alfred. Le Ğihâd dans l'Islâm médiéval. "Le combat sacré" des origines au XIIe siècle, Albin Michel, Paris 1993.

Musallam, Sami F. *The Struggle for Jerusalem, A Program for Action for Peace*. Jerusalem: PASSIA, May 1996, pp. 21-36.

Peters, Rudolph. *Jihad in Mediaeval and Modern Islam*. Leiden: E.J. Brill, 1977.

Pipes, Daniel. "Lessons from the Prophet Muhammad's Diplomacy", *Middle East Quarterly*, Vol. 4:3 (September 1999).

Piscatory, James P. *Islam in a World of Nation-States*. Cambridge: Cambridge University Press, 1986.

Podeh, Elie. *From Fahd to 'Abdallah: The Origins of the Saudi Peace Initiatives and Their Impact on the Arab System and Israel*. Gitelson Peace Publications 24. Jerusalem: The Harry S. Truman Research Institute for the Advancement of Peace, July 2003.

Reiter, Yitzhak. "All of Palestine is holy Muslim Waqf land": A Myth and its Roots, In Ron Shaham (ed.), *Law, Custom, and Statute in the Muslim World: Studies in Honor of Aharon Layish*. Leiden: E.J. Brill, 2007, pp. 173-196.

Reiter, Yitzhak. *Jerusalem and Its Role in Islamic Solidarity*. New-York: Palgrave Macmillan, 2008.

Sivan, Emanuel. *Radical Islam, Medieval Theology and Modern Politics*. New Haven and London: Yale University Press, 1990.

Shinar, Pessah. "'Abd al-Qadir and 'Abd al-Karim Religious Influences on their Thought", *Asian and African Studies* 1 (1965), pp. 139-174.

Skovgaard-Petersen, Jacob. *Defining Islam for the Egyptian State: Muftis and Fatwas of the Dar al-Ifta.* Leiden: Brill, 1997.

Skovgaard-Petersen, Jacob. "A Typology of State Muftis", in Yvonne Yazbeck Haddad and Barbara Freyer Stowasser (eds.) *Islamic Law and the Challenge of Modernity.* Lanham MD: AltaMira Press, 2004, pp. 81-97.

Sookhdeo, Patrick. *Understanding Islamic Terrorism: The Islamic Doctrine of War.* Pewsey UK: Issac, 2004.

Weigert, Gideon. "A Note On Hudna: Peacemaking In Islam," in Yacov Lev (ed.), *War and Society in the Eastern Mediterranean, 7th-15th Centuries.* New York: E.J. Brill, 1997.